BEN H. BAGDIKIAN
O MONOPOLIO DA MÍDIA
EDIÇÃO DEFINITIVA

© 2004 BY BEN H. BAGDIKIAN

Título original **The New Media Monopoly**
Tradução **Alexandre Boide**
Preparação **Juliana Linhares**
Revisão **Guilherme Mazzafera, Andréa Bruno e Vivian Matsushita**
Editores **Ben-Hur Demeneck e Leticia de Castro**
Capa e projeto gráfico **Gustavo Piqueira/Casa Rex**

DADOS INTERNACIONAIS DE CATALOGAÇÃO NA PUBLICAÇÃO - CIP

B144
Bagdikian, Ben H. (1920-2016)
O monopólio da mídia: edição definitiva / Ben H. Bagdikian. Tradução Alexandre Boide. Prefácio de Rogerio Christofoletti. – São Paulo: Veneta, 2018.
360 p.

Título Original: The New Media Monopoly.

ISBN 978-85-9571-027-6

1. Comunicação. 2. Semiótica. 3. Teoria das Mídias. 4. Estratégias de Comunicação. 5. Comunicação de Massa. 6. Contexto Social. 7. Análise do Discurso. 8. Filosofia da Comunicação. 9. Política da Comunicação. 10. Sociologia de Comunicação. 11. Ciência da Informação. 12. Jornalismo. I. Título. II. Suas preocupações com o poder foram atualizadas. III. Paraíso perdido ou reconquistado? Justiça social na democracia. IV. Boide, Alexandre, Tradutor. V. Christofoletti, Rogerio.

CDU 659.3   CDD 302.2

Catalogação elaborada por Regina Simão Paulino – CRB 6/1154

Rua Araújo, 124
1º andar, São Paulo
cep 01220-020
contato@veneta.com.br
www.veneta.com.br

PREFÁCIO 09
SUAS PREOCUPAÇÕES COM O PODER FORAM ATUALIZADAS
POR ROGÉRIO CHRISTOFOLETTI

APRESENTAÇÃO 19   PREFÁCIO À PRIMEIRA EDIÇÃO 27

1. UMA MÍDIA COMUM EM UM PAÍS INCOMUM 33

2. AS BIG FIVE 63

3. A INTERNET 95

4. (NEM) TODAS AS NOTÍCIAS QUE MERECEM SER IMPRESSAS 107

5. TODAS AS NOTÍCIAS SÃO PERTINENTES? 127

6. O PAPEL NA ERA DIGITAL 153

7. REBELIÕES E CORREÇÕES DE ROTA 171

8. "ELES NUNCA VÃO APRENDER?" 197

9. DA MITOLOGIA À TEOLOGIA 225

10. "CARO SR. PRESIDENTE…" 257

11. APENAS OS RICOS INTERESSAM 273

12. O DR. BRANDRETH FOI ESTUDAR EM HARVARD 291

POSFÁCIO 319
PARAÍSO PERDIDO OU RECONQUISTADO? JUSTIÇA SOCIAL NA DEMOCRACIA

NOTA 329   **AGRADECIMENTOS** 345   **ÍNDICE REMISSIVO** 347

NESTE TRABALHO, É PRECISO FAZER
OS QUESTIONAMENTOS QUE PAREÇAM
MAIS JUSTOS. SEM AS PERGUNTAS CERTAS,
VOCÊ NUNCA VAI APURAR OS FATOS
QUE VÃO LEVAR ÀS MELHORES RESPOSTAS.

DAVID BAZELON, ministro-chefe da Corte
de Apelações dos Estados Unidos no Circuito
do Distrito de Columbia, em 1964

PREFÁCIO
SUAS PREOCUPAÇÕES COM O PODER FORAM ATUALIZADAS

ROGÉRIO CHRISTOFOLETTI

Trinta e cinco anos separam o surgimento da primeira edição de *The Media Monopoly* desta que chega agora aos brasileiros. Quando o livro foi lançado em 1983, o ex-ator Ronald Reagan era o poderoso presidente dos Estados Unidos, Michael Jackson arrebatava o mundo com o álbum mais vendido da história (*Thriller*) e *O Retorno de Jedi* lotava salas de cinema em toda a parte. O Brasil era uma decadente ditadura militar, "Menina Veneno" era a música mais tocada nas rádios e Nelson Piquet conquistava o bicampeonato mundial de Fórmula 1. Tanto lá quanto cá, o setor de comunicações era concentrado em poucas mãos e as máquinas de mídia já funcionavam pra valer, criando sucessos comerciais, difundindo ideias e fabricando consensos.

Agora que *O Monopólio da Mídia: Edição Definitiva* desembarca nas livrarias brasileiras, quem ocupa a Casa Branca é um sujeito tão performático quanto Reagan, e o Brasil, por sua vez, não está propriamente numa democracia. Não temos mais o Rei do Pop, e as corridas de domingo são menos importantes na vida nacional. Em compensação, a saga *Star Wars* ainda não terminou e a concentração na mídia só aumentou. Há um oceano entre os dois momentos, mas o poeta já disse que o mesmo mar que separa une. Isto é, passado tanto tempo, o livro de Bagdikian é tremendamente atual, assustadoramente esclarecedor e altamente necessário e oportuno. Não apenas para os estadunidenses.

The Media Monopoly é um dos livros sobre jornalismo e política mais citados, e nos Estados Unidos foi usado como livro-texto por muitas escolas. Ao lado de *Manufacturing Consent*, de Noam Chomsky e Edward Herman, ocupa um lugar destacado no panteão acadêmico da crítica social e da mídia. Essas condições já credenciariam o livro como "clássico". Como tal, foi adotado em classes por professores e alunos, e é uma das referências no assunto. Mas seu valor e permanência vão além.

The Media Monopoly teve seis edições até se tornar *The New Media Monopoly* em 2004, obra reescrita por completo, atualizada e acrescida de sete capítulos inéditos. Atento aos acontecimentos, Bagdikian já estava aflito com as mudanças tectônicas que afetavam o mercado das comunicações e a vida contemporânea a partir da expansão da internet e da intensa apropriação cultural dessa tecnologia. Ele tinha 84 anos e já havia visto muita coisa na vida: sobreviveu ao genocídio dos armênios, iniciado na Primeira Guerra, lutou ao lado dos americanos na Segunda, cobriu os principais fatos do século XX nos Estados Unidos e ganhou os maiores prêmios como jornalista. Assistiu ao vaivém de republicanos e democratas, testemunhou a hipertrofia dos sistemas midiáticos e criticou seus indesejáveis efeitos na democracia local. Viveria até os 96 anos, morrendo em março de 2016, pouco antes de Donald Trump se lançar à aventura pela cadeira mais importante do planeta. Sorte!

Uma compacta ideia sustenta os escritos de Bagdikian: o poder da mídia é um poder político. Amplamente difundida e banalizada em alguma medida, essa ideia pavimenta uma ponte entre dois quadrantes determinantes da experiência social contemporânea: aquele que determina os assuntos importantes a circular nos grupos e aquele que resulta nas tomadas de decisão e nos rumos da comunidade. Bagdikian se exaspera com o aumento do conservadorismo nas últimas décadas e com a capitulação de jornalistas e empresas do setor diante das pressões comerciais, partidárias e corporativas. "A mídia de massa teve um papel central nessa guinada à direita", dispara o autor.

Combinados, dois fatores colocam a democracia norte--americana em uma situação delicada, argumenta Bagdikian. A concentração no mercado de mídia aumentou muito nos últimos tempos e a publicidade passou a determinar com mais veemência os conteúdos dos meios. Assim, as opções de informação foram drasticamente reduzidas e o processo de comunicação voltou-se cada vez mais para o consumismo. O resultado é que as mensagens que circulam dizem menos respeito à política, às tendências sociais e aos movimentos dos grupos e tratam mais dos produtos, lançamentos do momento, da moda e das mercadorias. Na síntese de um teórico periférico, o geógrafo Milton Santos, o cidadão imperfeito deu lugar ao consumidor mais-que-perfeito.

Mas não só. A concentração do mercado de mídia leva à padronização dos conteúdos (informativos e de entretenimento), criando uma sensação de homogeneidade de ideias e fatos, contribuindo para forjar realidades. Alguns acontecimentos circulam com muita facilidade e frequência nos meios de comunicação, e tal onipresença reforça o sentimento de importância daquele fato. Assim, expostos a quilômetros de textos em jornais, revistas e sites, e a horas de programação massiva na TV, somos levados a acreditar que o figurino de Kim Kardashian numa badalada festa é a "polêmica" mais importante dos nossos dias, e que aquela decisão é uma preocupação legítima. A ubiquidade alimenta uma atmosfera artificial de relevância e faz emergir colunas espessas de fumaça que envolvem e cegam.

Se em 1990 *The Media Monopoly* denunciava que as 50 maiores empresas de mídia dos Estados Unidos compunham um "ministério privado da comunicação", 24 anos depois, Ben H. Bagdikian restringiu seu olhar agudo aos cinco conglomerados reinantes, que chamou de *Big Five*: Time-Warner, Disney, Bertelsman, Viacom, News Corporation. Seus ativos tangíveis e fluxos de caixa, a capilaridade de seus negócios dentro e fora do país, o exército de jornalistas, artistas e realizadores capazes de moldar o imaginário popular, as relações com os partidos políticos e com as elites locais, e o domínio tecnológico fazem desses grupos de mídia *players* decisivos no jogo político nacional. O autor compara: nenhum ditador ou déspota na história teve tanto poder quanto os comandantes desses conglomerados!

Atuando como um sistema sagaz e onipresente, os conglomerados movem seus numerosos e musculosos tentáculos para proteger o poder corporativo, o status quo e a ordem conveniente. Embora disputem fatias de mercado, os grupos não se digladiam pra valer, pois a morte de um deles pode contrariar a sinergia interna que alimentam. Se por um lado são concorrentes em alguns segmentos, são sócios e parceiros em outros produtos ou serviços. Com isso, não apenas se autopreservam como tentam impedir que outsiders se apresentem e coloquem em risco as hegemonias estabelecidas. Quem sai perdendo com isso? Os inovadores, que não encontram terreno receptivo para oferecer alternativas e soluções; o público em geral, que vê diminuída a pluralidade e a diversidade de opções de informação e entretenimento. Não é pouco. Basta inverter a questão: Quem sai ganhando? Apenas quem está no poder, quem tem capacidade de exercê-lo.

Diante das *Big Five* — ou do punhado de famílias que comandam a mídia brasileira —, o leitor pode enxergar a existência de um oligopólio, isto é, o domínio de um mercado por uns poucos *players*. O livro de Bagdikian permite pensar que os conglomerados trabalham de forma associada e coordenada e operam para impor um monopólio ao mesmo tempo sedutor e perverso. Quem não se rende ao Padrão Globo de Qualidade, por exemplo? Quem não reconhece a importância da profissionalização das redações ou a necessidade de disponibilizar sinais de áudio e vídeo com nitidez e estabilidade? Para o autor, temos um monopólio quando um dos grupos determina os contornos de um mercado, definindo preços, condições de oferta ou regras de funcionamento. Os conglomerados fazem isso e atuam na lógica do compadrio.

O leitor vai notar que Bagdikian é um implacável analista de mídia que não perde a elegância e o equilíbrio. Suas leituras sobre a realidade estadunidense e sobre o ecossistema midiático não são meramente impressionistas. O autor lastreia o diagnóstico com dados nem sempre legíveis pelo grande público. Critica as ofensivas militares do seu país e as coberturas condescendentes, denuncia as manipulações resultantes das parcerias entre governos e mídia e alerta para certas renúncias jornalísticas em episódios estratégicos, como o 11 de setembro de 2001. O autor lamenta as oportunidades perdidas nos momentos em que a mídia entregou os pontos, não se colocando como uma voz dissonante e, portanto, fiscalizadora dos demais poderes.

Bagdikian é um observador privilegiado da mídia, mas, sobretudo, um repórter, pelo que se colhe de seu texto fluido, direto, recheado de informações e de inadiável compromisso com o presente. Essa característica poderia condenar seu livro a ser perecível e datado, e não é o que temos nas páginas a seguir.

É verdade que a visão do autor é limitada quando o assunto é internet. Ele até reserva um capítulo para tratar disso e fareja desdobramentos desagradáveis para a privacidade, por exemplo. Mas em 2004, quando reescrevia *The Media Monopoly*, o Google estava abrindo seu capital em bolsa e o Facebook tinha poucos meses de funcionamento. Twitter e YouTube só surgiriam nos anos seguintes. Nessa época, o império das redes sociais, a adesão generalizada a estratégias de autoexposição pública, a conformação de bolhas sociais, a intensificação da polarização política e a explosão dos discursos de ódio não estavam no radar de ninguém. Notícias falsas e pós-verdade também. Se Bagdikian tivesse os algoritmos preditivos que algumas dessas gigantes da internet têm hoje, poderia arriscar a detalhar mais os cenários, mas não era o caso.

O leitor perceberá, no entanto, que os alertas feitos anteriormente valem para hoje e para o futuro próximo, já que os conglomerados de tecnologia seguem a mesma cartilha dos grupos de mídia convencional. Repetem a lógica da concentração de mercado, a propriedade cruzada, a integração vertical, o domínio da infraestrutura ao mesmo tempo que ofertam conteúdo, muitas vezes esmagando concorrentes ou simplesmente comprando suas operações.

Num levantamento dos 50 maiores grupos de mídia do mundo, o Institute of Media and Communications Policy detectou que o Google era a terceira força do planeta em 2012. A lista trazia empresas com "foco estratégico na criação de conteúdo para propriedades impressas, de televisão, de cinema e on-line", o que incluía gigantes da tecnologia. Em 2017, o mesmo estudo mostrava a Alfabet — dona do Google — em primeiro lugar, com receitas de 82 bilhões de euros, mais do que Time-Warner e Disney, duas das Big Five, juntas! Facebook, por sua vez, ocupava o nono posto da lista, com receitas superiores ao da Viacom, por exemplo...

Enquanto escrevia estas linhas, a Disney comprou parte da 21st Century Fox, que antes pertencia a outro conglomerado, a News Corporation. A transação anunciada foi de 52,4 bilhões de dólares, superior ao PIB do Uruguai, do Líbano ou da Bulgária. Isso mesmo! Um único negócio entre os gigantes da mídia movimenta mais dinheiro que países inteiros... Tubarões maiores engolem tubarões menores.

A dança dos números ou das empresas que se revezam no topo do pódio é o que menos importa. Grupos da velha mídia ou gigantes da tecnologia operam da mesma maneira: dominam segmentos inteiros, funcionam como monopólios regionais e drenam as energias dos concorrentes mais acomodados ou indispostos a mudar suas práticas. No fundo, o recado de Bagdikian precisa ser repetido: a concentração é uma ideia lesiva ao conceito de livre mercado. O monopólio asfixia a ideia de liberdade de escolha, de pluralismo e de diversidade.

No Brasil, a situação é igualmente dramática. Em 2017, a pesquisa Media Ownership Monitor mostrou que "cinco grupos ou seus proprietários individuais concentram mais da metade dos maiores veículos de comunicação do país", e a estrutura de comando é majoritariamente familiar. Poucos clãs dominam as comunicações num país que tem dimensões continentais e a nona economia do planeta. Além disso, a mídia local tem forte presença religiosa, políticos são proprietários ou sócios de empresas do ramo, e o marco legal é antigo e permissivo. Combinados, esses fatores fazem despencar as possibilidades de pluralidade dos meios de comunicação no país. Na pesquisa, entre os dez indicadores de risco ao pluralismo, o Brasil tem a pior avaliação em seis deles: concentração da audiência, da propriedade horizontal, da propriedade cruzada, falta de transparência no controle da mídia, e controles políticos do financiamento dos meios e das agências de notícias.

Outra pesquisa de 2017 mostra como a concentração é visível geograficamente. Dados preliminares do Atlas da Notícia, produzido pelo Projor/Observatório da Imprensa e Volt Data, mostraram que 4.500 municípios brasileiros não contam com jornais ou sites locais, o que deixa 35% da população nacional sem notícias sobre suas realidades específicas. Nesses "desertos de notícias" vivem 70 milhões de brasileiros, e é como se a França inteira não tivesse diários ou portais noticiosos em todo o seu território!

Essas informações compõem uma equação de resolução bastante complexa e intensificam a urgência dos debates sobre a democratização dos meios de comunicação. Essa agenda passa necessariamente pela revisão das leis do setor, pelo fortalecimento dos órgãos reguladores, pelo apoio ao sistema público de comunicação e às iniciativas comunitárias, e por uma efetiva educação para o consumo crítico da mídia. Tais ações causam horror e ranger de dentes entre os controladores da mídia brasileira, que se arrepiam, denunciando aos quatro ventos os perigos da censura estatal ou coisa do tipo. Essa agenda não é uma novidade para os ativistas pela democratização da mídia, pois ela vem sendo amplamente discutida nas últimas três décadas e teve seu auge de debates na Conferência Nacional das Comunicações em 2009. À época, mais de seiscentas teses foram aprovadas, mas nenhum governo — nem mesmo os de centro-esquerda — foi capaz de implementá-las. O Brasil perdeu uma bela janela de oportunidades...

São poucas as nossas peças no tabuleiro do mercado das mídias e os movimentos são bem limitados. A própria edição de *The Media Monopoly* mostra como o cenário é concentrado, resiste às críticas e busca a autopreservação. Em 1983, Bagdikian apresentou os originais aos *publishers* da Simon & Schuster, que recusaram a obra porque os conglomerados eram apresentados de forma pouco positiva, o que poderia afetar até mesmo a editora, pertencente a um gigante do ramo. No Brasil, o livro teve uma única edição antes desta: em 1993 pela Scritta Editorial, publicadora de autores mais progressistas e críticos e não vinculada diretamente a grandes grupos midiáticos nacionais. Desde então o público nacional ficou privado de versões mais atuais da obra.

O Monopólio da Mídia: Edição Definitiva sai agora pela Veneta, e o leitor mais atento poderá identificar no site da editora uma esclarecedora profissão de fé: "Essa editora tem como responsabilidade social desafiar as convenções, os consensos manufaturados, as autoridades em geral e, se necessário, seus leitores". Resumo da ópera: as páginas a seguir dependem de generosas doses de coragem. De quem escreveu, editou ou decidiu ler. Ben H. Bagdikian se queixou da mídia domesticada dos Estados Unidos, mas quantos livros semelhantes a este você vê na bibliografia brasileira? Quantas vozes graves como a dele se erguem por aqui? Poucas, admita. Razão pela qual conhecer a realidade do Império é também buscar motivos e munição para resistir em nossas trincheiras nacionais...

ROGÉRIO CHRISTOFOLETTI é professor do Departamento de Jornalismo da Universidade Federal de Santa Catarina e pesquisador do CNPq.

APRESENTAÇÃO

Nos anos que se passaram desde a década de 1980, o espectro político dos Estados Unidos se deslocou radicalmente para a extrema direita. O que um dia foi o centro se tornou a esquerda, e o que era a extrema direita hoje ocupa o lugar do centro. O que era considerado uma extrema direita excêntrica na política americana hoje é visto como uma perspectiva conservadora dentro da normalidade. O campo que se chamava de esquerda foi empurrado para o extremo do espectro, equilibrando-se em uma posição precária e aparecendo no noticiário ocasionalmente como mera curiosidade.

Os republicanos conservadores ridicularizam os membros mais comedidos do partido como "moderados da Costa Leste" ou "Republicanos Rockefeller" (menção ao milionário Nelson Rockefeller, vice do republicano Gerald Ford, presidente de 1974 a 1978).

Entre os democratas, os conservadores da liderança partidária vêm durante décadas empurrando o partido para aquilo que definem como "centro". Entre eles, está o presidente Bill Clinton (1993-2001), que até promoveu programas progressistas, mas que, por ser uma figura destacada do Conselho de Liderança Democrata, estava comprometido com iniciativas centristas e precisou defender seu mandato numa batalha pelo impeachment comandada por um Congresso de maioria republicana. O resultado foi que, ao longo dos anos, os partidos Republicano e Democrata mudaram de posição várias vezes, mas sempre na mesma direção: quando os democratas davam um passo à direita, os conservadores se aproximavam cada vez mais da extrema direita.

O deslocamento do espectro político teve consequências arrasadoras. A justiça social foi eliminada como princípio governamental que guiava as iniciativas estatais. Concederam-se mais privilégios aos ricos e às grandes corporações à custa da classe média e dos trabalhadores. Avanços anteriores foram revertidos, por exemplo, com a perda de poder de agências (caso da Comissão de Títulos e Câmbio) e a tentativa de privatização da Seguridade Social. Ambas as iniciativas surgiram no mandato do presidente Franklin Roosevelt, do Partido Democrata, na década de 1930. Leis de preservação ambiental sancionadas no início do século XX pelo presidente Theodore Roosevelt, do Partido Republicano, foram abolidas na virada do século XXI. Essas mudanças deixaram aos eleitores americanos o mais estreito leque de escolhas políticas e ideológicas entre todas as democracias desenvolvidas do mundo, e suas opções ficaram cada vez mais desconectadas dos problemas sociais e econômicos urgentes do país.

O dinheiro das grandes corporações e dos cidadãos abastados banca a maioria das campanhas políticas. É o que sustenta os advogados e lobistas que influenciam em Washington as legislações que serão implantadas ou suprimidas silenciosamente em comitês parlamentares — sem nunca serem colocadas em discussão pública ou entrarem na pauta de votação da Câmara ou do Senado. O dinheiro ainda é o sangue que corre nas veias da política americana. É o que paga pelos anúncios de TV caríssimos e pelo envio de correspondências em quantidades avassaladoras. De acordo com a tendência observada nas grandes fortunas e na política, a maior parte desse dinheiro vem de fontes conservadoras. A mídia de massa teve um papel central nessa guinada para a direita.

As reportagens dos jornais diários e o noticiário de rádio e TV dos quais a maioria dos americanos depende para se informar sempre selecionou como fonte principal as figuras de maior destaque do mundo corporativo e político. Essas fontes são elementos legítimos no noticiário, e suas decisões têm grande peso no destino do país e do mundo. Porém, em uma democracia, é preciso mais. Existe um outro lado das realidades nacionais. Há relatos e pontos de vista de organizações que conduzem estudos sérios para documentar as necessidades mais urgentes da classe média, dos pobres e das instituições mantidas com dinheiro dos impostos, caso das escolas públicas, por exemplo.

No entanto, apenas veículos de mídia menores e mais especializados refletem essa outra metade das realidades nacionais. Ela aparece de maneira fragmentada e ocasional, em uma ou outra matéria sobre direitos humanos, mas não de maneira sistemática e sem informações diárias das organizações sérias que documentam programas viáveis para atender às necessidades da maioria dos americanos.

As ideias, visões e propostas que vão além dos centros de poder estabelecidos são domínio de pequenos jornais e revistas sobre política daquilo que nos Estados Unidos se denomina "esquerda". Também se incluem nesse meio os livros de pequenas editoras, articulistas progressistas da internet e publicações como *The Nation, The Progressive e Extra!*. As críticas e propostas publicadas nesses veículos entram apenas por osmose — com atraso e de modo fragmentado — no noticiário das principais empresas de mídia. Nem mesmo os nomes das publicações e dos *think tanks* progressistas aparecem como sendo as fontes originais de tais ideias e programas; eles até podem aparecer aqui e ali na grande mídia, mas são citados anonimamente e tarde demais para ter algum efeito sobre as decisões tomadas nas esferas municipal, estadual e federal. As ideias e propostas progressistas permanecem afastadas do noticiário diário impresso e falado, o que só faz crescer a sensação de pessimismo do público em geral.

Por outro lado, os grandes veículos de comunicação usam com frequência — de forma destacada, citando o nome e a fonte — o material produzido por *think tanks* conservadores, caso da Heritage Foundation, do American Enterprise e da Hoover Institution. Essas fontes conservadoras até produzem dados úteis, mas seus resultados são gerados tendo em mente os objetivos da extrema direita e são considerados pela mídia como as fontes mais "respeitáveis". Rupert Murdoch inclusive criou uma publicação dedicada ao pensamento conservador, a *Weekly Standard*, dirigida por William Kristol, que se tornou leitura obrigatória na Casa Branca por ordem do presidente George W. Bush, do Partido Republicano. Os editores do periódico são convidados com frequência para fazer comentários em programas de notícias e debates, o que quase nunca acontece com editores e articulistas de organizações de esquerda.

Esse desequilíbrio levou a desdobramentos de importância crucial. Um exemplo é a guinada radical na distribuição de renda nos Estados Unidos desde a década de 1980. Os detentores de grandes fortunas, com raras exceções, sempre deram preferência a políticos conservadores, que são os principais proponentes de reduções (ou abolição total) de impostos e da redução dos serviços sociais oferecidos pelo governo à população. O imposto de renda progressivo, por exemplo, foi reduzido de forma tão drástica nas faixas mais altas que, para os mais ricos, o percentual pago é menos da metade do que era na década de 1970. Durante esse período de redução acentuada, a renda nacional vem se concentrando nas famílias mais ricas e com uma velocidade impressionante. Em 2001, 15% das famílias americanas detinham uma porcentagem maior da renda nacional do que a soma dos 85% de americanos restantes.[1]

A mídia de massa foi fundamental nessa transformação. No mundo atual, ela é uma presença incontornável. Segundo pesquisas, a maioria da população depende dos principais veículos de imprensa para se informar. Um número minúsculo de grandes conglomerados de mídia produz o universo de notícias que é consumido pela imensa maioria dos americanos.

*

Todas as pessoas de nossa época habitam dois mundos.

Um dos mundos é o natural, ambiente que possibilita a vida dos seres humanos desde a origem da espécie *Homo sapiens*. Os homens, as mulheres e as crianças crescem e envelhecem convivendo em suas famílias, escolas, vizinhanças e comunidades. Interagem frente a frente com outras pessoas de formas variadas e infinitamente complexas. Criam padrões sociais, leis, sistemas de educação e códigos de ética, além de sofrerem influência de instintos acumulados em incontáveis interações humanas. As pessoas são capazes de captar visões, sons e odores, seja nos confins da Sibéria ou no meio de Manhattan. Os instintos acumulados ao longo dos milênios estão tão impregnados nos sentidos humanos que até os bebês reagem às expressões de outros rostos.

O outro mundo que a maioria das pessoas habita hoje é o da mídia de massa. Em termos de história humana, trata-se de um fenômeno novo e repentino. Suas origens remetem a sinais e símbolos dos tempos pré-históricos ou aos tipos móveis inventados por Gutenberg 500 anos atrás — uma invenção que colaborou para minar o sistema monárquico tradicional e a ordem social religiosa de sua época.

A mídia de massa de hoje transcende as diferenças linguísticas, culturais e sociais e é capaz de atingir inclusive quem não é alfabetizado. Levando em conta a escala da experiência humana, foi uma transformação repentina, um mundo inventado por pessoas do nosso próprio tempo. Em termos criativos, foi obra de indivíduos curiosos e engenhosos. Mas suas criações foram adotadas por corporações e governos com toda uma variedade de objetivos — alguns genuinamente em benefício da ciência, da educação e da satisfação pessoal; outros, em nome do lucro, do controle social, da autocensura e do poder. Em comparação com o longo histórico de contatos humanos cara a cara, é um período curto demais para que haja uma avaliação unânime do que a mídia tem de bom e de ruim, do que beneficia apenas os privilegiados e do que serve a um bem comum.

Hoje, um mundo digital em rápido desenvolvimento foi acrescentado à mídia tradicional. A mídia de massa moderna transformou as estruturas sociais, políticas, econômicas e legais dos países desenvolvidos. A maioria dos habitantes das nações industrializadas passa uma enorme parte de seu dia a dia dentro desse novo mundo. Há uma discussão contínua a respeito de como os indivíduos podem alcançar um equilíbrio entre o ambiente de interações reais e o universo restritivo da grande mídia. Mesmo assim, o que persiste é um quadro em que um número reduzidíssimo de corporações monopolistas despeja dia e noite sobre a população uma enxurrada de notícias, imagens, publicações e sons. Esse é o mundo em que todas as crianças de hoje nascem.

Este livro é uma tentativa de descrever a natureza, o impacto e os atores desse novo mundo, além de sua aparente transformação a uma velocidade atordoante e as vantagens e desvantagens de se viver em nossa época.

PREFÁCIO À PRIMEIRA EDIÇÃO

Quando eu era um jovem repórter em Providence, no estado de Rhode Island, tinha o costume de ir tomar um chá na sala dos fundos de um sebo administrado pelo casal Mary e Douglas Dana. Douglas, um escocês de bochechas vermelhas, me falava sobre sua mais recente aquisição de uma primeira edição de algum título, enquanto Mary avisava que ele ficaria com o livro e jamais o venderia. Em um sábado à tarde, Douglas me mostrou uma primeira edição que teve grande influência na minha vida de jornalista: *The Letters of Sacco and Vanzetti* ("As cartas de Sacco e Vanzetti"), um volume organizado por Marion Denman Frankfurter e Gardner Jackson.

Ouvi falar no "caso Sacco e Vanzetti" quando eu tinha sete anos de idade. Eles eram dois homens que haviam sido eletrocutados na penitenciária de Charlestown, em Boston. Chegou ao meu conhecimento apenas a certeza de que aqueles dois italianos eram assassinos e que, quando o mecanismo da cadeira elétrica foi acionado, a oscilação de energia foi tamanha que em minha cidade natal — Stoneham, a quase 14 quilômetros de distância — e em todo o leste de Massachusetts as lâmpadas começaram a piscar. Em minha cabeça de criança, não havia motivos para duvidar da culpa dos dois e, aos sete anos, não me lembro de ter nenhuma restrição contra a pena de morte. Mas fiquei impressionado com o fato de ter havido em milhares de casas um instante de escuridão que registrou a morte de uma dupla de criminosos.

Isso era tudo o que eu sabia sobre Sacco e Vanzetti quando vi o livro de Douglas Dana, com sua tipologia limpa e elegante e sua encadernação de qualidade. Enquanto folheava as páginas, me chamaram a atenção as menções recorrentes ao nome de Alice Stone Blackwell, escritora e editora feminista, filha de Lucy Stone[1]. No livro, ficava claro que ela se tornara amiga dos dois prisioneiros. O nome despertou meu interesse porque me lembrei de ter visto um poema que minha mãe escreveu e dedicou à amiga Alice Stone Blackwell. Então Douglas Dana, com certa relutância, me vendeu o livro.

Depois de ler as cartas de Sacco e Vanzetti, comecei uma investigação jornalística que tomou boa parte do meu tempo livre durante os anos seguintes. De forma obstinada, busquei uma solução definitiva para o crime pelo qual Sacco e

---

[1] Líder feminista do século XIX.

Vanzetti foram falsamente acusados e, depois, condenados e executados. Descobri que não era verdade que as lâmpadas piscaram em toda a região quando os dois foram eletrocutados. Lendo infinitas vezes as transcrições dos julgamentos, as apelações posteriores, os relatórios oficiais, as entrevistas com pessoas envolvidas ainda vivas e os livros que continuam sendo escritos mesmo depois de seis décadas, também aprendi algo sobre o papel social da imprensa.

Nicola Sacco, um sapateiro, e Bartolomeo Vanzetti, um peixeiro, foram presos pelo assassinato, a balas, de um contador e um guarda em South Braintree, no estado de Massachusetts, em 1920. Foi um crime cometido a sangue frio, numa calçada, em plena luz do dia, por cinco homens que fugiram em um carro. Sacco e Vanzetti eram imigrantes italianos e anarquistas. A prisão deles se deu em um clima de histeria nacional, marcado por quatro fatores importantes. Um deles foi o medo gerado pela Revolução Russa, ocorrida alguns anos antes do crime. Outros dois foram o preconceito endêmico contra tudo que era "estrangeiro" e a percepção equivocada, de parte da população, sobre quem eram os anarquistas. Por fim, havia A. Mitchell Palmer, procurador-geral dos Estados Unidos, que usava o Departamento de Justiça para atacar os grupos radicais com prisões em massa, conhecidas por "Arrastões de Palmer", uma espécie de esporte nacional na época.

Na época das prisões, a maior parte dos jornais apoiava os arrastões e, apesar das provas abundantes de injustiça grosseira, defendeu com entusiasmo a condenação de Sacco e Vanzetti. A imprensa é uma espécie de espelho e pode ser responsabilizada por refletir e promover a histeria. Mas, com sua variedade e quantidade de diferentes veículos, deveria também criar uma espécie de equilíbrio, proporcionando a diversidade de opiniões e pontos de vista em reportagens e comentários. A manutenção desse equilíbrio, no caso dos dois italianos, revelou-se um fracasso.

Quando Sacco e Vanzetti estavam para ser eletrocutados, em 1927, sete anos após os crimes, a maioria dos jornais sérios já havia mudado de ideia. Os repórteres apuraram que o governo do estado tinha sido desonesto e ocultado provas. Os editores, por sua vez, estavam convencidos do mau uso da Justiça. Mas era tarde demais. Àquela altura, a reputação do poder estabelecido em Massachusetts estava associada à necessidade de execução dos dois réus. Impassível em sua postura, o governo recusou o adiamento da execução porque, nas palavras de Herbert Ehrmann, um admirável advogado que estava envolvido na defesa dos réus, aquilo teria "alertado para uma fragilidade na manutenção de nossa ordem social".

Nos Estados Unidos, depende-se da mídia de massa para alertar, entre outras coisas, para "uma fragilidade na manutenção de nossa ordem social". Em 1921, quando Sacco e Vanzetti foram julgados, os jornais não foram capazes de dar esse alerta, embora houvesse provas abundantes para fundamentá-lo. Em 1927, quando os dois foram eletrocutados, boa parte da imprensa já tinha outra visão sobre o caso. A mudança não foi suficiente para salvar os condenados, mas revelava algo importante a respeito da mídia.

A lição se repetiu durante meus trabalhos subsequentes como repórter. A imprensa não é um monólito e nem está presa a um conjunto imutável de padrões. Porém, é submetida a visões preconcebidas, que protegem o poder corporativo e, consequentemente, enfraquecem a capacidade do público de entender as forças que moldam a realidade americana. Essas visões a favor do status quo, como as que foram postas em prática no caso Sacco e Vanzetti, não parecem ter mudado de forma significativa ao longo dos anos. Quando o senador Joseph McCarthy ganhou poder com sua demagogia — como fizera A. Mitchell Palmer 30 anos antes —, ele foi apoiado com entusiasmo pela maioria dos jornais. A imprensa precisaria deixar de lado o hábito da documentação e do espírito crítico para exaltar McCarthy. E foi exatamente o que ela fez.

Na década de 1950, quando surgiu o movimento pelos direitos civis, tanto no Norte como no Sul a maior parte dos jornais regionais de maior circulação me dizia — quando eu visitava as redações para me informar com os repórteres do lugar — que não havia nenhum problema sério nos "bairros do pessoal de cor". Porém, cidade após cidade, as explosões de protestos raciais pegaram de surpresa até a mídia local.

Quando eu cobria a pobreza estrutural espalhada pelo país, nos anos 1960, mais uma vez, nas redações de alguns dos melhores jornais, ouvi dizer que não havia nenhum problema muito grave. Alguns anos mais tarde, porém, ficou claro não só que o problema existia mas também que ele estava se espalhando havia um bom tempo.[II]

Entretanto, se eu perguntasse nesses mesmos jornais sobre fraudes nos mecanismos de proteção social, sobre politicagem miúda ou sobre os deslizes de qualquer agência governamental, seus arquivos estariam repletos de registros.

Ao que parecia, havia dois pesos e duas medidas: uma sensibilidade afiada para detectar falhas em órgãos públicos, mas que ignorava problemas de importância similar em entidades da iniciativa privada, em especial no que diz respeito ao mundo corporativo. Essa tendência institucional

---

[II] Para escrever a série de reportagens, Bagdikian passou algum tempo vivendo entre montanheses nos Apalaches, entre boias-frias da Flórida, com os moradores de trailers em Los Angeles e em cortiços de Chicago. O trabalho resultou no primeiro livro dele: *In the Midst of Plenty* (1964). (N.E.)

faz muito mais do que apenas proteger o sistema das grandes corporações — ela rouba do público a possibilidade de entender o mundo real.

Nosso retrato da realidade não surge na forma de uma revelação esplendorosa. Ele vai se moldando por acúmulo, dia após dia e ano após ano, com base em fragmentos do panorama mundial, produzidos em sua maior parte pela grande mídia. Nossa visão do mundo real é dinâmica, cumulativa e sujeita a correções de rumo, desde que haja um padrão justo para decidir quais fragmentos são de fato importantes. No entanto, como uma categoria importante de fragmentos é deixada de lado, ou mencionada apenas vagamente, nossa visão social e política se torna deficiente. A principal faculdade da inteligência humana — o discernimento entre causa e efeito — fica prejudicada, já que depende de informações sobre os acontecimentos na ordem em que ocorreram e de acordo com sua relevância. Quando o elo entre causa e efeito se torna obscuro, nossas fraquezas e nossas forças se confundem. Os erros se repetem década após década, em razão de nossa percepção incompleta do que está por trás das relações sociais.

Minha vivência pessoal, minha experiência profissional e minhas pesquisas me ensinaram que jornalistas, escritores, artistas e cineastas são capazes de, somando suas forças, criar um retrato da realidade que, entre outras coisas, alerte para "uma fragilidade na manutenção da ordem social". Mas, para produzir um retrato plural, é preciso se valer das instituições do status quo, e elas devem ter espaço para a diversidade. Como as instituições mais relevantes para a formação de nossa visão do mundo real — jornais, revistas, emissoras de rádio e TV, editoras de livros e produtoras de cinema — estão cada vez mais concentradas nas mãos dos maiores beneficiários das visões preconcebidas da mídia de massa, parece-me fundamental escrever a respeito desse tema.

1.
UMA MÍDIA COMUM EM UM PAÍS INCOMUM

O poder corrompe; o poder absoluto
corrompe de forma absoluta.
LORDE ACTON, 1887

The New York Times, 20 de fevereiro de 2003 — O senador Byron Dorgan, do Partido Democrata da Dakota do Norte, enfrentou uma tragédia em seu distrito quando um trem de carga que transportava amoníaco anidro descarrilou em Minot, lançando uma nuvem tóxica letal sobre a cidade. Os sistemas de alerta de emergência se mostraram ineficazes, e a polícia então recorreu às estações de rádio locais, das quais seis pertencem à gigante corporativa Clear Channel. De acordo com os relatos apurados, ninguém atendeu o telefone nas emissoras de rádio em mais de uma hora e meia de tentativas. Trezentas pessoas foram hospitalizadas, algumas parcialmente cegadas pela exposição ao amoníaco. Animais de estimação e de rebanho morreram.

O amoníaco anidro é um fertilizante muito usado, que libera um gás tóxico, provocando irritação no sistema respiratório e queimaduras na pele. O gás se funde com o tecido das roupas e seca a umidade dos olhos. Até o momento, uma pessoa morreu e 400 foram hospitalizadas.

United Church of Christ News,
publicação on-line, maio de 2003.

Clear Channel é a maior cadeia de rádio dos Estados Unidos,[III] proprietária de 1.240 emissoras, que contam com apenas 200 funcionários. A maior parte dessas estações, inclusive as seis de Minot, na Dakota do Norte, é operada à distância, usando material pré-gravado.[1]

*

Os Estados Unidos da América — como tanto se afirma com orgulho dentro de suas fronteiras e com inveja fora delas — são o país mais rico do mundo, com 19 mil municípios espalhados por um continente inteiro e uma população com a maior diversidade étnica, racial e de origem geográfica do planeta. Suas culturas regionais são tão diversas quanto as paisagens de lugares como Amherst e Amarillo. Ao contrário de nações poderosas cujas origens remontam a milênios, os Estados Unidos são um país novo, com menos de 300 anos. Como consequência, não têm em sua bagagem a herança de séculos sob o jugo de monarcas, tsares e potentados religio-

---

[III] Em 2014, a Clear Channel foi rebatizada iHeartCommunications e passou a integrar o conglomerado iHeartMedia.

sos dotados de poderes absolutos. Desde seu nascimento, o governo americano tem como princípio férreo o fato de agir com o consentimento de seus governados.

Mas os Estados Unidos também estão em constante mudança e, hoje, passam por um dos períodos de maior inovação tecnológica de sua história. A velocidade com que a revolução digital se espalhou por toda a sociedade foi impressionante. Os computadores e a internet, somados ao maior conjunto de veículos de mídia de massa do planeta, alteraram a maneira como milhões de pessoas vivem suas rotinas diárias. A nova tecnologia tem funções quase milagrosas, que em seus aspectos mais benéficos levaram à evolução de inúmeros aspectos da vida, como a ciência, a educação e a medicina.

Mas os EUA são um país singular por outros motivos também. Cada comunidade detém o controle de suas próprias escolas, do uso de suas terras, de seu corpo de bombeiros e de seus departamentos de polícia. Já na maioria dos demais países, isso fica a cargo de entidades de abrangência nacional. Em razão da dependência dos americanos de decisões tomadas no âmbito local e de seu extraordinário número de entidades autogovernadas, o sistema de comunicações mais racional para um país com tamanha diversidade de populações e lugares exigiria que cada região tivesse centenas de veículos de mídia locais, cada um sob a responsabilidade de um dono diferente e atento às necessidades específicas de sua comunidade. Seria razoável supor que apenas assim cada comunidade americana teria uma mídia ajustada a suas necessidades de informação.

Seria razoável supor que isso acontece. Mas tal suposição estaria errada.

Cinco empresas de alcance global, operando quase sempre nos moldes de um cartel, são proprietárias da maior parte de jornais, revistas, editoras de livros, estúdios cinematográficos e emissoras de rádio e TV dos Estados Unidos. Cada veículo de sua propriedade, sejam revistas ou estações de rádio, tem como premissa cobrir o país inteiro, e as pessoas que os dirigem priorizam histórias e programas que possam ser usados em todo e qualquer lugar. Os produtos de mídia que criam são um reflexo disso. A programação veiculada nas seis emissoras vazias de Minot, na Dakota do Norte, estava sendo transmitida simultaneamente a partir de Nova York.

Esses cinco conglomerados são: Time Warner (que em 2003 se tornou a maior empresa de mídia do mundo), Walt Disney Company, News Corporation (com sede na Austrália), Viacom e Bertelsmann (com sede na Alemanha).[iv] Hoje em dia, nenhuma grande empresa de mídia se contenta com a dominação em um único meio. A estratégia delas exige uma presença forte em todos os tipos de mídia, desde jornais até estúdios de cinema. Isso proporciona às grandes corporações e aos seus executivos mais poder de comunicação do que o disponível a qualquer déspota ou ditador na história.

(No ciclo maníaco-depressivo de fusões corporativas ocorrido ao longo das várias edições deste livro, o nome dos conglomerados de mídia formado por Time e Warner mudou quatro vezes. A revista *Time* foi criada em 1923 por

---

iv Depois da publicação original desta sétima e definitiva edição do livro, a lista mudou algumas vezes. Houve problemas internos dentro de algumas das companhias, como a divisão da Viacom em duas empresas e as crises do processo de sucessão de Rupert Murdoch na News Corporation. E outras grandes organizações entraram no jogo: a Comcast e a AT&T. Esta última comprou DirecTV e a colocou entre as cinco maiores e, no final de 2017, anunciou a compra da Time Warner, operação que, no momento que editamos a edição brasileira de *O Monopólio da Mídia*, ainda depende da aprovação do Departamento da Justiça Antitruste norte-americano. Seja como for, a lógica do funcionamento do mercado continua a mesma que Bagdikian expõe neste livro.

Henry Luce e Briton Hadden, seu colega de Yale. Luce então comprou a parte de Hadden, criou a Time Inc. e lançou outras revistas, como a *Life*. Quando saiu a primeira edição deste livro, em 1983, a empresa ainda se chamava apenas Time Inc. Em 1990 — na quarta edição —, a Time se fundiu com a Warner Communications e foi criada a Time Warner. Em 2000 — na sexta edição —, a America Online, provedora de internet, comprou tudo por 182 bilhões de dólares, na maior fusão da história até então, e rebatizou a nova empresa de AOL Time Warner. Em 2003, a Comissão de Títulos e Câmbio anunciou que investigaria as práticas contábeis da AOL antes da aquisição da Time Warner, um processo que revelou informações embaraçosas. Em outubro de 2003, o conselho diretor votou pela retirada da sigla AOL do nome da empresa nos EUA. No entanto, a AOL Time Warner continua a existir em outros países, assim como AOL, na forma de uma entidade separada. Em 2004 — na sétima edição deste livro —, a então grande líder das Big Five voltou ao nome anterior, Time Warner, a não ser nos locais onde o contexto permite o uso de AOL Time Warner. Qualquer que seja o nome, ainda se trata de uma das maiores empresas de mídia do mundo.)[2]

Nenhum governante imperial do passado dispunha de múltiplos canais de comunicação que incluíam redes de TV transmitindo imagens e sons controlados a toda uma sociedade. Mas os executivos das Big Five não são como Hitler ou Stálin. São homens de negócios cujas empresas controlam todos os meios pelos quais a população recebe informações sobre o mundo. E, como qualquer outra oligarquia, encontram maneiras de cooperar entre si para que as cinco empresas trabalhem juntas de maneira a expandir seu poder, o que se tornou uma força fundamental para moldar a vida contemporânea nos Estados Unidos. As Big Five compartilham membros de seus conselhos diretores, investem em conjunto nos mesmos empreendimentos e chegam ao ponto de, na prática, emprestarem dinheiro umas às outras e trocarem propriedades entre si quando é conveniente para ambas as partes.

Não é preciso que uma única empresa seja dona de tudo para exercer um monopólio. Não é nem necessário evitar certas formas de concorrência. Tecnicamente, as grandes empresas de mídia formam um oligopólio, um poder concentrado em um grupo em que qualquer um dos membros tem a capacidade de, mesmo agindo sozinho, produzir mudanças significativas no mercado. O mais conhecido cartel global, a Organização dos Países Exportadores de Petróleo (Opep), já enfrentou guerras brutais entre seus membros e diversos desentendimentos mútuos. Mas, quando se trata de petróleo, o motivo da existência do cartel, a voz de todos é uma só.

Sendo assim, a Time Warner, a maior empresa de mídia do grupo, é concorrente da Bertelsmann, a maior editora de livros em língua inglesa do planeta e também membro da Big Five. Na Europa, porém, a AOL Time Warner é sócia da Bertelsmann e da News Corporation na operadora de TV a cabo Channel V. De acordo com a Comissão de Títulos e Câmbio (SEC, na sigla em inglês), em 2001 a AOL Time Warner precisou inflar a venda de anúncios da AOL rapidamente por razões ligadas ao valor de suas ações. Em um complexo arranjo de transações, a Bertelsmann se comprometeu a comprar 400 milhões de dólares em anúncios de sua "concorrente", a AOL Time Warner, em troca da cessão de ações adicionais de uma empresa europeia, da qual os dois conglomerados já eram sócios. Dessa forma, segundo a SEC, a Bertelsmann ajudou sua "concorrente" a parecer mais saudável financeiramente do que de fato era.

Essas cinco grandes "concorrentes" estão envolvidas em inúmeras práticas que configuram cartel. A News Corporation, por exemplo, tem uma *joint venture* com o braço europeu da Paramount Pictures, que pertence à Viacom, uma de suas "concorrentes" entre as Big Five. De acordo com agências governamentais francesas e americanas, a Vivendi, um decadente conglomerado de mídia francês, se comprometeu a comprar 25 milhões de dólares em anúncio na AOL, em troca de mais ações de uma de suas empresas na França.[3]

Um certo nível de concorrência sempre se faz presente entre os conglomerados de mídia das Big Five. O desejo de ser o número um vale tanto para megacorporações como para políticos e países. Era esse o caso também da maioria das grandes empresas de mídia quando desejava ter o controle de um único meio de comunicação, por exemplo, a Gannett no ramo dos jornais; a Time Inc. nas revistas; a Simon & Schuster no mercado de livros; as três grandes redes — ABC, NBC e CBS — no rádio; a CBS na televisão; a Paramount no cinema. No entanto, a obtenção desses objetivos produziu um apetite renovado por uma meta ainda maior: um pequeno grupo de corporações interligadas que hoje, na prática, controla todos os produtos de mídia, dos quais o público americano declara depender.

LIVRE MERCADO OU LIVRE PRIVILÉGIO?

A prática corporativa e a filosofia capitalista são quase sinônimos, e no cerne do capitalismo está a concorrência, ou sua encarnação contemporânea: "o livre mercado". Se as empresas de mídia dominantes se comportassem de acordo com o dogma capitalista clássico, cada uma tentaria criar seu próprio produto. No universo da mídia, *produto* significa notícia, entretenimento e debates. Seria necessário que elas oferecessem diferentes tipos de programas, que refletiriam a variedade de gostos, formações e atividades da população americana. Concorrência de verdade exige a criação de produtos exclusivos, com o objetivo de ser líder de mercado. Em vez disso, as Big Five se ajudam mutuamente e investem em conjunto nos mesmos produtos de mídia, se valendo de relatórios periódicos de audiência para descobrir quais tipos de programas atingem um número um pouquinho maior de pessoas, e, então, "a concorrência" imita os vencedores e abocanha uma fatia quase idêntica dos lucros totais.

Um dos resultados da supressão da concorrência são os milhares de veículos de mídia que exibem conteúdos quase idênticos. Outro resultado é que uma inovadora empresa recém-chegada apenas pode aspirar a uma participação relevante em seu ramo sendo uma das muitas subsidiárias das gigantes estabelecidas com seus bilhões de dólares. É apenas nas lendas que Davi bate Golias. Na história da mídia moderna, se dois inventores geniais criarem em sua garagem uma invenção capaz de revolucionar o mercado, terão, na prática, opções bem limitadas: ou vendem seus dispositivos por milhões ou bilhões para uma empresa dominante ou se arriscam a uma aquisição hostil e ao massacre proporcionado pelos vastos recursos mercadológicos e financeiros de um Golias encurralado. No fim, o Golias sai vencedor.

Os atuais capitalistas americanos não correspondem à imagem de rivalidade acirrada evocada por Adam Smith no século XVIII, segundo a qual os concorrentes se digladiam tentando oferecer o melhor preço e uma qualidade superior. Os termos dessa mitologia clássica levariam a um cenário final com apenas um vencedor e quatro empresas condenadas a brigar pelo que restasse, ou coisa pior. Nenhum conglomerado de mídia dominante, em virtude de seu tamanho e sua riqueza, quer se arriscar a sofrer uma derrota desse tipo.

A Ford Motor Company e a General Motors não competiram até a aniquilação porque ambas tinham muito a perder com um enfrentamento do tipo tudo ou nada. Da mesma forma, a grande mídia mantém relações similares à prática de cartel, operando com diferenças mínimas entre si. Esse *modus operandi* produz uma relação em que todas as empresas permanecem vivas e rentáveis, mas deixa à maioria dos americanos um leque artificialmente limitado de produtos de mídia. É no comércio local e nos restaurantes de bairro que se dá a verdadeira concorrência em termos de produto, preço e qualidade; inclusive, com risco de falência ao final do processo.

As opções limitadas que as empresas dominantes oferecem ao país não são resultado de uma conspiração. Os dirigentes dos conglomerados não se sentam ao redor de uma mesa para combinar fatias de mercado, preços e produtos, como acontece na Opep. Os maiores conglomerados de mídia do mundo não precisam disso. Eles compartilham dos mesmos métodos e objetivos. Mas, se surgir uma nova empresa capaz de fortalecer sua posição nos ramos em que atuam, os conglomerados vão competir entre si para incorporá-la.

As possibilidades de promoção cruzada entre os diferentes meios de comunicação são a principal razão por que as Big Five se tornaram proprietárias de todos os tipos de mídia. Por exemplo, atores e atrizes do estúdio de cinema de um conglomerado podem fazer aparições nos canais de TV da empresa; fotografias das recém-criadas celebridades podem estampar as capas das revistas do grupo; e entrevistas podem ser dadas para os programas de rádio e televisão das emissoras da companhia. O conglomerado também pode designar um escritor de sua editora para produzir uma biografia ou pretensa autobiografia das novas estrelas, e o livro pode ser promovido nos outros veículos de comunicação da empresa.

Além de buscar mais pontos de audiência, cada membro das Big Five também deseja ter um valor de mercado maior que os demais (o que tem impacto sobre o preço das ações que os grandes executivos detêm). No entanto, se um determinado conglomerado toma temporariamente a dianteira, os outros quatro não ficam em uma situação intolerável, já que, mesmo que se tornem os "perdedores" do momento, eles podem continuar a obter lucros. As emissoras de TV, por exemplo, consideram "baixo" um lucro de 30% ao ano porque o canal número um do momento pode ter um lucro anual de 60%. Como um dos mais poderosos executivos do ramo, Barry Diller, declarou sobre as emissoras de TV: "É um negócio em que se você tiver dois neurônios vai operar com uma margem de 35%. Muitas boas emissoras têm margem de 40% a 60%".[4]

Embora não formem literalmente um cartel, como a Opep as Big Five, além de cooperarem entre si quando conveniente, compartilham membros em seus conselhos diretores. Isso acontece quando um determinado membro tem assento no conselho de mais de uma corporação (o que é ilegal apenas se as empresas em questão formarem um monopólio caso venham a se fundir). De acordo com um estudo do acadêmico Aaron Moore, publicado na edição de março/abril de 2003 do *Columbia Journalism Review*, a News Corporation, a Disney, a Viacom e a Time Warner têm 45 membros em comum em seus conselhos diretores.

Existe uma forma de cooperação muito mais significativa que impele todas as Big Five a auxiliar umas às outras. Os cinco maiores conglomerados do mundo estão juntos em um total de 141 *joint ventures*, o que, na prática, torna-os sócios. Citando apenas um exemplo: a News Corporation tem ações da "concorrência" em 63 empresas de TV a cabo, revistas, gravadoras e canais fechados nos Estados Unidos e no exterior. Todos os cinco conglomerados juntam forças em uma das iniciativas de *lobby* mais poderosas de Washington, a National Association of Broadcasters, que trabalha para conseguir aprovar leis e regulamentações que aumentem seu poder coletivo sobre os consumidores. No ano 2000, por exemplo, a National Association of Broadcasters gastou 2,5 milhões de dólares em *lobby* envolvendo questões ligadas às comunicações. Foram usados 24 lobistas próprios e os de quatro escritórios independentes. Nesse mesmo ano, 64% das contribuições da associação para a campanha presidencial foram para o Partido Republicano e 36% para o Democrata. Isso sem contar o dinheiro gasto em *lobby* e em campanhas políticas pelas grandes empresas de mídia individualmente.[5]

Os conglomerados de mídia não são o único ramo em que os empresários estabeleceram um monopólio na economia americana. No entanto, os produtos de mídia são únicos em um aspecto fundamental: as empresas que os produzem não fabricam salgadinhos e dobradiças, e sim um mundo social e político.

As novas tecnologias expandiram o poder da mídia de massa sobre o conhecimento e os valores do país a níveis sem precedentes. Em menos de uma geração, as cinco grandes corporações de mídia fizeram aumentar sua influência sobre os cidadãos em casa, na escola e no trabalho. O alcance centralizador dessas corporações exerce um poder político e cultural que remete aos decretos dos monarcas que os revolucionários que proclamaram a independência dos Estados Unidos em 1776 decidiram rejeitar.

As Big Five se tornaram protagonistas na transformação da política do país. Conseguiram implementar novas leis para aumentar seu domínio corporativo e abolir as regulamentações que inibiam o controle que exercem. A maior realização do grupo foi o Telecommunications Act de 1996[v]. Nesse processo, as empresas de mídia, assim como as corporações em geral, tomaram um poder que costumava pertencer aos cidadãos. De acordo com a história e a Constituição dos Estados Unidos, os cidadãos são os únicos entes com poder para determinar a forma que sua democracia deve ter. No entanto, o poder concentrado na mídia pela produção dos noticiários, combinado com as contribuições políticas das corporações em geral, fez diminuir a influência dos eleitores sobre os assuntos e os candidatos que participam das campanhas eleitorais.

Os políticos conservadores tradicionalmente são os preferidos de todas as grandes corporações, inclusive os conglomerados de mídia. As cinco grandes empresas de mídia dominantes nos Estados Unidos estão entre as 500 maiores empresas do planeta.[6] Essas cinco corporações dominam um dos dois mundos em que toda pessoa precisa habitar nos dias de hoje.

Obviamente, o ambiente real de contatos frente a frente, em um mundo concreto, ainda é o que configura o dia a dia real dos seres humanos. Isso ocorre como parte da evolução humana, e os conceitos de ordem e princípios sociais são fruto de milênios de reflexões, concessões e experiências da raça humana. Por outro lado, o mundo da mídia de massa começou de verdade apenas 250 anos atrás. Muitos de seus desdobramentos mais drásticos e de maior consequência surgiram dentro do tempo de vida dos membros da geração atual. O universo da mídia — jornais, revistas, livros, rádio, televisão, cinema e agora a internet — ocupa um papel de destaque nas transações comerciais e na vida privada de toda a população.

---

[v] Lei aprovada pelo presidente Bill Clinton, que relaxou o controle das agências reguladoras e passou a autorizar a propriedade "cruzada" dos meios de comunicação.

UMA NOVA MÍDIA
EM UM NOVO MUNDO

As empresas de mídia sempre tiveram o poder de interferir na política. Isso não é nenhuma novidade. Mas as cinco atuais corporações dominantes — Time Warner, Disney, News Corporation, Viacom e Bertelsmann — têm um poder de que a mídia não dispunha no passado, graças às novas tecnologias e à uniformidade quase absoluta de seus objetivos políticos. O conteúdo social e político exibido por esses veículos à população provocou efeitos palpáveis: os Estados Unidos têm as opções eleitorais mais estreitas entre todas as democracias desenvolvidas. Isso levanta questionamentos fundamentais a respeito da natureza da democracia e de por quem ela deve ser definida.

A magnitude da mudança pode ser mais facilmente compreendida se observarmos o passado a partir da perspectiva atual. Olhando para trás, o poder impressionante da mídia de massa contemporânea atuou como uma das principais forças para reverter, em uma geração, a orientação política, social e econômica de caráter progressista que impulsionou o país ao longo do século XX. Como consequência, o século XXI nos Estados Unidos começou com a ascensão de um tipo de conservadorismo mais extremado.

A política americana do século XX foi inaugurada por um presidente do Partido Republicano, Theodore Roosevelt (1901-1909), em uma época em que qualquer cidade de alguma importância tinha cinco ou mais jornais concorrentes que contemplavam uma ampla variedade de tendências — de direita, esquerda e centro. Com o apoio de periódicos influentes e vários jornais, Theodore Roosevelt deu início à política de preservação dos recursos naturais e desmantelou gigantescos conglomerados empresariais, na época chamados de "trustes". O envolvimento dos trustes na redação de leis, no suborno a servidores públicos e nas fraudes ao sistema de proteção social era exposto mês a mês por alguns dos principais articulistas do país: Lincoln Steffens, Owen Wister, Ida Tarbell, Louis Brandeis (16 anos antes de se tornar juiz da Suprema Corte dos Estados Unidos), Upton Sinclair e muitos outros. Suas reportagens investigativas também apareciam na grande mídia, em jornais publicados por Joseph Pulitzer, E. W. Scripps e William Randolph Hearst. Artigos que argumentavam a favor de reformas eram as peças centrais de importantes revistas de circulação nacional, como *Harper's*, *Atlantic*, *Cosmopolitan*, *McClure's* e *Century*.

Esse período fundamental de enfrentamento das principais necessidades de uma democracia industrializada chegou ao fim quando J. P. Morgan e John D. Rockefeller resolveram comprar a *Harper's* e a *Atlantic*, e outros milionários incomodados começaram a pagar altos salários a editores experientes para promover uma visão mais parecida com a dos bancos de Wall Street. Essa reviravolta, combinada com a Primeira Guerra Mundial, pôs um fim ao período de reformas.[7]

Um ciclo similar de reformas pôs ordem ao caos criado pelas práticas mercadológicas sem regulamentação dos anos 1920. O New Deal do presidente Franklin Roosevelt (1933-1945) estabeleceu novas agências reguladoras e novos mecanismos de proteção social depois da quebradeira corporativa da Grande Depressão. O New Deal também criou empregos e dispositivos para garantir habitação e comida para as famílias pobres e de classe média. Ao contrário de seu primo Theodore, Franklin Roosevelt não teve apoio da mídia antes de eleito. Os jornais, os únicos veículos de comunicação que de fato faziam diferença na época, estavam com a credibilidade em frangalhos, depois de haverem glorificado as políticas catastróficas que produziram a quebra de Wall Street em 1929 e a Grande Depressão, que se seguiu.

Quando Franklin Roosevelt se candidatou à presidência, em 1932, o desemprego estava em um nível desesperador, e boatos de revoltas populares pairavam no ar. O medo levou muitos jornais e revistas até então conservadores ou neutros a moderar sua oposição à eleição de Roosevelt.

Roosevelt promoveu reformas consideradas radicais na época. Criou a Comissão de Títulos e Câmbio para monitorar as corporações que vendiam ações ao público, o sistema de Seguridade Social para o pagamento de aposentadoria para boa parte da população, além de leis que impediam os bancos de especular no mercado de ações com o dinheiro dos correntistas. O mercado livre e desregulado gerou uma euforia insana nos anos 1920, criando a ilusão de que todos podiam ficar milionários, e, consequentemente, levou o país ao caos. Esse colapso provocou uma interrupção temporária do habitual lema da mídia de "deixar o mercado em paz".

Por outro lado, os governos de Ronald Reagan (1981-1989) e dos Bush — George H. W. Bush (1989-1993), o 41º presidente, e seu filho George W. Bush (2001-2009), o 43º — provocaram mais uma guinada abrupta. Eleito em 2000, Bush filho deu início à reversão sistemática ou à anulação de antigos planos de preservação de recursos naturais, promoveu cortes na rede de proteção social e adotou políticas econômicas que aceleraram a concentração de renda na mão dos mais ricos. Na mesma linha, a teoria econômica defendida por Reagan argumentava que a riqueza no topo da pirâmide se reverteria em empregos para a classe média e para os trabalhadores de baixa renda. Era uma ideia desacreditada, assim descrita pelo economista John Kenneth Galbraith: "Se você alimentar seu cavalo com aveia em abundância, mais cedo ou mais tarde ele vai deixar algo para os pardais".

Qualquer democracia dinâmica inevitavelmente muda o rumo de suas políticas de acordo com o contexto e as vontades da população. As mudanças radicais do final do século XX refletiam, claro, desdobramentos abrangentes no cenário tecnológico e econômico mundial, além de outras tendências subjacentes. Mas o poder da mídia de massa, controlada por um pequeno número de corporações gigantescas e de mentalidade parecida, teve um papel fundamental. A mídia do período, em especial no rádio e na TV, foi conivente com os pedidos da Casa Branca para, por exemplo, limitar o acesso de repórteres ao presidente Reagan.[8] A personalidade folclórica do ex-ator desviava boa parte da atenção do público das consequências desastrosas que se seguiram à expansão da dívida nacional. O que aconteceu na economia americana a partir da década de 1990 trazia ecos terríveis das tempestades que provocaram a quebra da bolsa de valores em 1929.

Existem múltiplas razões para que as políticas de um país sejam alteradas, porém cada vez mais a grande mídia exerce um papel de protagonista dessas mudanças nos Estados Unidos. A partir de 1980, os conservadores começaram a clamar pela necessidade de "tirar o governo das nossas costas", o que acelerou a firme e gradual eliminação do imposto de renda progressivo. Os slogans políticos defendendo o encolhimento do governo e os argumentos em que eles se baseavam passaram a ser dominantes nas reportagens e nos artigos de opinião dos principais veículos do país. Foi o começo do fim da imagem do governo como defensor do consumidor e o início da atuação aberta como protetor das grandes empresas. E a indústria de produção de notícias, agora nas mãos de cinco grandes corporações, também embarcou nessa nova direção.

Quando Bush filho se tornou presidente, os veículos de mídia mais influentes não eram nomes tradicionais como *Harper's*, *Century* e outros órgãos que cem anos antes ajudaram a expor os abusos econômicos e fizeram campanha para limitar o poder das grandes corporações. Em um contraste agudo com a imprensa que defendia as reformas promovidas por Theodore Roosevelt, a influência mais decisiva da mídia para a eleição de 2000, tanto em termos de audiência como de alcance político, deu-se nos *talk shows* de direita e no conservadorismo escancarado de uma grande rede de TV — a Fox, propriedade da News Corporation. Rupert Murdoch, o dono da News Corporation, ainda foi além e criou a Weekly Standard, bíblia contemporânea do conservadorismo americano e farol que orientava o governo de George W. Bush. A revista de Murdoch era distribuída semanalmente entre os funcionários de alto escalão da Casa Branca. O vice-presidente Dick Cheney, inclusive, tinha direito a uma cota especial de 30 exemplares.[9]

Não é mera coincidência que três das maiores redes de radiodifusão do país promovam intensamente as posições radicais da extrema direita. As emissoras de rádio e TV de Murdoch abrigam uma maioria massacrante de comentaristas de direita. Os dois maiores grupos do rádio, Clear Channel [atual iHeartMedia] e Cumulus, cujo domínio é quase absoluto, estão comprometidos com um dilúvio diário de proselitismo de extrema direita, junto com músicas pré-programadas. Em uma pesquisa, 22% dos americanos afirmaram que sua principal fonte de notícias são os *talk shows* radiofônicos.[10] Em pouco mais de uma década, o rádio nos Estados Unidos se transformou em um poderoso órgão de propaganda de extrema direita. O programa vespertino mais transmitido do país é o *talk show* de Rush Limbaugh, cujas opiniões, além de extremadas, são com frequência fundamentadas em mentiras.[11]

Os executivos da mídia dominante têm opiniões políticas extremamente conservadoras e escolhem os apresentadores dos programas de acordo com sua linha de pensamento. "Não consigo citar de memória nenhum *talk show* transmitido em cadeia nacional apresentado por um progressista", diz Ron Rodrigues, que foi por 16 anos editor da revista especializada *Radio & Records*.[12] O único apresentador de sucesso claramente progressista, Jim Hightower, foi demitido da ABC em 1995, na semana seguinte à compra da rede pela Disney.

O conteúdo político dos outros quatro membros das Big Five não é muito diferente do apresentado pela Fox. Todos são ultraconservadores e produzem mau jornalismo em seus *talk shows*. Os telespectadores americanos têm como opções a NBC (propriedade da General Electric), a CBS (propriedade da Viacom, outra das Big Five), e a ABC (propriedade da Disney, mais uma das Big Five). A garantia de diversidade entre as dezenas de milhares de veículos de mídia dos Estados Unidos deixou de ser um objetivo do governo do país. Em 2002, o presidente da Comissão Federal de Comunicações[VI], Michael Powell, declarou que não seria tão ruim se apenas uma gigante das comunicações fosse proprietária de todas as estações de uma determinada região metropolitana.[13]

O maquinário da mídia contemporânea não é um mecanismo qualquer. Somados, os veículos de comunicação das grandes empresas atingem 280 milhões de americanos, com 1.468 jornais locais, 6 mil títulos de revistas, 10 mil estações de rádio, 2.700 canais de TV aberta e fechada e 2.600 editoras de livros.[14] Além disso, a internet deu origem a novas e imprevisíveis forças, que serão comentadas de forma mais detalhada no decorrer deste livro. Embora chegue a mais gente do que nunca, a mídia hoje está concentrada no menor número de mãos em toda a sua história. Em 1983, havia 50 grandes empresas de mídia nos Estados Unidos. Hoje são

---

[VI] Comissão Federal de Comunicações, órgão regulador da área de telecomunicações. (N. E.)

cinco. São elas que decidem quais informações vão chegar — ou não — à maioria dos cidadãos.[15]

Pode não ser coincidência que, durante esses anos de concentração das empresas de mídia, o espectro político — assim como o noticiário — tenha sofrido uma guinada. Conforme citado, quem costumava ser descrito como progressista hoje é retratado como radical de esquerda e até antipatriota. Esse deslocamento não reflete a opinião do público americano como um todo. Uma recente pesquisa da Harris revelou que 42% dos americanos se definem como politicamente moderados, de centro, ligeiramente progressistas ou extremamente progressistas. Outros 33% se descrevem como conservadores e 25% afirmam "não saber ou não pensar a respeito".[16]

DÓLARES VS. VOTOS

Uma das forças que moldaram a mudança no espectro político foi o dinheiro, especificamente as altas quantias despendidas para as campanhas eleitorais. Acontecimentos de peso em escala nacional e mundial e o surgimento de novas lideranças inevitavelmente têm seu papel na determinação das legislações e das políticas de um país. Nos Estados Unidos, porém, mais do que qualquer outro fenômeno, é o dinheiro que determina quais assuntos e candidatos vão entrar na pauta de discussão que, por consequência, seleciona os temas e as escolhas disponíveis aos eleitores.

A maior fonte de dinheiro para a política são corporações interessadas em defender seu poder e sua fortuna. Os grandes conglomerados de mídia não são diferentes. A peculiaridade fundamental é que eles têm relação direta com os resultados das eleições, já que seus produtos causam impacto sociopolítico. O resultado é uma escalada trágica: quanto maior a empresa de mídia, maior sua influência política, que a torna uma corporação ainda maior com ainda mais poder.

O custo de uma candidatura cresceu de forma proporcional à expansão do poder das empresas e ao tamanho de suas contribuições a candidatos e partidos prediletos. Em 1952, a quantia despendida por todos os candidatos e partidos somados para as eleições na esfera federal (Presidência, Senado e Câmara) foi de 140 milhões de dólares. No ano 2000, as eleições consumiram mais de 5 bilhões. Somente na campanha presidencial foi gasto 1 bilhão de dólares.[17] Assim como os custos, os recursos empregados nas eleições também cresceram exponencialmente. Hoje, gasta-se muito com especialistas que são, entre outras coisas, mestres na arte da manipulação e no uso de novas tecnologias para descobrir gostos e tendências do público.

Os anúncios televisivos são o instrumento de campanha mais comum e dispendioso — o gasto mais pesado nas campanhas políticas nos Estados Unidos. Em geral, são inserções breves, de no máximo cinco minutos, em que a maior parte do conteúdo consiste em slogans e símbolos (as bandeiras americanas tremulantes são quase obrigatórias), um material absolutamente inútil em termos de informação. As emissoras e redes de TV ficam com a maior parte desse dinheiro, claro. Esse é o motivo pelo qual o espectro político do país é influenciado de maneira tão decisiva pelo candidato que dispõe de mais dinheiro.

Ser candidato da situação é uma vantagem para atrair doações, porque até mesmo os empresários mais conservadores querem ser capazes de influenciar quem define as legislações, mesmo que seja um Democrata. Ainda assim, com exceção dos candidatos à reeleição, quem gasta mais quase sempre sai vencedor. A partir de 1976, os candidatos que gastam mais de 500 mil dólares em suas campanhas vêm se concentrando em número cada vez maior no Partido Republicano.[18] Os conservadores não se cansam de acusar os membros do Partido Democrata de se curvarem a "grupos de interesses especiais". No léxico conservador, trata-se de uma menção cifrada aos sindicatos. E, de fato, em 2000, por exemplo, a proporção do dinheiro doado pelos sindicatos aos democratas foi quase 20 vezes maior que a doada a candidatos republicanos. No entanto, na década de 1990, os comitês corporativos e patronais de ação política doaram aos republicanos o dobro do oferecido aos democratas, e as quantias envolvidas foram muito maiores do que a contribuição dada pelos sindicatos.[19] Nas eleições para o Legislativo de 2002 — uma campanha crucial, em que o controle do Senado seria decidido por poucos votos —, o Partido Democrata gastou 44 milhões de dólares, e o Partido Republicano, 80 milhões. Os republicanos assumiram o controle do Congresso. É claro que também tiveram uma ajuda inegável do presidente George W. Bush: dois meses antes da eleição, ele declarou que o país entraria em guerra com o Iraque e que quem se opusesse seria considerado um defensor da ditadura de Saddam Hussein. Esse fato foi suficiente para fazer desaparecer das manchetes dos jornais e do noticiário televisivo os problemas econômicos enfrentados pelo país.

Cada vez mais, os candidatos à Câmara e ao Senado passaram a investir dinheiro do próprio bolso nas campanhas — uma opção disponível apenas aos multimilionários. O dinheiro empenhado em nome dos interesses dos ricos e das corporações se tornou predominante nas eleições americanas exatamente no período em que o espectro político do país sofreu uma guinada para a extrema direita.

A VISÃO DOS DE CIMA

A grande mídia cita de forma incansável homens e mulheres que estão no topo de hierarquias de poder. Pessoas que ocupam cargos importantes são legitimamente importantes para o noticiário, porque a população precisa saber o que os líderes dos setores público e privado pensam e fazem. Porém, os pronunciamentos dos poderosos são apenas uma fração das realidades de um povo. Um noticiário completo exige mais. Os ocupantes de altos cargos — seja no setor público ou privado, e sejam quais forem suas inclinações éticas —, assim como a maior parte dos seres humanos, quase nunca desejam tornar públicas informações que denunciem seus erros, ou outros assuntos de alguma maneira embaraçosos, ou ainda propostas com as quais não concordem. As declarações oficiais nem sempre expõem toda a verdade.

Organizações que produzem pesquisas e propostas sérias no sentido de reduzir o esgarçamento do tecido social recebem apenas atenção esporádica e irrisória da grande mídia. Por consequência, a discussão de alguns dos problemas mais graves do país permanece silenciada. A não ser que o ocupante de algum cargo significativo exija atenção e providências para os problemas ignorados, eles permanecem sem solução.

Não é raro que representantes de grandes organizações se queixem em público da vergonha que é para o país mais rico e poderoso do mundo ter um número crescente de pessoas sem-teto, ou denunciem que os Estados Unidos são o único país desenvolvido sem um sistema público de saúde, ou ainda que explicitem a hipocrisia da defesa da melhoria da educação pública sem oferecer nenhuma verba para isso — embora seja o próprio governo federal que exija melhores indicadores de desempenho das escolas locais. Ou apontem que o país rompeu de forma unilateral com todos os tratados assinados anteriormente pela preservação do meio ambiente. Com alguma frequência, eles podem ainda argumentar que, apesar do acordo de redução dos estoques de armas nucleares firmado entre russos e americanos, o presidente George W. Bush ameaçou com retaliações militares os países que dessem início a pesquisas nucleares enquanto simultaneamente anunciava que os Estados Unidos retomariam seu programa de armas atômicas.

Essas questões não ficam de fora do noticiário da grande mídia, mas são citadas e logo esquecidas, ao passo que histórias como o rapto de uma criança em um lugar qualquer ocupam as manchetes das primeiras páginas e dos telejornais durante semanas. Em geral, não há nada de errado em contar histórias sobre dramas humanos, muito pelo contrário. Mas, na esfera nacional, não existe a mesma ênfase da imprensa em relação a problemas que afetam milhões de pessoas. É uma tragédia contínua que 41 milhões de americanos não tenham acesso a um serviço de saúde, que milhões de jovens estejam aglomerados em salas inapropriadas e tendo aulas com professores sem qualificação, que a degradação do meio ambiente ameace o habitat dos seres humanos, assim como o crescimento do arsenal nuclear dos Estados Unidos e do resto do mundo. E que uma guerra preventiva como política oficial seja equivalente à lei da selva.

Os executivos do setor de mídia alegam com frequência que ninguém está interessado nos direitos básicos não atendidos, que as pessoas estão cansadas de más notícias, ou que a imprensa já cobriu esses assuntos. Trata-se da mesma indústria que se gaba de sua capacidade de tornar interessante qualquer tipo de história, que mobiliza tantos editores para ir atrás de uma "saga de criança perdida", que, na verdade, interessa apenas a uma parte do público. Todo leitor e telespectador vai prestar atenção a cada detalhe daquilo que se relaciona diretamente com sua vida — seja uma matéria sobre um contador desempregado, os índices nacionais de desemprego ou um familiar desesperado em busca de tratamento para o mal de Alzheimer.

A grande mídia fracassa na cobertura sistemática de toda uma variedade de questões sociais urgentes que afetam uma população inteira.

Essas necessidades permanecem sendo crises ocultas, obscurecidas pela enxurrada diária de outros tipos de notícias. Mesmo assim, pesquisas sérias revelam que, no fim do século XX e início do XXI, a maioria dos americanos se mostrava preocupada com a falta de verbas crônica para a educação e a saúde, a crise permanente de desemprego e o déficit habitacional, além da deterioração cada vez maior das finanças públicas.

No entanto, esses assuntos não são prioridade na pauta dos grandes doadores, aqueles que financiam as campanhas dos políticos e seus partidos. As corporações têm outros interesses urgentes. Existe um mundo de riqueza estratosférica no topo da pirâmide, tão distante do cotidiano dos americanos comuns que se torna quase inimaginável.

QUANDO NÃO EXISTEM LIMITES

Revelações surgidas nos últimos anos são provas dos excessos que podem ser cometidos quando "tiramos o governo das nossas costas".

Foi só graças ao acesso aos autos de um processo de divórcio que os acionistas da General Electric (GE) e o público em geral ficaram sabendo da ausência de limites de benefícios que alguns altos executivos concedem a si mesmos em segredo, envolvendo quantias e exigências quase obscenas.

A revelação mais chocante foi a do salário e do plano de aposentadoria de Jack Welch, o badaladíssimo presidente da General Electric, que veio a público apenas quando sua mulher entrou com o pedido de divórcio. Enquanto foi CEO da GE, Welch ganhava 16,7 milhões de dólares por ano, tinha à disposição o avião particular da empresa, morava sem pagar nada em um apartamento com aluguel de 80 mil dólares por mês em Manhattan, com todas as despesas (incluindo vinhos, comida, lavanderia, artigos de higiene e jornais) pagas pela empresa. O executivo ainda tinha ingressos para todos os jogos do New York Knicks, cadeira VIP no torneio de tênis de Wimbledon, um camarote para ver partidas do New York Yankees e do Boston Red Sox, títulos de quatro clubes de campo, serviço de guarda-costas e limusine 24 horas, TV por assinatura para suas quatro casas e jantares em seu restaurante favorito bancados pela GE.

O plano de aposentadoria de Welch prevê a continuidade da maioria dessas regalias pelo resto da vida, além de 86.535 dólares por 30 dias anuais de consultoria, mais 17.037 dólares por dia adicional de trabalho.

Esses excessos absurdos não só foram escondidos do público em geral como eram inacessíveis aos acionistas da empresa. Eles ficavam enfiados em notas de rodapés obtusas ou indecifráveis nos relatórios anuais da corporação.[20]

A Tyco, envolvida em um escândalo similar ao da Enron, perdoou um empréstimo de 19 milhões de dólares ao executivo Dennis Kozlowski, que usou o dinheiro para comprar uma mansão na Flórida. Kozlowski e seus comparsas, mais tarde, foram processados por desviar 600 milhões de dólares da empresa.[21]

A AMBIÇÃO DE CRIAR O GRUPO
DAS "BIG SIX"

Quando a Vivendi, o castelo de cartas montado pelo aventureiro empresarial francês Jean-Marie Messier, despencou, seu sonho de construir um império de mídia deu à GE a chance de entrar no grupo das Big Five.[22] Sob o comando de Messier, o frenesi de aquisições da Vivendi incluiu uma das maiores editoras americanas de livros ainda independente, a Houghton Mifflin, com sede em Boston. Posteriormente, a editora foi novamente vendida, então, a um fundo de investimentos que promoveu modificações profundas no catálogo de serviços impressos e on-line da empresa.

O obstinado sucessor de Messier, Jean-Renee Fourtou, salvou a Vivendi vendendo 80% do conglomerado à GE por 3,8 bilhões de dólares. A GE assumiu também a dívida da empresa, que era de 1,7 bilhões. A transação incluiu o estúdio cinematográfico Universal. Essa aquisição também proporcionou ao presidente da GE, Jeffrey Immelt, a base para colocar um velho conglomerado de ativos industriais mais tradicionais (do ramo de armamentos, turbinas de avião etc.) na novíssima indústria da mídia. Segundo Immelt, as indústrias do setor produtivo rendem lucros na casa de um dígito, enquanto a mídia oferece ganhos entre 25% e 60%.[23]

Immelt previa que a nova divisão de mídia da GE fosse superar a linha de produtos mais antigos da empresa. A GE já era dona da rede de TV NBC e de canais a cabo como USA Network, Sci-Fi, CNBC, MSNBC, Bravo e Trio. Com o novo acordo, acrescentou ao portfólio a Universal Pictures, a Universal Television (produtora da lucrativa série *Law & Order*), participações em cinco parques temáticos e a rede Telemundo, a maior dos Estados Unidos em língua espanhola. O executivo do ramo da televisão Barry Diller é dono de 7% da Vivendi. Apesar da intenção de Immelt de construir um grande conglomerado de mídia, a GE também fez planos para adquirir a empresa de equipamentos médicos Amersham, com sede em Londres, por 9,5 bilhões de dólares, e ainda vende turbinas de energia eólica, fornos de alta tecnologia e equipamentos hospitalares, tais como dispositivos para exames de ressonância magnética.

O ousado Immelt foi obrigado a enfrentar o que em Hollywood se chama de "Maldição da Universal" — uma ameaça baseada na longa linhagem de fracassos comerciais dos antigos donos do estúdio, que vai desde Carl Laemmle, que o fundou, em 1912, até Messier.[24] Novos nomes, como o da GE, além de sistemas e serviços, inevitavelmente vão entrar no jogo. Eles podem até oferecer um incremento ao panorama da mídia, mas resta saber se superarão a magnitude e o poderio dos gigantes onipresentes da mídia descritos neste livro.

DOMINAÇÃO "HUMILDE"

A expressão "origem humilde" é quase obrigatória em muitas biografias corporativas. Muitas vezes o início de uma empresa é ainda mais humilde do que o relatado em sua história. No caso das partes envolvidas nos negócios de 107 bilhões de dólares comandados por Messier, a origem pode até não ser humilde, mas com certeza não é nada glamourosa. A empresa que pertencia a Messier era uma antiga companhia de águas que se tornou uma grande construtora de sistemas hidráulicos pelo mundo. Sua origem, porém, é ainda mais modesta e se fez a partir do esgoto — a Vivendi original era herdeira da companhia fundada por Luís Bonaparte, em uma tentativa de recuperar sua popularidade com a construção do sistema de esgoto de Paris. Uma das aquisições da Vivendi (a Seagram, pela qual Messier pagou

34 milhões de dólares em ações)[25] era famosa por transportar humildemente grandes quantidades de bebida alcoólica do Canadá para os Estados Unidos durante a vigência da Lei Seca. Ela se valia dos serviços de grupos, que os tabloides insistiam em descrever como "gangues". Os periódicos também usavam a palavra "contrabando", mas nenhuma das duas aparece na literatura oficial da companhia. A Seagram teve um começo modesto, como um cabaré no Canadá, de propriedade da família Bronfman.[26]

É preciso, no entanto, lembrar que houve exemplos de serviços públicos genuínos prestados pelo patriarca dos Bronfman. Alguns deles ajudaram a resgatar judeus da perseguição nazista e foram fundamentais para expor o passado hitlerista de Kurt Waldheim, ex-secretário-geral da ONU. Bronfman também ajudou a identificar os banqueiros suíços que lucraram com o dinheiro pertencente a judeus assassinados no Holocausto.[27]

UM DESEQUILÍBRIO INERENTE

A maior parte das famílias abastadas tem condições de contratar serviços qualificados que os americanos comuns não encontram, por exemplo, em escolas públicas ou em alguma outra instituição do governo. Isso ocorre, em parte, por causa de cortes de verbas feitos para, entre outras razões, proporcionar abatimentos de impostos aos ricos.

As muitas décadas que se passaram sem que fossem de fato contempladas as necessidades da maioria só colaboraram para gerar uma descrença ainda maior na possibilidade de mudança. As massas de eleitores em potencial se resignaram a pensar que aquilo que é dito na grande mídia é um padrão estabelecido e imutável. Na primeira edição deste livro, publicada em 1983, observei que "poder na mídia é poder na política". As cinco empresas de mídia dominantes, que hoje estão entre as maiores do mundo, têm muito poder e o empregam para promover os valores preferidos pelo mundo corporativo do qual fazem parte.

O desequilíbrio entre assuntos importantes para as hierarquias corporativas e as necessidades mais urgentes da população como um todo acaba obscurecido pelo tom de pretensa neutralidade do noticiário. O impacto das notícias de hoje não se caracteriza pela linguagem sensacionalista nas manchetes e reportagens, como acontecia no século XIX. Hoje, o desequilíbrio se dá pelo que é selecionado — ou deixado de fora — na composição da página impressa ou do roteiro do noticiário falado. As posições políticas da mídia se evidenciam pela escolha dos colunistas e apresentadores de *talk shows* e são exercidas nos *lobbies*, apoiados pelas corporações, que resultam na criação de legislações e nas contribuições a partidos e candidatos. É um desejo invariável da maior parte das companhias a existência de um ambiente político estável e favorável à depreciação dos padrões mínimos de serviços públicos para a maximização dos lucros com o achatamento da cobrança de taxas municipais, estaduais e federais. No entanto, essa posição quase nunca considera os benefícios à população em geral, como saúde, segurança e educação pública de qualidade.

Nos últimos 25 anos, o mundo da mídia passou por transformações aceleradas que trouxeram conflitos e incertezas sobre quais veículos vão sobreviver e quais acabarão extintos. Os jornais enfrentam o risco de morte, condenados por um novo método de comunicação que vem arrebatando a atenção do público. Questionamentos similares foram levantados em relação a outras formas de mídia tradicionais, como as revistas e os livros.

Assim como os tipos móveis de Gutenberg na época de sua invenção, a nova mídia eletrônica ainda não se estabilizou totalmente como força social. Hoje, é possível reunir grandes protestos contra políticas governamentais convocando manifestantes pela internet. Por outro lado, a revolução digital ameaça a privacidade das pessoas em suas próprias casas, já que algum ente governamental — ou qualquer um com conhecimentos para isso — pode acessar remotamente o computador de um cidadão, lançando por terra a máxima de que "a casa de um homem é seu castelo".

Essa questão paira acima das inovações extraordinárias, porém imprevisíveis, da mídia eletrônica e das transformações que ela vem ocasionando.

2.
AS BIG FIVE

Os homens são atraídos naturalmente pelo dinheiro e pelo poder; porque o poder vale tanto quanto o dinheiro.

RALPH WALDO EMERSON, 1837

Em 1983, os homens e as mulheres que comandavam as 50 grandes empresas de mídia predominantes nos Estados Unidos poderiam ser reunidos tranquilamente na sala de eventos de um hotel modesto. Os que dirigiam os 20 maiores jornais provavelmente formariam uma rodinha para se queixar dos custos de impressão; os 20 figurões das revistas se juntariam em outra para reclamar do valor dos fretes; o pessoal do rádio e da TV trocaria comentários indignados sobre as regulamentações governamentais do setor audiovisual; o povo do mercado editorial esbravejaria contra a ganância dos agentes dos escritores; e os executivos do cinema trocariam fofocas sobre a vida sexual de seus astros e estrelas.

Em 2003, as 50 empresas de 20 anos antes seriam representadas por apenas cinco homens, que caberiam em uma cabine telefônica. Ficariam apertados, certamente, e o clima de tensão no ar seria palpável.

Nessa cabine imaginária estaria Richard Parsons, presidente do conselho diretor e CEO da Time Warner. Parsons certamente estaria preocupado com seu emprego, pois só se encontrava a cargo da maior empresa de mídia do mundo porque seus colegas Steve Case e Carl Levin tinham acabado de ser demitidos. Michael Eisner, o figurão da Disney, exigiria mais espaço, assim como fez depois que ele e seu velho amigo Michael Ovitz conseguiram se apoderar dos vastos domínios de Mickey Mouse prometendo dirigi-lo em parceria. Logo depois, no entanto, Eisner se desvencilhou do aliado, valendo-se do princípio de que em um império só existe um imperador. O irascível Sumner Redstone, cabeça da Viacom, antiga CBS, estaria irritadíssimo porque a News Corp, de Rupert Murdoch, havia comprado a DirecTV da Hughes Electronics, o que daria a Murdoch o poderio financeiro e tecnológico para superar sua empresa. Por fim, o quinto ocupante seria Reinhard Mohn, à frente da centenária companhia alemã Bertelsmann, sentindo-se meio isolado na cabine porque, apesar de dirigir a maior editora de livros em língua inglesa do mundo, pouco tempo antes havia sido pego mentindo a respeito da atuação de sua corporação no período nazista.

Inegavelmente, seria difícil espremer cinco dos mais influentes executivos do planeta em uma cabine telefônica, uma atividade em geral restrita a estudantes universitários em busca de um lugar no *Livro Guinness dos Recordes* (segundo o qual, a marca da brincadeira pertence a 25 jovens do St. Mary's College de Moraga, na Califórnia).[1] É preciso exercitar a imaginação para visualizar cinco altos dirigentes corporativos se sujeitando a isso. Por outro lado, também seria difícil prever, em 1983, que as empresas que dominavam a mídia nacional passariam de 50 a apenas cinco em menos de 20 anos.

Analisando algumas características dos cinco conglomerados é possível ter uma boa ideia de como isso aconteceu. A acumulação incessante de poder no mundo dos jornais, do rádio, da televisão, das revistas, dos livros e do cinema deu a eles um poder político cada vez maior. Os líderes políticos sabem que a imprensa controla a maneira como eles são apresentados aos eleitores, assim, quanto mais poderosa é a mídia, maior também é a sua influência sobre os políticos e sobre a política nacional. Por causa dessas condições, qualquer mandatário de juízo trata com cuidado os interesses das grandes corporações. O que acontece, contudo, nos Estados Unidos, é que os políticos tratam as poderosas empresas de mídia com algo próximo à reverência.

O poder político amealhado pelas cinco empresas dominantes deu a elas o privilégio de ignorar a lei ou reescrevê-la de modo a incorporar a maior parte dos 37 mil veículos de comunicação dos Estados Unidos. (O número salta para 54 mil se considerarmos todas as publicações semanais e quinzenais, revistas de anúncios publicitários e todos os "periódicos", inclusive os de circulação estritamente local. O total chega a 178 mil caso seja incluída toda a "indústria da informação".)[2] Alguns guias para escritores iniciantes afirmam que existem 7.700 pequenas editoras de livros. Qualquer que seja o número, o sistema de comunicações dos Estados Unidos é impressionante. Este livro trata apenas dos tipos de mídia — jornais diários, revistas de circulação nacional, rádio, TV e cinema — consumidos pela maioria dos americanos e da influência deles sobre os políticos e as políticas de governo do país.

Os políticos desejam receber um tratamento favorável por parte da grande mídia. As Big Five desejam manter os gastos de 236 bilhões anuais em anúncios na mídia de massa, além da receita de cerca de 800 bilhões que os americanos gastam para consumir o que elas produzem.[3] Em 2002, por exemplo, o americano médio gastou 212 dólares em TV a cabo, 100 dólares em livros, 110 dólares em DVDs, 71 dólares em discos de música, 58 dólares em jornais diários, 45 dólares em revistas, 45 dólares em serviços de internet e 36 dólares no cinema.[4] Não é surpresa que um país de 280 milhões de habitantes, espalhados por mais de 100 milhões de lares, se torne alvo da ambição de corporações bilionárias, uma vez que as regulamentações governamentais sejam removidas. Quanto mais concentrado o mercado, maior a fatia nas receitas anuais de bilhões de dólares.

O que são — e quem está por trás — das cinco maiores empresas de mídia dos Estados Unidos?

TIME WARNER, A GIGANTE

Em 10 de janeiro de 2000, os telespectadores americanos foram convidados para o casamento mais caro da história. Era um casamento corporativo, em que os novos eram dois homens, e, nele, falar em dinheiro não era indelicadeza alguma. De acordo com as regras de Wall Street, é obrigatório aos recém-casados declarar seu patrimônio. Foi por isso que o noticiário mencionou que a união havia juntado uma empresa de 163 bilhões de dólares a uma alma gêmea com valor de mercado de 120 bilhões.

A fusão uniu a America Online, dirigida por Steven Case, à Time Warner, representada por Gerald Levin (nos casamentos corporativos, nem sempre é fácil distinguir entre noivo e noiva). Case, um jovem de 42 anos, tinha construído uma empresa em cima de uma sigla nada atraente, a AOL, com servidores que davam acesso a sites no vasto mundo da internet. Anteriormente, a AOL já havia absorvido as concorrentes Netscape e CompuServe. Já a Time Warner de Levin era o império que começara a ser construído por Henry Luce 77 anos antes, quando da fundação da revista *Time*. Muito antes do casamento, Luce e seus sucessores na Time Inc. formaram uma grande e próspera família de revistas, que incluía títulos como *Life*, *Fortune*, *Holiday*, *Sports Illustrated* e *People*. A Time Inc. mais tarde se juntou à Warner Brothers, o que lhe garantiu empresas no ramo da música, do cinema, da televisão e das novas mídias.

Além de produzir manchetes, a fusão se tornou o mais espetacular exemplo daquela que, na época, era a palavra da moda em Wall Street: *sinergia*. Um conceito tomado de empréstimo da fisiologia, sinergia descreve a combinação de dois corpos distintos para produzir uma força maior que a simples soma das duas partes. O termo se tornou um mantra para especialistas em fusões, analistas financeiros de bancos de investimento e executivos em geral. Parecia inevitável que a combinação de duas corporações dobrasse o valor que tinham individualmente no mercado de ações.

A AOL Time Warner foi vista como um modelo perfeito de sinergia: a Time Warner tinha a maior quantidade de produtos de mídia do país, de revistas a filmes (mercadorias descritas em Wall Street, de forma indistinta, como "conteúdo"), e a AOL dispunha do melhor canal para mandar esse conteúdo de forma instantânea para os computadores dos consumidores.

Uma lista das empresas controladas pela AOL Time Warner ocuparia dez páginas, totalizando 292 companhias e subsidiárias. Entre elas, 22 eram *joint ventures* com outras grandes corporações envolvidas em maior ou menor grau com operações de mídia. Essas parcerias envolviam marcas como 3Com, eBay, Hewlett-Packard, Citigroup, Ticketmaster, American Express, Homestore, Sony, Viva, Bertelsmann, Polygram e Amazon. Alguns dos nomes mais familiares de propriedade da Time Warner eram o serviço de assinaturas Book of the Month Club, a editora Little, Brown and Company, os canais HBO, a CNN, sete canais a cabo especializados e em língua estrangeira, a operadora de serviços a cabo Road Runner, o estúdio Warner Brothers, o programa Vigilantes do Peso, a revista *Popular Science* e 52 selos musicais.[5]

O casamento enfrentou problemas — e o motivo foi dinheiro, como sempre. O casal estava mergulhado em dívidas, mas era um tempo em que ninguém se importava com isso. No ano 2000, o mercado de ações foi invadido por investidores atrás de papéis mágicos, chamados opções sobre ações de empresas do mundo digital, o que deixou algumas pessoas milionárias da noite para o dia. Instituições bancárias sólidas, com nomes estabelecidos há mais de um século, emprestaram bilhões de dólares sem examinar com mais atenção a matemática dos balanços financeiros de quem contraía as dívidas (nem mesmo a de seus próprios, como ficou claro mais tarde). Para o público em geral, foi dito que aquela era a "nova economia". A noção de que o valor de uma empresa deveria se basear na relação entre receitas e despesas ou ativos e passivos era vista como definitivamente ultrapassada.

O parto da nova economia gerou uma boa dose de sofrimento, para dizer o mínimo. Em 2003, a Time Warner fez o equivalente a uma venda de garagem para pôr as finanças em dia. A empresa estava tentando vender sua divisão de livros, a quinta maior do país, avaliada em mais de 30 milhões de dólares. Steven Case e Gerald Levin foram demitidos por um conselho diretor insatisfeito e, em 2002, a Comissão de Títulos e Câmbio anunciou que pretendia examinar os balanços da AOL de anos anteriores ao da fusão.[6]

Mesmo assim, a AOL Time Warner continuava a ser a maior empresa de mídia do planeta.[VII]

DISNEY, O RATO QUE RUGE

O adorável roedor de orelhas grandes chamado Mickey Mouse, com sua voz estridente, infantil e seu charme inocente, tem, na verdade, quase 90 anos de idade e fatura mais de 25 bilhões de dólares por ano.[7] Para ser mais exato, ele e seus companheiros de aventuras ganham dinheiro para a corporação a que pertencem, a Walt Disney Company. A empresa também controla as subsidiárias criadas pelo próprio Walt, caso da primeira Disneylândia. A inocência de Mickey e seus amigos Pateta, Dumbo e Sete Anões seduziu gerações de crianças do mundo todo. David Low, um chargista britânico, definiu Disney como "a mais importante figura das artes gráficas desde Da Vinci".[8]

É fato conhecido que Walt Disney, o criador do império do camundongo, foi um menino do interior que se tornou um fenômeno internacional. Suas criações, a do Mickey, especialmente, espalharam-se por todo o planeta — "Topolino" na Itália, "Mi Lao Shu" na China e "Mikki Maus" na Rússia. O longa-metragem *Fantasia*, com acompanhamento musical da Orquestra Sinfônica da Filadélfia, ainda é exibido de tempos em tempos em salas de cinema de todo o planeta.[9]

VII Neste momento em que esta edição está sendo feita, a notícia é que a Time Warner será comprada pela AT&T, que já é dona da DirecTV e uma das atuais Big Five.

O dom de Disney para encantar as crianças era genuíno. Criado em uma fazenda no Missouri, quando ganhou uma caixa de gizes de cera de seu tio Mike, um maquinista de trem, o menino começou a fazer desenhos de animaizinhos em tudo, até no trator da propriedade. A fazenda, em certo ponto, entrou em falência, e a família se mudou para Chicago. Lá, além de passar o dia na escola, à noite, Walt ainda fazia aulas de desenho na Academia de Belas Artes. Depois de atingir o sucesso em Hollywood, Walt foi vítima de uma lenda que dizia que ele não tinha talentos artísticos, o que não era verdade (contudo, é curioso lembrar que, quando seus desenhistas entraram em greve, havia um cartaz com os dizeres: "Walt não sabe desenhar").[10] Quando morreu, em 1966, em decorrência de um câncer de pulmão (ele fumava sem parar cigarros franceses da marca Gitane), o comentarista de rádio e TV Eric Severeid declarou: "Nós nunca mais teremos alguém como ele".[11]

Severeid estava certo, mas a empresa que levava o nome de Walt Disney cresceu muito mais do que seu criador poderia imaginar. Ela se tornou a 73ª maior indústria dos Estados Unidos sob a liderança de um homem cujas raízes não poderiam ser mais diferentes das de seu fundador. Michael Eisner, presidente do conselho diretor e CEO da Walt Disney Company, era filho de um advogado bem-sucedido e foi criado em um apartamento luxuoso na Park Avenue, em Nova York. Seus pais o obrigavam a estudar duas horas para cada hora de televisão a que assistia. Michael entrou na Universidade Denison (turma de 1964) com a intenção de estudar medicina, mas acabou se formando em literatura e teatro. Depois de sair da faculdade, conseguiu um emprego na Comissão Federal de Comunicações, mas seis semanas depois foi contratado pelo departamento de programação infantil da CBS, onde seu trabalho era escolher o momento exato para inserir intervalos comerciais.

Como não era muito dado à rotina, Eisner imediatamente começou a mandar centenas de currículos. Só recebeu uma resposta, mas foi a que bastou. Era de Barry Diller, diretor de programação da ABC. Além de contratar Eisner para a ABC, Diller, que em 1967 produziu seu próprio especial de TV, *Feelin' Groovy at Marine World*, virou seu mentor. Quando se tornou presidente do conselho diretor da Paramount Pictures, Diller levou junto Eisner e o nomeou CEO do estúdio.

A primeira medida de Eisner foi cortar os custos das produções da Paramount Pictures para 8,5 milhões de dólares por filme. Na época, a média da indústria era 30% maior. Eisner mergulhou de cabeça na febre das fusões e aquisições das décadas de 1980 e 1990. Em 1984, foi nomeado presidente do conselho diretor e CEO da The Walt Disney Company. Dez anos depois, Eisner fez a Disney adquirir a cadeia de jornais e emissoras de radiodifusão ABC/Cap Cities. E contratou Michael Ovitz, "o homem mais poderoso de Hollywood", diretor da Creative Artists Agency, para ser o presidente na empresa. Na época, a revista *Time* fez um ensaio fotográfico com Ovitz usando uma coroa e uma túnica de rei.[12]

A coroação de Ovitz pode ter sido um belo erro tático. A Walt Disney Company havia se tornado um império global, e na história dos impérios raramente houve casos de convivência pacífica entre coimperadores. Ovitz durou apenas 14 meses na empresa. E em pouco tempo "o homem mais poderoso" deixaria de ser badalado. Em 2002, Ovitz deu uma desastrosa entrevista para a revista *Vanity Fair*, na qual pôs a culpa de sua recém-adquirida má fama na "máfia gay" de Hollywood. Fariam parte da "máfia" nomes importantes como David Geffen, Barry Diller e Michael Eisner.[13]

Eisner, apesar do talento para promover as próprias iniciativas, não gostava que nada de sua vida pessoal viesse a público. Caso ouvisse falar que havia alguma possibilidade de que isso acontecesse, tomava logo as providências para evitar a publicação. Porém, sempre houve mercado para os tradicionais livros de revelações bombásticas envolvendo toda e qualquer figura conhecida nacionalmente. E deu-se uma batalha. A Broadway Books encomendou a Kim Masters, colaboradora da *Vanity Fair*, uma biografia de Michael Eisner, intitulada *Keys to the Kingdom*, pagando um adiantamento de 700 mil dólares. O catálogo de futuros lançamentos da editora descrevia o livro como "uma investigação brilhante", mas o diretor da Broadway Books de repente decidiu que o manuscrito era "inaceitável". Uma outra editora, a Morrow Books, se interessou em comprá-lo. A suspeita era de que Eisner, cada vez mais poderoso, tinha feito com que o contrato original fosse cancelado.

Como acontece com muitos livros sobre celebridades, foi travada uma guerra suja. Segundo consta, o livro trazia informações sobre a briga de Eisner com seu antigo protegido, Jeffrey Katzenberg. A autora afirmava que a editora original foi intimada pela Disney a cancelar a publicação. Em Hollywood, os boatos davam conta de que a Bertelsmann, proprietária da Broadway Books, estava interessada em comprar canais de televisão na Alemanha que pertenciam à Disney e, por isso, queria manter um bom relacionamento com Eisner.[14]

Além dos ingredientes típicos de uma guerra publicitária nos moldes de Hollywood, um problema mais urgente apareceu. Membros do conselho diretor (entre eles, Roy Disney, sobrinho de Walt) começaram a questionar a perda de receitas e de valor de mercado da empresa. Foram levantadas suspeitas sobre a contabilidade da companhia e sobre o próprio Eisner. Segundo os boatos, o conselho diretor estava prestes a tirar de Eisner as "chaves do reino".

Nem mesmo o fato pitoresco de a Disney ser proprietária de um time profissional de hóquei no gelo (os Mighty

Ducks, de Anaheim) dá a dimensão do tamanho do império. E seu símbolo maior ainda está em Hollywood, com empresas cinematográficas, entre produtoras e distribuidoras: Walt Disney Pictures, Touchstone Pictures, Miramax, Buena Vista Home Video, Buena Vista Home Entertainment, Buena Vista International, Hollywood Pictures e Caravan Pictures.

A Disney também controla oito selos editoriais sob o guarda-chuva da Walt Disney Company Book Publishing e ABC Publishing Group, 17 revistas, a rede de televisão ABC (que tem dez estações próprias, com presença nos cinco maiores mercados), 30 emissoras de rádio (presentes em todos os mercados importantes), 11 canais de TV a cabo, que incluem o Disney Channel), a ESPN (em uma *joint venture*), o A&E e o History Channel, 13 canais internacionais (que se estendem da Austrália ao Brasil), sete unidades de produções esportivas ao redor do mundo e 17 sites na internet (entre eles o da rede ABC e os ESPN.sportszone, NFL. com, NBAZ.com e NASCAR.com). Entre seus cinco grupos no ramo da música estão o Buena Vista, o Lyric Street e os selos Walt Disney.

A empresa ainda detém a produção de musicais derivados de filmes, como *O Rei Leão*, *A Bela e a Fera* e *Rei Davi*, 25% das ações do time de beisebol Anaheim Angels, 15 parques temáticos e uma linha de cruzeiros marítimos. Além disso, tem subsidiárias no ramo da tecnologia interativa, que produz videogames e software. No total, são mais de cem lojas no varejo, dedicadas à venda de produtos relacionados à Disney. Diante de tudo isso, parece até irrelevante que a companhia também detenha participação na Bass, uma empresa do ramo de petróleo e gás.

Como todas as demais empresas de mídia dominantes, a Disney está envolvida em práticas semelhantes à de cartel, uma vez que tem 26 *joint ventures* com outras corporações, a maioria delas "concorrentes". Algumas dessas sociedades são com a General Electric (cuja rede NBC concorre cabeça a cabeça com ABC, Hearst, ESPN, Comcast e Liberty Media).

No fim de 2003, a posição de liderança de Eisner na Disney ficou seriamente ameaçada. O valor das ações da empresa estava em queda, e Roy Disney — sobrinho de Walt e vice-presidente do conselho diretor — renunciou ao cargo junto com outro membro e publicou uma carta exigindo que Eisner fizesse o mesmo. O "reino da magia" aparentemente havia perdido parte de seu encanto, em especial por causa do desempenho comercial da rede ABC e de uma das subdivisões mais lucrativas da empresa, os cruzeiros Disney.[15] Isso encorajou a gigante da TV a cabo Comcast a tentar uma fusão ou aquisição.[VIII]

RUPERT MURDOCH E A NEWS CORP MURDOCH: A REENCARNAÇÃO DE HEARST?

Quando a News Corporation comprou o sistema de TV via satélite DirecTV da Hughes Electronics, além de incorporar 9 bilhões de dólares em receitas anuais, Murdoch adquiriu também uma nova forma de fazer a programação de sua rede, a Fox, chegar a milhões de lares por meio de miniparabólicas. Embora o sistema de fibra ótica, com sua imensa capacidade de transmissão, fosse superior, a nova aquisição de Murdoch deu a ele o poder de intimidar gigantes como a Time Warner

---

[VIII] Em 2005, Eisner foi forçado pelo conselho da Disney a deixar o cargo de CEO e se desligou da empresa. Quanto à Disney, resistiu ao avanço da Comcast e seguiu crescendo. Em 2006, por exemplo, adquiriu a Pixar. Em 2009, engoliu a Marvel, e em 2012 foi a vez da Lucasfilm (junto com a franquia Star Wars). No final de 2017, anunciou que estava negociando a compra da 21st Century Fox.

e as operadoras de TV a cabo. Isso porque ele oferecia aparelhos capazes de gravar a programação via DirecTV sem intervalos comerciais. A possibilidade de eliminar os comerciais é um pesadelo constante para a indústria da mídia e seus anunciantes. Por isso, as promessas de uma programação sem comerciais sempre têm vida curta: uma vez que conseguem conquistar a audiência de telespectadores aliviados pela ausência de intervalos, os canais a cabo parecem incapazes de resistir à tentação de vender sua audiência para os sempre ávidos anunciantes.

Murdoch também se deu conta de que poderia usar a DirecTV para se colocar dos dois lados do balcão. Negociador com fama de duro e paciente, ele poderia usar suas mais recentes aquisições para, combinando os canais de esportes da Fox e a distribuição da DirecTV, colocar o preço que quisesse nos eventos esportivos de cujos direitos era detentor. As outras emissoras, como a ESPN, a ESPN2 e a ESPNRegional (uma *joint venture* da Disney com a Hearst) seriam obrigadas a negociar com a DirecTV, assim como as companhias de TV a cabo que quisessem os eventos transmitidos pela Fox. As vendas dos direitos de transmissão são a principal fonte de renda dos times profissionais, mas Murdoch conseguiria comprá-los por menos, já que seu novo modelo de negócios reduzia o número de concorrentes.

Adquirindo os direitos de eventos esportivos para seus canais e negociando sua distribuição com outras empresas de mídia, Murdoch arrumou uma maneira de se colocar ao mesmo tempo como comprador e vendedor. Como outras empresas de mídia, ele queria os direitos dos eventos esportivos mais populares, então, começou a comprar os times. Em um determinado momento, foi proprietário dos Los Angeles Dodgers, do New York Knicks, tinha participação em quatro outras equipes e controlava a Fox Sports Radio

Network. Gene Kimmelman, da entidade de defesa de consumidores Consumers Union, afirmou: "Preparem as carteiras. Os preços vão disparar". Os custos mais elevados seriam, obviamente, repassados ao público.

Aqueles que detêm esse tipo de poder raramente deixam de se beneficiar dele. A mídia de massa, em especial a imprensa, usa seu poder para obter o favorecimento do governo para suas atividades e corporações. Rupert Murdoch, com seu desprezo pelas tradicionais regras de boas maneiras do mercado, escancarou as maneiras como as empresas de mídia atingem seus objetivos: com doações de campanha e *lobby* em Washington. Imprudente ou não, a vida empresarial de Murdoch é guiada por dois impulsos: acumular o maior poder possível na mídia e usá-lo para promover suas visões políticas conservadoras.

Nascido em 1931 e batizado como Keith Rupert Murdoch, ele abandonou o primeiro nome e, aos 23 anos, assumiu a direção de um jornal decadente de Adelaide — uma pequena parte do império de mídia que seu pai tinha na Austrália (aliás, uma coincidência em relação à trajetória de William Randolph Hearst, cujo pai rico lhe deu de presente o *San Francisco Examiner*, seu primeiro jornal). Em Oxford, Murdoch era um estudante marxista apelidado de "Rupert Vermelho", e o ardor esquerdista da juventude se transformou posteriormente em ultraconservadorismo (mais uma vez, há um paralelo com a transformação do jovem socialista Hearst, que se metamorfoseou em um adulto reacionário). Murdoch se tornou um implacável formador de um império internacional de mídia. Largou seus jornais na Austrália para se estabelecer na Inglaterra, onde logo assumiu a dianteira de dois dos maiores jornais britânicos, um tabloide vespertino barato e uma edição dominical cheia de fofocas e corpos femininos nus.

Por querer um poder político real além do dinheiro que ganhava com seus veículos sensacionalistas, Murdoch adquiriu ainda dois dos jornais mais influentes do mundo: o *Times* e a sua edição dominical, o *Sunday Times*. Como era proprietário de dois periódicos de circulação nacional, sua compra do *Times* foi barrada pela Comissão de Monopólio da Inglaterra. No entanto, o empresário conseguiu permissão para adquirir ações em caráter provisório e pôde ajudar na eleição da candidata do Partido Conservador, Margaret Thatcher, ao cargo de primeira-ministra. Com a cooperação de Thatcher, Murdoch violou as regras da Comissão de Monopólio e assumiu o controle dos dois jornais do grupo *Times*.[16] Segundo a revista *The Economist*, os negócios de Murdoch na Grã-Bretanha renderam um lucro de 2,1 bilhões de dólares no ano 2000. Porém, valendo-se de artifícios de contabilidade criativa e de sua influência política, ele não pagou um centavo em impostos. Não seria a primeira vez que Murdoch usaria o poder que tem na mídia para burlar leis e regulamentos que o impediriam de conseguir ainda mais poder.

Quando deseja obter algo valioso, Rupert Murdoch não hesita em deixar de lado, temporariamente, suas convicções políticas. Quando o governo da China impediu seu sistema de TV via satélite de transmitir notícias da BBC com conteúdo crítico ao regime comunista, ele imediatamente retirou o canal de sua programação na Ásia. Do mesmo modo, quando tomou a decisão de se estabelecer nos Estados Unidos, comprou um tabloide progressista da época, o *New York Post*, apenas para obter a aprovação do prefeito democrata da cidade (a quem bajulou com matérias positivas no *Post*). E quando resolveu criar uma rede de rádio e televisão no país, a Fox, teve que burlar uma lei da qual nenhuma empresa jamais havia escapado, embora muitas tivessem tentado. A lei proíbe entidades estrangeiras de controlar mais de 24,9% de uma estação de rádio ou televisão nos Estados Unidos. Murdoch requereu a cidadania americana, mas ela não foi suficiente para seus fins. O megaempresário ainda precisava lidar com o fato de a lei exigir que a corporação que detém o controle da emissora tenha sede nos Estados Unidos.

Murdoch se recusou a transferir a sede de sua empresa, uma vez que desfrutava de um regime tributário especial na Austrália. Em vez disso, usou o poder que conquistara com seus quatro jornais e suas duas revistas no país para alavancar sua notória capacidade de agir por baixo dos panos e obter favores especiais. Foi um choque para as demais empresas estrangeiras que sempre tentaram sem sucesso entrar no sistema de rádio e TV americano quando Murdoch garantiu a primeira exceção à lei de propriedade nacional. Tal exceção não foi estendida a mais ninguém.

Sem nunca deixar de ser um direitista ferrenho, mas fazendo as já vistas concessões temporárias para obter vantagens corporativas, em 1980 ele se candidatou a um empréstimo subsidiado com dinheiro público no Export-Import Bank of the United States. E teve seu pedido rejeitado. Murdoch então marcou um almoço na Casa Branca com o presidente Jimmy Carter, do Partido Democrata, e o presidente do Export-Import Bank. Dois dias depois, o *New York Post* lançou seu apoio a Carter na acirradíssima disputa das eleições primárias do partido no estado de Nova York. Bastou uma semana para que o Export-Import Bank concedesse um crédito de 290 milhões de dólares à companhia aérea de Murdoch — um empréstimo bancado pelos contribuintes americanos a uma empresa estrangeira.

Depois de liderar a tomada do Congresso pelos republicanos em 1994, Newt Gingrich (cuja visão ultraconservadora coincidia com a de Murdoch) passou a ser considerado o político mais poderoso dos Estados Unidos. Por meio de sua editora, a HarperCollins, Murdoch ofereceu a Gingrich 4,5 milhões de dólares por um livro que, ao final, nunca foi escrito.[17]

Murdoch tem hoje a seu dispor a rede de televisão Fox, a mais violenta e conservadora dos Estados Unidos. Além disso, criou uma vasta cadeia de propriedades globais e parcerias complexas de mídia. Apesar da idade avançada (ele nasceu em 1931), continua à frente de suas gigantescas operações. Seus dois filhos poderiam ter herdado o posto caso não estivessem tomados por uma enorme rivalidade — o que já arruinou a herança de outros impérios de mídia.[18]

O império de Murdoch é gigantesco o suficiente para dar água na boca de qualquer herdeiro. Apenas no mercado editorial, a News Corporation é dona de 20 selos (como HarperCollins, William Morrow e Avon, entre outros) que geram uma receita anual de 1 bilhão de dólares.[19]

Pouco a pouco, estação por estação, grupo a grupo, a Fox foi se tornando a quarta rede de TV americana, juntando-se finalmente ao triunvirato composto por ABC, CBS e NBC. A Fox conta com 23 emissoras próprias ou afiliadas nos Estados Unidos; é a principal rede de esportes do país, com direitos de transmitir eventos diferentes; e tem a reputação de exibir os programas mais violentos e sensacionalistas — com uma quantidade prodigiosa de sangue escorrendo da tela.

Murdoch ganhou fama como recrutador de comentaristas de extrema direita (muitos dos quais habituados a gritar insultos a outros membros da mídia que não consideram conservadores o suficiente), mas parece se sentir incômodo nessa posição. Quando o humorista Al Franken lançou um livro chamado *Lies, and the Lying Liars Who Tell Them: A Fair and Balanced Look at the Right*, os advogados de Murdoch o processaram pela apropriação de uma marca registrada — o nome de um dos noticiários da Fox, *Fair and Balanced* —, um uso satírico, que qualquer observador externo consideraria inteligente e bem-humorado, mas que o magnata das comunicações resolveu levar ao pé da letra. Seus advogados afirmaram no tribunal que o livro de Franken "distorcia e difamava" o noticiário de Murdoch.[20]

BÍBLIAS, BUMBUNS E BUSTOS

Com a aquisição da DirecTV por Murdoch, o número de canais de televisão e de notícias sob seu comando chegou à casa das centenas. São 30 emissoras na TV a cabo e via satélite, incluindo metade do canal da National Geographic, em sociedade com a General Electric, que é dona da NBC. Fora dos Estados Unidos, Murdoch tem 28 canais de TV aberta no Reino Unido, oito deles em sociedade com a Paramount, a Nickelodeon e outras empresas britânicas. O bilionário também tem dois serviços de TV por assinatura na Alemanha, 16 na Austrália, um no Canadá, seis na Índia, uma participação minoritária em um canal italiano, dois na Indonésia, dois no Japão e oito na América Latina. É dono ainda de oito revistas nos Estados Unidos, sendo uma delas o semanário conservador dirigido por William Kristol, a bússola política do alto escalão da Casa Branca no governo de George W. Bush.[21]

O cinema também faz parte do repertório da News Corporation, com oito subsidiárias no ramo, que incluem o estúdio 20th Century Fox. O império como um todo inclui empresas de mídia nas Américas do Norte e do Sul, na Ásia e na Oceania. Murdoch é dono de 31 jornais na Austrália e de três em Fiji (um em inglês, um em fijiano e um em hindi), além de 50% de uma cadeia de jornais na Nova Zelândia. A News Corporation é a maior companhia de TV da Ásia, com 40 canais em oito idiomas, que chegam a 53 países. Entre os sócios de Murdoch estão concorrentes de peso nos Estados Unidos, caso da General Electric (dona da NBC) e da Paramount (que pertence à Viacom).

Rupert Murdoch é um homem de muitas facetas. Ele ainda publica o tabloide *News of the World*, que, com sua mistura de sexo e sensacionalismo, é o jornal de maior circulação do Reino Unido. Conforme assinalado por Rod e Alma Holmgren no livro *Outrageous Fortune*, Murdoch já foi chamado de "aventureiro, tirano, polvo, apostador, repressor e pirata".[22] Curiosamente, ele também é dono da Vondervan, companhia que imprime o maior número de Bíblias comercializadas nos Estados Unidos. Será que alguma divindade editorial concederia absolvição a Murdoch por ele compensar os 4 milhões de exemplares de "bumbuns e bustos" do *News of the World* com as 7 milhões de Bíblias vendidas por ano?[23]

VIACOM

O quarto maior conglomerado de mídia dos EUA começou em um fundo de quintal em Chicago, onde uma família de imigrantes russos passava os dias enrolando charutos. No fim da tarde, um tio saía a procurar tabacarias para vendê-los. O negócio prosperou, e Sam Paley, o fabricante, abriu uma pequena fábrica, depois, mais meia dúzia delas e, por fim, criou sua própria marca: La Palina, usando seu sobrenome como inspiração. Sam queria que seu filho seguisse no ramo e o mandou para a Universidade de Chicago e para a Wharton School of Business (da Universidade da Pensilvânia), quando a família se mudou para a Filadélfia. A gigante Viacom poderia nunca ter existido, caso o jovem William não tivesse seguido em frente com uma ideia extravagante. Enquanto a família viajava de férias na Europa, William, que ficara administrando os negócios, resolveu investir 50 dólares por semana da empresa em um espaço no rádio, que batizou de "La Palina Hour" (ainda que o programa tivesse apenas meia hora).

Um amigo da família Paley havia comprado um punhado de estações de rádio, que chamou de Columbia Broadcasting System (CBS), embora fossem operações distintas que não funcionavam como uma rede ou sistema. De qualquer forma, não tinham como competir com a gigante NBC. Em pouco tempo, a CBS estava quase falida. Um pouco por amizade e um tanto por interesse em espaço publicitário, Sam Paley virou sócio do amigo endividado e entregou as emissoras nas mãos do filho William. Como Sam contou a um amigo: "Acabei de comprar a Columbia Broadcasting System para meu filho. Paguei 250 mil dólares". Ele ainda acrescentou que duvidava que o negócio fosse para a frente.

A CBS não tinha emissoras afiliadas. A NBC, sim. E elas compravam atrações da matriz para exibir em suas programações locais e revertiam o dinheiro arrecadado com publicidade à rede. Formar uma rede de verdade era a única saída para a CBS se transformar em uma cadeia capaz de competir com a NBC. Mas as emissoras locais não estavam dispostas a abrir mão da receita de seus anúncios para fazer parte de uma rede incipiente e de retorno incerto. Então, o que William fez foi garantir às rádios que produziria os programas e, ao contrário da operação da NBC, os forneceria de graça, em troca apenas do espaço destinado à programação e às inserções comerciais dos patrocinadores da CBS. Foi assim que a Columbia Broadcasting System se tornou uma rede propriamente dita.[24]

Com a eclosão da Segunda Guerra Mundial na Europa, a CBS sabia que precisaria de correspondentes para cobrir a batalha da Grã-Bretanha contra os bombardeios aéreos alemães. Em Londres, um sujeito alto e magro da Carolina do Norte foi designado para a função. Para os ouvintes americanos, sua voz grave e retumbante passou a ser imediatamente vinculada às bombas que caíam sobre a capital inglesa. À medida que a participação dos Estados Unidos na guerra foi se ampliando, o mesmo acontecia com a cobertura da CBS, e em pouco tempo Edward R. Murrow, o sujeito alto e magro, recrutou um grupo de repórteres apelidado de "Rapazes de Murrow". Durante décadas, eles foram as vozes da CBS News (nomes como Walter Cronkite, Howard K. Smith, Charles Collingwood, Marvin Kalb e Charles Kuralt). O produtor de Murrow era um homem batizado de Ferdinand Friendly Wachheimer, de Providence, no estado de Rhode Island. Quando foi contratado por uma emissora de rádio local, seu chefe anunciou secamente: "De agora em diante, seu nome é 'Fred Friendly'". A parceria entre os dois durou até 1965, ano em que Murrow, cuja marca registrada era fumar um cigarro atrás do outro, morreu de câncer de pulmão.[25]

Por 50 anos, a CBS estabeleceu o padrão de qualidade do noticiário televisivo e radiofônico nos Estados Unidos. A rede tinha a melhor equipe de documentaristas e os melhores repórteres do país. Quando alguma coisa importante acontecia no mundo, os americanos mais bem informados sintonizavam na CBS porque sabiam que, caso fosse um fato realmente relevante, a rede faria seu tradicional anúncio de "Interrompemos nossa programação para..." e colocaria a informação no ar, apresentada por âncoras confiáveis. (O canal de notícias 24 horas CNN só foi criado na década de 1980, por Ted Turner.)

Se os anos 1990 foram a década da explosão das ponto. com, nos anos 1980 a moda eram as aquisições hostis. Investidores em busca de novos alvos esquadrinhavam os balanços das grandes corporações para ver quem estava investindo parte dos lucros em mais qualidade, distribuindo dividendos aos acionistas e ainda formando reservas para eventuais tempos difíceis. Quando detectavam bons sinais de saúde financeira, os especuladores começavam a comprar grandes quantidades de ações da empresa, elevando os lucros e aumentando ainda mais o valor de mercado. Isso incitava os acionistas a vender suas participações, se aproveitando do período de alta. Então, no momento certo, o operador da aquisição hostil vendia tudo de uma vez, faturando milhões ou bilhões. Muitas vezes, só o que esses operadores deixavam para trás eram empresas enfraquecidas ou quebradas.

Em 1986, a CBS sabia que havia se tornado um alvo. A General Electric tinha acabado de pagar 96 bilhões de dólares à RCA por sua subsidiária NBC.[26] A CBS temia um destino similar e, como outras corporações tradicionais diante de aquisições hostis, estava em busca de um "salvador em um cavalo branco", uma instituição séria na qual pudessem confiar para vender o controle acionário e manter os especuladores à distância. Os Paley acreditavam que essa figura seria Lawrence Tisch, cuja Leow's Investment Company possuía bilhões de dólares em imóveis em Manhattan. Tisch concordou em ser o comprador da CBS. Em 1995, o "salvador" vendeu a CBS para a Westinghouse, que começou a repassar as subsidiárias da corporação a terceiros com lucros fabulosos. A Sony, por exemplo, pagou para Tisch 2 bilhões de dólares apenas pelo CBS Music Group.[27] E, em 1999, a Viacom, sob o comando de Sumner Redstone, que fizera fortuna com uma distribuidora de cinema, comprou a CBS por 50 bilhões de dólares. Junto com a rede CBS veio seu diretor, Mel Karmazin. Três anos antes, ele havia vendido sua cadeia de rádio, a

Infinity Broadcasting, à Westinghouse Electric, e alimentava a esperança de se tornar dono da CBS.[28] Era inevitável que Karmazin, com sua personalidade forte e determinada, entrasse em conflito com o novo chefe. Redstone conseguiu dobrá-lo, oferecendo um contrato de três anos (que se estenderia até 2003) e a promessa de que Karmazin o sucederia como CEO da Viacom quando se aposentasse, porque, a essa altura, já estaria com 80 anos.[29]

Os dois conflituosos líderes do quarto maior conglomerado de mídia do país e um dos maiores do mundo formavam uma dupla improvável: Redstone é da Nova Inglaterra, formado em Harvard na década de 1940, membro de uma família de juízes federais de prestígio, maçons e representantes ativos da comunidade de ex-alunos da universidade. Já Karmazin nasceu em um conjunto habitacional em Long Island, filho de um taxista e uma operária, começou de baixo em uma agência de publicidade e trabalhou com fervor demoníaco vendendo anúncios até se tornar um fenômeno no mercado. Ele só aceitou um emprego no grupo Infinity em troca de 1% das ações da empresa, salário de 125 mil dólares e uma Mercedes vermelha. Depois que a NBC demitiu o escandaloso locutor Howard Stern e o obsceno Don Imus, Karmazin os contratou na CBS com a condição de que nunca mencionassem o nome Mel Karmazin em suas loucuras radiofônicas. Seu antigo chefe, John Kluge, da Metromedia, afirma que Karmazin faturou 400 milhões de dólares na CBS, mas, com seus hábitos modestos (a não ser pela Mercedes vermelha), "vive como se ganhasse 40 mil por ano".

Redstone e Karmazin formaram uma dupla incomum. Depois de um período de duras negociações e desentendimentos públicos, renovaram sua parceria em 2003, marcando a paz com um sutil comunicado à imprensa. Juntos, às turras ou não, eles comandam um dos maiores conglomerados de mídia do mundo.[ix]

A BERTELSMANN E SEU FANTASMA

Partindo de Hanover, na Alemanha, na direção sudoeste, e mantendo-se na Berliner Strasse por mais ou menos 125 quilômetros, chega-se a Gütersloh, uma cidadezinha agradável, com belos jardins de tulipas, igrejas de torres altas, rios e lagos cercados de árvores. Entre seus 96 mil habitantes, destaca-se um cidadão honorário, Reinhard Mohn. A cidade de Gütersloh é o lar ancestral da família Mohn, proprietária da empresa Bertelsmann A.G., a quinta maior corporação de mídia dos Estados Unidos e, entre outras coisas, maior editora de livros em língua inglesa do planeta. Mesmo assim, trata-se de um lugar tão obscuro que nem sequer é mencionado nos guias de viagem da Alemanha vendidos aos americanos, nem mesmo no *Fodor's Travel Guides*, da própria Bertelsmann.

A cidadezinha pitoresca não oferece nenhuma pista de que a Bertelsmann é uma gigante no ramo de rádio e TV, de revistas e gravadoras, além de uma enorme editora de livros. Como os outros conglomerados que dominam a mídia americana, a Bertelsmann controla uma lista extensa de empresas — que ocupa nove páginas inteiras. De todas as suas propriedades, 30% estão nos Estados Unidos e geram sozinhas uma renda de 63 bilhões de dólares anuais.

[ix] Karmazin deixou a Viacom em maio de 2004. A Viacom foi dividida em duas empresas em 2005: uma Viacom e outra chamada CBS Corporation, ambas controladas pela National Amusements, de Sumner Redstone, que foi forçado a renunciar a seu cargo de direção em 2016. Em janeiro de 2018, foi anunciado que a Viacom e a CBS estavam estudando a possibilidade de se fundirem novamente.

Quase todas as 82 subsidiárias da Bertelsmann no mercado de livros costumavam ser editoras independentes, algumas de uma solidez a toda prova até não muito tempo atrás, por exemplo: Alfred Knopf, Pantheon, Random House, Ballantine, Bantam, Crown, Doubleday e Modern Library. Entre suas revistas estão títulos conhecidíssimos, como *Family Circle* e *Parents* (em *joint ventures*). Entre os 20 selos musicais controlados pela Bertelsmann estão RCA, RCA Victor e Windham Hill. Como os demais membros das Big Five, a Bertelsmann tem investimentos em conjunto com a "concorrência", que incluem uma sociedade meio a meio com a Disney no Super RTL, um canal alemão de TV por assinatura.[30]

Apesar de todo seu poderio, a Bertelsmann é assombrada por um fantasma.

De todas as novas corporações que dominam a mídia americana, nenhuma tem um histórico tão longo e ininterrupto quanto o da Bertelsmann. Em 1835, Carl Bertelsmann abriu uma gráfica em Gütersloh para imprimir hinários luteranos em alemão. A empresa imprimia também as edições em alemão de Lord Byron e os contos de fadas dos Irmãos Grimm. No início do século XX, já tinha se tornado uma editora importante e em expansão, com subsidiárias internacionais.

Na década de 1930, com a ascensão de Hitler e do nazismo e os horrores subsequentes do Holocausto na Segunda Guerra Mundial, o fato de a empresa ter saído da guerra pronta para retomar seu crescimento internacional levantou questionamentos. Para perguntas como "O que vocês fizeram sob o regime de Hitler?", a resposta oficial da Bertelsmann era: "Fomos perseguidos por nosso antinazismo". Os registros do pós-guerra pareciam confirmar isso, porque em 1944 houve o fechamento temporário da gráfica da Bertelsmann em Gütersloh. Porém, quando os arquivos vieram a público, o sociólogo Hersch Fischler descobriu que a Bertelsmann, na verdade, fora a maior editora do país sob o comando de Hitler. Com 19 milhões de livros impressos, fechou grandes contratos com o Ministério de Propaganda Nazista, inclusive para a publicação de tratados antissemitas que apoiavam o plano de Hitler de tomar a Europa Central e o Leste Europeu. Cada um dos livros era um eco dos argumentos da propaganda hitlerista. Os tratados antissemitas da Bertelsmann eram a literatura padrão dos comandos paramilitares nazistas.

Na Alemanha, assim como em qualquer outra parte, poder na mídia significa poder na política, portanto, nem mesmo em meio ao clima antinazista do pós-guerra as descobertas do professor Fischler apareceram nos jornais e nas revistas. Foram divulgadas apenas na Suíça e mais tarde na revista *The Nation*, nos Estados Unidos. A Bertelsmann se desculpou publicamente e nomeou um comitê de quatro historiadores para investigar a atuação da companhia durante todo o período da guerra. A editora, de fato, parou de publicar durante o conflito, mas não por causa de um pretenso antinazismo. Na decadência do regime nazista, simplesmente não havia mais papel. Hoje, ao que tudo indica, o fantasma do nazismo na empresa já foi exorcizado, e o império da Bertelsmann continua a se expandir.[31]

No fim de 2003, a Bertelsmann encarou a experiência shakespeariana da passagem do cetro em impérios familiares, algo que também ocorreu quando Rupert Murdoch precisou escolher qual de seus filhos seria seu sucessor. No caso da Bertelsmann, o líder em questão era Reinhard Mohn, que, com seus 86 anos de idade, configurava um caso urgente de sucessão. Elizabeth, sua esposa, aos 66, era quem dirigia o fundo que controlava a maior parte das ações do conglomerado, além de ser dona de quatro votos em um conselho diretor composto por altos executivos. Alguns membros do conselho não gostaram da ideia da sra. Mohn de transferir três executivos para outras áreas e colocar dois de seus filhos em cargos estratégicos no conglomerado. A revista alemã *Der Spiegel* citou as palavras de um executivo insatisfeito, que dizia temer a instauração de "uma dinastia matriarcal"[x].[33]

Embora não trabalhassem com familiares, os dirigentes de três outros membros das Big Five também tinham seus motivos de estresse. Case e Levin haviam sido substituídos na Time Warner, Eisner estava a perigo na Disney, e Redstone e Karmazin disputavam de forma velada o trono da Viacom. Apesar das escaramuças nos altos cargos, os conglomerados de mídia têm uma dimensão tão gigantesca e tamanho poder no mercado de ações que as rivalidades entre dirigentes não atrapalham seu domínio sobre a mídia de massa. As disputas pelos melhores cargos são apenas intrigas pessoais, típicas de qualquer hierarquia. Citando as palavras de Shakespeare, "Pesada é a cabeça que segura a coroa".

*

Conforme mencionado anteriormente, uma sexta megacorporação poderia ter surgido — a Vivendi — caso seu proprietário, Jean-Marie Messier, não tivesse ido com tanta sede ao pote.[34]

---

[x] Em julho de 2013, a Bertelsmann e a britânica Pearson formaram a Penguin Random House, a maior editora de livros do mundo, uma multinacional com sede em Nova York. A Bertelsmann tem 75% da empresa, e a Pearson tem os outros 25%.

DIRETORES SEM DIREÇÃO

Os conglomerados de mídia que dominam o mercado, teoricamente, são administrados por conselhos diretores que selecionam executivos para gerir o dia a dia da empresa. A teoria capitalista e a lei corporativa dos Estados Unidos afirmam que os conselhos diretores só devem explicações aos acionistas da companhia — que são seus proprietários. Legalmente, são os acionistas que elegem o conselho diretor, que, em teoria, supervisiona o trabalho dos executivos que atuam pelos interesses dos acionistas. Na prática, porém, não é isso o que acontece. Não é incomum que executivos poderosos escolham os membros do conselho que, supostamente, deve monitorá-los — o que cria uma atmosfera de cumplicidade e permissividade. Na maioria dos casos, os membros do conselho são todos da mesma classe: altos executivos de outras grandes empresas, em conformidade com a cultura dominante nas grandes corporações multinacionais. Alguns são homens e mulheres que ocupam os cargos importantes em grandes bancos, o que pode facilitar operações de crédito que beneficiem tanto a empresa que pega o empréstimo como o banco que oferece o dinheiro.

Embora as Big Five sejam corporações com estruturas financeiras e operacionais complexas, há membros da família dos presidentes das empresas nomeados para o conselho diretor. Ou então há conselheiros amigos, que também fazem parte do mundo corporativo. Em ocasionais gestos de relações públicas, de tempos em tempos, o conselho também inclui alguém cujo nome é ligado a ações filantrópicas.

É ilegal para empresas concorrentes ter membros em comum no conselho diretor, porém a maioria dos conselheiros está envolvida em teias de relações tão complexas que a lei quase nunca se aplica a elas.

A News Corporation é comandada por Rupert Murdoch, que se tornou cidadão americano por desejar criar uma rede de rádio e TV nos Estados Unidos. A cidadania americana poderia ser uma forma de burlar a lei que proíbe entidades estrangeiras de possuir mais de 24,9% das ações de uma empresa detentora de uma licença de transmissão no país. Tratava-se de uma tentativa claramente tortuosa, já que Murdoch manteve a sede da corporação na Austrália, para pagar menos impostos. Há 11 membros de seu conselho diretor que fazem parte de outras empresas, embora não de forma direta. São executivos da British Airways, Compaq, Rothschild Investment Trust (uma empresa de mídia) e YankeeNets (um conglomerado esportivo). Há também membros da família Murdoch no conselho diretor da News Corp: Rupert é CEO e presidente do conselho, seu filho Lachlan é vice-COO [*chief operating officer*], e James, seu irmão mais novo, é presidente e CEO da BskyB, a maior subsidiária da companhia[XI].[35]

O conselho diretor da Disney também é repleto de nomes de grandes empresas. O representante do "público" é internacionalmente conhecido: o ex-senador americano George Mitchell (que tem assento no conselho de outras seis grandes corporações). No conselho também há três executivos da própria companhia: o presidente e CEO Michael Eisner, o presidente e COO Robert Iger e o vice-presidente

---

[XI] Em 2005, Lachman, o filho mais velho de Rupert Murdoch, deixou a empresa e partiu para a carreira solo. Mas, em 2014, depois de perder muito dinheiro em seus investimentos, voltou à firma do pai. Quando Lachman saiu, seu irmão James passou a ser visto como o príncipe herdeiro. E ele subiu na estrutura do conglomerado, passando a dirigir as operações da Europa e Ásia. Mas em 2011 estava no centro do escândalo dos grampos telefônicos que abalou a Inglaterra. O desastre foi tamanho que James teve que renunciar ao seu cargo de chairman no New Group Newspaper e, mais, o centenário *News of the World*, um dos mais vendidos do mundo, teve que fechar as portas. Mesmo assim, em 2015, Rupert anunciou que James será de fato seu sucessor.

do conselho diretor, Roy Disney. Entre as empresas representadas no conselho estão Boeing, City National Bank, Hospital Corporation of America (Columbia/HCA Healthcare Corp.), Edison International, FedEx (com dois membros), Northwest Airlines, Sotheby's, Starwood Hotels, Sun Microsystems, Xerox e Yahoo. Dez dos 16 membros do conselho diretor têm assentos no conselho de outras empresas.[36]

Os 16 membros do conselho diretor da Viacom são representantes da Avon, ChevronTexaco, Coca-Cola, Federal Reserve Bank of New York, Grupo Television, Home Depot, Kellogg, Knight-Ridder (uma empresa jornalística), Marriott, Bolsa de Valores de Nova York, Ogilvy & Mather, TIAA-CREF e Sun Microsystems (que também tem um assento no conselho diretor da Disney). Há também os membros de uma mesma família: Sumner Redstone, presidente e CEO, Brent Redstone e Shari Redstone.[37]

Na Time Warner está o ex-CEO da Philip Morris, Michael Miles, que tem assentos em sete outras empresas, e gente da American Express, Cendant, ChevronTexaco, Citigroup, Dell Computer, Estee Lauder Companies, Fannie Mae, FedEx, Hilton Hotels, Morgan Stanley, Pearson plc (uma grande empresa de mídia), PepsiCola e Sun Microsystems.[38]

Na Bertelsmann, há um grande número de membros no conselho. Alguns apenas honorários, outros da família Mohn, proprietária da empresa, e outros ligados à Bertelsmann Foundation. Entre os assentos ocupados por executivos de grandes empresas estão representantes da Mobilcom, Ernst & Young, Deutsche Bank, Lufthansa, Siemens, do jornal *Neue Züricher Zeitung*, da Bombardier, Glaxo SmithKline, Petrofina, Princeton Review, Random House Mondadori, BMW e Hapag-Lloyd. Um comitê supervisor separado inclui Reinhard Mohn, presidente emérito da empresa; Gerd Schulte-Hillen, presidente; Rolf E. Breuer, presidente do

Deutsche Bank; Liz Mohn, outra pessoa da família proprietária; além de um executivo da IBM, entre outras empresas.[39]

Ficou claro, pela roubalheira promovida pelos altos executivos durante a década de 1990 e o começo do século XXI, que os conselhos diretores de algumas das maiores corporações dos Estados Unidos tinham pouco conhecimento e ainda menos influência sobre as atividades de seus principais dirigentes. Um alto grau de desinformação e indiferença permitia aos executivos tomar decisões fundamentais sem discutir ou ao menos notificar o conselho. Planilhas de balanço com categorias heterodoxas, ilegais ou até mesmo inexistentes de ativos e passivos não só levaram a crimes e falências (caso da Enron) como também revelaram o distanciamento que muitos conselhos diretores mantinham de suas próprias responsabilidades. Como resultado, uma nova regulamentação passou a exigir que cada membro do conselho diretor assinasse pessoalmente o balanço público das empresas, o que provocou muitas reclamações por parte de gente que nem ao menos sabe o que deve "dirigir" ou "aprovar".

Não deixa de ser irônico que as principais corporações americanas só pareçam confirmar a fatídica constatação de Karl Marx de que, retiradas todas as barreiras, o capitalismo traz consigo as sementes de sua própria destruição.[40]

Em termos mais resumidos, a epidemia de ganância e fraude surgiu da doutrina do "livre mercado" tomada como uma isenção de toda e qualquer responsabilidade, uma interpretação equivocada do conceito de livre mercado, segundo o qual empresas independentes devem competir entre si.

A ausência de uma supervisão governamental rigorosa e de processos judiciais antitruste em casos envolvendo o domínio do mercado por corporações interligadas teve um enorme custo humano. Na virada do século XXI, centenas de milhares de trabalhadores perderam seus empregos e planos de aposentadoria. Também se prejudicaram os pequenos acionistas. Eles foram pegos de surpresa pelo prejuízo causado por corporações cujos executivos puderam agir livremente, sem um conselho diretor independente, bem informado e responsável.

Além disso, não existe lógica em um livre mercado sem a regulamentação rigorosa de um governo. Todo negócio do mundo, seja uma lojinha de doces do bairro ou um conglomerado multinacional, tem como objetivo dominar seu mercado. A lojinha de doces do bairro quer vender mais doces que qualquer outro comércio da rua. A corporação multinacional, da mesma forma, quer a maior fatia do mercado possível. Infelizmente, a fatia que todos desejam é a de 100%, ou seja, um monopólio. É por isso que o significado por trás do slogan que pede para "tirar o governo de nossas costas", na verdade, é: "deixem-nos estabelecer um monopólio, ou um sistema cooperativo dominante, com um pequeno número de empresas de nosso ramo".

Adam Smith, o filósofo-profeta do capitalismo tantas vezes citado pelos monopolistas, afirmou que sua ideia de capitalismo em substituição ao feudalismo fracassaria caso se estabelecessem monopólios. Ele escreveu também, em seu tratado histórico *A Riqueza das Nações*, que não confiava nos homens de negócios.[41] Qualquer que seja o significado dessa coincidência, Smith publicou seu livro em 1776, uma data mais do que relevante para a história dos Estados Unidos.

3.
A INTERNET

"Que coisas Deus tem feito?"[XII]

Milhões de usuários de computadores ao redor do mundo podem se consolar — ou até mesmo sentir uma satisfação perversa — ao saber que as primeiras vítimas registradas de uma pane computacional, em 20 de outubro de 1969, foram dois dos maiores especialistas do mundo em informática. Um pequeno grupo de cientistas do campus de Los Angeles da Universidade da Califórnia (UCLA) estava testando com

---

[XII] Em inglês: "What hath God wrought?". A frase bíblica (Números 23:23) foi a escolhida por Samuel Morse para estrear oficialmente sua invenção, o telégrafo.

todo otimismo uma nova possibilidade. O experimento consistia na tentativa de fazer um computador se comunicar com outro, a quase 500 quilômetros de distância, no Instituto de Pesquisas de Stanford, em Palo Alto.

"Tínhamos um cara sentado diante do console do computador na UCLA, de fone e microfone, conversando com outro cara de Stanford", explicou o professor Leonard Kleinrock ao jornal *Toronto Star*. "Quando estivesse tudo pronto, ele ia digitar 'L-O-G' para o computador de Stanford inserir o 'I-N' e formar a palavra 'LOGIN'. Então, nosso cara digitou o L e perguntou ao sujeito de Stanford: 'Você recebeu o L?'. Quando ele fez a mesma coisa com a letra O, o sistema todo travou."[1]

Hoje, milhões de computadores travam todos os dias; em geral, por razões mais complexas do que a simples digitação da letra O. Em 1969, porém, a maioria das pessoas nem ao menos suspeitaria do significado da expressão "pane computacional". Em primeiro lugar, elas precisariam saber da existência de uma máquina eletrônica que produz e transmite palavras, imagens, músicas e dados e que, de tempos em tempos, entra em colapso, fica catatônica, imóvel, sem reação e sem emitir som algum. O único sintoma visível é a conhecidíssima imagem de uma setinha com uma ampulheta, que significa algo como "Estou em coma".

A internet não pode ser definida sem ambiguidade como mídia "de massa" em virtude de suas múltiplas funções e de seu caráter individual de uso. Por um lado, não se encaixa na definição porque não dispõe de um controle centralizado para decidir o que vai ser disseminado ao público. Por outro, é uma mídia que demonstrou ter efeito sobre o noticiário e sobre o nível de informação do público, exercendo impacto em grande parte da população.

Para este livro, a internet é importante porque teve grande influência sobre o sistema tradicional de mídia de massa.

O telégrafo de Samuel Morse minimizou o fator da distância geográfica como obstáculo para a comunicação. Na prática, quando, em 1844, ele enviou a histórica mensagem a fio para o Congresso, a fim de demonstrar sua invenção, Baltimore e Washington se tornaram próximas como duas pessoas caminhando na mesma calçada. Entre outras coisas, o telégrafo também alterou a natureza do noticiário e dos jornais. A internet tem uma capacidade ainda maior de não apenas ignorar as distâncias mas também de eliminar a necessidade de fios. Ela dissemina mensagens instantâneas para todas as partes do planeta. A rede mundial de computadores tornou disponível uma quantidade quase inimaginável de informações sobre o mundo. Como o telégrafo, mudou a forma de operação da mídia de massa, além de criar novas formas de noticiários e outros meios de difundir informações.

A internet se tornou ao mesmo tempo uma concorrente e um acréscimo à mídia impressa. Todos os jornais e revistas dispõem de um site para veicular suas matérias e anúncios publicitários. Em geral, com um serviço de assinatura é possível ter acesso não apenas a todo o jornal impresso, mas a um conteúdo exclusivo da versão on-line.[XIII]

A história e a subsequente popularização dos computadores são tão importantes para a mídia moderna quanto a invenção das prensas rotativas foi para a história do impacto social de jornais e revistas.

A experiência do professor Kleinrock com a comunicação entre computadores, apesar da pane, representou um avanço tecnológico muito mais sofisticado do que o primeiro computador, montado na Universidade da Pensilvânia em

---

[XIII] E, em 2018, vários jornais e revistas tradicionais sobrevivem apenas na versão digital.

1944 — um monstrengo eletrônico chamado Eniac (Electronic Numerical Integrator and Computer), que pesava 30 toneladas, era do tamanho de uma casa de proporções modestas e continha 19 mil tubos a vácuo. Quando finalmente ficou pronto, era capaz de fazer uma conta simples, como 9 vezes 9.[2]

Tudo começou em 1939, quando já estava bem claro que haveria uma grande guerra na Europa. O presidente Franklin Roosevelt foi informado de que, caso a Grã-Bretanha e a França caíssem, Hitler pretendia isolar os Estados Unidos. E também sabia que seu país, ainda traumatizado pelo banho de sangue das batalhas da Primeira Guerra Mundial e pela Grande Depressão, não dispunha de uma tecnologia militar à altura da poderosa força aérea alemã e dos armamentos modernos da infantaria nazista. Apesar de um forte movimento antiguerra entre os americanos, Roosevelt tinha certeza de que uma guerra eurasiana generalizada inevitavelmente acabaria envolvendo os Estados Unidos. O presidente, a princípio, se valeu de medidas eufemísticas, como o apoio a "nossos primos britânicos", e deu início a um programa de desenvolvimento de uma tecnologia então incompreensível e sem nenhum interesse para o público em geral.

Estrategistas militares informaram ao presidente Roosevelt que as armas terrestres americanas estavam absolutamente ultrapassadas, com sistemas de mira do século XIX para peças de artilharia e bombardeio aéreo. Em ambos os casos, o método usado era o de tentativa e erro: "Esse tiro foi longe demais, vamos fazer uns ajustes... ops! Esse foi curto demais, vamos tentar achar um meio-termo". Enquanto isso, os dispositivos de alta tecnologia dos inimigos seriam capazes de destruir os canhões e as aeronaves americanas. A necessidade premente era de máquinas capazes de calcular e corrigir a trajetória de munição de artilharia e de bombas.

O Exército então encomendou a um laboratório da Universidade da Pensilvânia o desenvolvimento de um método eletrônico de cálculo. Era um desafio tecnológico intimidador. Só funcionou de fato em 1945, último ano da guerra. A essa altura, o Eniac já era capaz de fazer cálculos envolvendo raízes quadradas e trigonometria avançada.[3]

Os sucessores do Eniac acabaram por desenvolver velocidades bilhões de vezes maiores, e só então a internet pôde ser criada. Mais de meio século depois, o monstrengo de 30 toneladas da Universidade da Pensilvânia se tornou um dispositivo popular e portátil, que pode ser guardado no bolso e possui uma capacidade bilhões de vezes maior.[4]

A INTERNET: FERRAMENTA DE LIBERTAÇÃO OU UM BIG BROTHER?

Em um tempo curtíssimo, a internet se tornou uma força transformadora no mundo das comunicações e da mídia de massa. Levantou conflitos com as leis existentes, provocou batalhas legais contra o oligopólio da mídia, se tornou um instrumento para mobilizar grandes protestos, acelerou as transformações sociais ao redor do mundo e introduziu uma nova frente de disputas políticas sobre assuntos que vão desde a obscenidade até a lei do copyright.

Em 2003, mais de 160 milhões de americanos utilizavam a internet. O avanço foi tão rápido que os jovens desenvolveram uma familiaridade quase instintiva com o maquinário e sua programação complexa. Do outro lado, os mais velhos precisam fazer cursos de computação básica. Virou cena comum os pais recorrerem aos filhos adolescentes para resolver algum problema no computador.[5]

UMA MÁQUINA COM
SUA PRÓPRIA LINGUAGEM

A internet tem linguagem e gramática próprias, tão familiares a milhões de pessoas como o uso de envelopes para mandar correspondências. Como o correio postal, cujos códigos de áreas são usados sem a necessidade de entender de fato o mecanismo de sua numeração, a internet tem endereços e termos exóticos usados no dia a dia por pessoas que não sabem nem querem saber seus significados literais. Os usuários que veem na tela a linha de código "http://www", por exemplo, não se preocupam em saber sua origem. O início, "http", marca o uso da linguagem HTML, *"HyperText Markup Language"*, que permite exibir conteúdo relacionado ou relevante para o item consultado pelo usuário. Já "www" diz respeito a "World Wide Web", a rede que interliga um computador a qualquer outro no mundo.[7]

Como o sistema em si, o desenvolvimento da linguagem da informática vem sendo fenomenal, e muitas citações da internet foram usadas neste livro e suas notas. Em 2003, um site afirmava ter um glossário da internet com 33 mil entradas. Nesse mesmo ano, já havia 350 dicionários de informática publicados nos Estados Unidos.[8]

O uso disseminado do e-mail é hoje a principal ameaça aos sistemas postais estatais, inclusive nos Estados Unidos. O primeiro modelo de entrega de correspondências do país começou cem anos antes da independência. Embora o U.S. Post Office continue sendo um sistema eficiente e de uso massivo, desde a entrada em cena do computador e do e-mail, o histórico serviço ganhou na internet o humilhante apelido de "correio lesma". Entre 1980 e 1990, antes de o computador se tornar um eletrônico presente em quase todas as casas, o serviço postal viu suas entregas crescerem 57%, mas, a partir da década de 1990, houve uma queda de 26%.[9]

Enquanto a internet crescia em tamanho e versatilidade, toda uma variedade de usuários crescia em paralelo: indivíduos, iniciativas comerciais, anunciantes, prefeituras, governos estaduais, agências governamentais e seus funcionários, empresas de publicidade, partidos políticos, movimentos de protesto e organizações filantrópicas.

Durante o crescimento da economia da informática e do uso de computadores na década de 1990, o chamado "boom das ponto.com", se tornou possível participar do mercado de ações através de um terminal conectado em casa. Existe sempre alguma bolsa de valores aberta em algum lugar do mundo. Milhares de recém-chegados ao mercado passam dias e noites fazendo *e-trading*. Assim como em qualquer cassino, alguns fazem fortuna e a maioria perde dinheiro com a descoberta de que as ações não seguem ganhando valor de forma infinita.

A privacidade, protegida pela Constituição do país em sua Quarta Emenda, tornou-se um assunto mais complexo com a disseminação dos computadores e da internet. Liberdades civis de caráter histórico se modificaram. Isso porque algumas invasões ocultas podem ser feitas por agências governamentais. Um grande prejuízo para a privacidade dos cidadãos ocorreu depois dos ataques ocorridos nos Estados Unidos em 11 de setembro de 2001. No choque que se seguiu à catástrofe devastadora da destruição dos dois prédios do World Trade Center e de parte do Pentágono, o presidente George W. Bush propôs e o Congresso aprovou o Patriot Act. A lei deu ao governo federal poderes que vão além do previsto na Quarta Emenda e, entre outras coisas, autoriza entrar sem aviso e em segredo nas casas e nos computadores dos cidadãos sem autorização judicial. Isso era ilegal antes do

11 de setembro de 2001. O Patriot Act expiraria em 2005[xiv], mas não havia previsão para o fim das prerrogativas de espionagem que permitem ao FBI e à CIA entrarem em casas e escritórios sem ao menos avisar os donos.[16] Esse novo poder governamental está em contradição visível com as principais provisões da Carta de Direitos.

A PROPRIEDADE DAS PALAVRAS

A internet criou novos desafios à lei do copyright. Historicamente, foi uma legislação criada para proteger os criadores de material literário, artístico e de outros tipos de obras publicadas. Porém, como o trabalho criativo logo se tornou propriedade dos grandes conglomerados de mídia, o copyright virou tema de uma batalha pública e legal. De um lado, a indústria da mídia usou seu poder político para obter extensões sem precedentes da proteção ao copyright de seus produtos. Do lado oposto estão estudiosos, cientistas e civis libertários que temem o "copyright perpétuo". Com ele, boa parte da cultura nacional e mundial seria impedida de entrar em domínio público. Os conteúdos só se tornariam disponíveis sob pagamento de taxa de licenciamento ou para o uso das corporações dominantes.

Os conglomerados de mídia controlam tanta informação e seus produtos geram receitas tão grandes que eles entraram na briga contra o uso dos computadores domésticos para reproduzir gravações comerciais e outros conteúdos digitais protegidos por copyright. As propriedades

[xiv] Na verdade, a "Lei Patriótica" foi sendo prorrogada pelos governos Bush e Obama até que em 2015 foi substituída pela USA Freedom Act, que é basicamente a mesma coisa.

das empresas de mídia incluem músicas em diversos formatos, e a batalha se concentrou principalmente em torno dos CDs. À medida que o sistema de som dos computadores foi melhorando, uma geração de consumidores com conhecimentos de informática e gosto por música foi se tornando o centro de uma disputa legal.

Os CDs representaram uma empreitada comercial significativa, já que substituíram os discos de vinil. As gravações de registros fonográficos exigem investimento financeiro em equipamentos de gravação, estúdios de mixagem e fábricas de prensagem. No entanto, os computadores passaram a permitir a qualquer um usar um CD em branco de 1 dólar ou menos para gravar músicas baixadas na internet. Enquanto os CDs de música custavam 17 dólares na loja, e tinham uma seleção definida pela gravadora, era possível comprar um CD com quaisquer músicas copiadas da internet por 9,99 dólares.[17]

MICKEY MOUSE ENCONTRA A BONECA BARBIE

Os desafios complexos criados pelos computadores à lei do copyright vão muito além das músicas e filmes pirateados. As Big Five são proprietárias da maioria dos produtos de mídia, e a proteção dessa lei é fundamental para suas receitas anuais. Geralmente, os direitos reservados de reprodução têm um prazo determinado. Quando a proteção do copyright expira, o material entra em domínio público e pode ser reproduzido por qualquer um; caso seja um produto comercial, a taxa de licenciamento é excluída do preço final de varejo. Portanto, o copyright, na verdade, é um exercício de monopólio por parte dos detentores dos direitos.

A lei do copyright está na Constituição dos Estados Unidos: "O Congresso deve ter poder [...] para promover o progresso da ciência e das artes utilitárias, garantindo por um tempo limitado a inventores autorizados os direitos exclusivos sobre seus escritos e descobertas".[24]

A primeira lei de copyright previa um prazo nos moldes 14-14 — 14 anos após a criação, com a possibilidade de renovação por mais 14. Em 1909, o prazo foi aumentado para 28-28. Uma revisão da lei em 1976 ampliou a proteção do copyright por toda a vida do autor mais 50 anos. Em 1990, foi expandida para contemplar programas de computador e, em 1992, gravações em áudio e vídeo. O Digital Millenium Copyright Act, de 1998, surgiu cercado de otimismo. Parecia ser a solução para todos os eventuais problemas criados pela revolução digital. Mas não foi.

O acervo gigantesco de material de mídia concentrado nas mãos de alguns poucos e poderosos conglomerados nos últimos 30 anos provocou uma mudança histórica do foco original da lei. No princípio, ela zelava por autores individuais e por um grande número de distribuidores independentes. Com a mudança, o foco passou a ser as grandes empresas de mídia, que desejam proteger pelo maior tempo possível sua propriedade sobre conteúdos que rendem bilhões de dólares anuais.

O caso mais famoso de extensão de proteção de copyright (e que envolveu o *lobby* mais intenso) foi o da assustadora perspectiva para a Walt Disney Company de que seus direitos sobre o personagem Mickey Mouse expirassem em 2003. Isso ameaçava não só as receitas geradas pelos produtos audiovisuais do roedor mas também os lucros sobre a venda de milhões de camisetas, brinquedos e outros produtos que levam a marca do camundongo. Com a ajuda do *lobby* das outras corporações de mídia, o caso deu origem ao Sonny

Bono Copyright Extension Act (o nome oficial da lei é uma homenagem ao falecido cantor e membro do Congresso). De acordo com a nova legislação, os direitos exclusivos de reprodução foram estendidos por mais vinte anos, até 70 anos após a morte do autor ou criador. Dessa forma, o controle sobre Mickey Mouse foi ampliado até 2023; sobre Pluto, até 2025; sobre o Pateta, até 2029; e sobre o Pato Donald, até 2029 — 95 anos depois de o pato ter aparecido pela primeira vez em um filme. A nova lei prevê o período da vida do autor e mais 70 anos para as obras feitas por encomenda. Obras anônimas controladas por entidades empresariais têm cobertura total de 120 anos.[25]

Um fato simbólico dos interesses envolvidos na lei do copyright, que um dia já foi uma peça obscura de legislação limitada aos especialistas, é que a popularíssima canção "Parabéns a Você" tem direitos reservados. A música foi composta em 1893 por uma professora de jardim de infância de Louisville, no estado do Kentucky, com o título "Bom Dia para Você", e era para ser cantada antes das aulas pela manhã. Quando a Western Union começou a entregar telegramas com seus jovens uniformizados de bicicleta, entre as mensagens que poderiam ser compradas por uma taxa especial estava o "Parabéns a Você", cantada pelo mensageiro, na porta da casa do destinatário.

Os direitos sobre "Parabéns a Você" hoje pertencem à Time Warner, que fatura 2 milhões de dólares anuais com o licenciamento da canção. Não há nenhum impedimento para que a música seja cantada em residências ou pequenos estabelecimentos comerciais, porém existe uma taxa que é cobrada de grandes cadeias de restaurantes e outros locais públicos. Alguns estabelecimentos mais movimentados orientam seus funcionários a usar canções e letras improvisadas para parabenizar seus clientes. Alunos de cursos universitários de cinema são alertados para não filmar pessoas cantando "Parabéns" em seus filmes. Todos os usos da canção em público supostamente envolvem o pagamento de *royalties*.[xv]

Existem limites para configurar uma violação aos direitos autorais. Um grupo dinamarquês certa vez gravou uma canção satírica com os versos *"I'm a blonde bimbo in a fantasy world/ Dress me up, make it tight, I'm your doll"*.[xvi] A Mattel, fabricante de brinquedos que detém os direitos sobre a boneca Barbie, processou o grupo porque a letra poderia sugerir uma referência implícita a seu produto. (Pelo jeito, a Mattel estava disposta a admitir no tribunal que sua Barbie, modelo de beleza para tantas garotinhas, era uma "loira tola".) A Suprema Corte rejeitou o processo, afirmando que uma sátira mencionando objetos conhecidos não era uma infração à lei de copyright.[26]

Apesar das novas leis, existem sites que vendem programas para burlar o pagamento de *royalties*. Eles podem até ser ilegais e às vezes não funcionar, mas são um exemplo da importância dos computadores no universo da mídia e do conflito crescente entre a propriedade privada e o acesso do público a produtos e serviços.

[xv] Em 2015, a Justiça norte-americana decidiu que era inválida a reivindicação da Time Warner de direitos sobre a música, que foi colocada em domínio público em 2016.

[xvi] "Sou uma loira tola em um mundo de fantasia/ Pode me vestir como quiser, sou sua bonequinha". (N.T.)

4.
(NEM) TODAS AS NOTÍCIAS QUE MERECEM SER IMPRESSAS

Se dependesse de mim decidir se deveríamos ter um governo sem jornais ou jornais sem governo, eu não hesitaria em escolher a segunda opção.
THOMAS JEFFERSON, 1787, antes de se tornar presidente

Não dá para acreditar no tipo de coisa que se vê nos jornais.
THOMAS JEFFERSON, 1807, quando era presidente

No segundo semestre de 2002, a grande mídia encarou um teste histórico de seu papel na democracia americana. O grande desafio sempre foi que, diante de uma coerção ou distorção da realidade por parte de um governo, a imprensa, respaldada pela Primeira Emenda da Constituição, informasse o público com a maior isenção humanamente possível.

Em 2002, a maior parte da mídia americana foi reprovada no teste.

*

Em dezembro de 1997, a New Line Pictures, empresa cinematográfica de Hollywood, lançou um filme do diretor Barry Levinson com um enredo razoavelmente interessante: o presidente dos Estados Unidos, com dificuldades para se reeleger, contrata um famoso especialista em propaganda política. O marqueteiro, interpretado por Robert DeNiro, tem a ousada ideia de desviar a atenção do público dos problemas enfrentados pelo presidente, dando início a uma guerra. Nome do filme: *Mera Coincidência*.[1]

Na vida real, em setembro de 2002, perto das eleições para o Legislativo americano, a Casa Branca, sob o governo George W. Bush, estava diante de problemas sérios. As manchetes do noticiário não eram um bom sinal para o Partido Republicano, que controlava o Congresso e o Senado pela margem estreitíssima de apenas dois votos. A tendência geral favorecia o Partido Democrata. As primeiras páginas dos jornais e as manchetes dos noticiários televisivos informavam quase todos os dias sobre desemprego em alta, demissões em massa,[2] dificuldades da economia nacional, queda das ações na bolsa de valores e novos escândalos envolvendo corrupção corporativa.[3] Os executivos e demais membros do mundo empresarial, cientes de que em breve sofreriam prejuízos ou seriam alvo de investigações sobre fraudes, desestabilizavam ainda mais a economia. Faziam isso vendendo enormes fatias de ações sem avisar os demais acionistas que suas participações em pouco tempo não valeriam mais nada, provavelmente em virtude de um processo de falência.

O presidente Bush e o vice-presidente Dick Cheney, quando assumiram o cargo, tinham acabado de vender suas ações nas companhias que controlavam operações em circunstâncias similares — o que suscitou uma série de questionamentos.[4] O poderoso líder da maioria republicana no Senado, Trent Lott, foi obrigado a renunciar após revelações de que havia feito um discurso com injúrias raciais e que fazia parte de um grupo racista do Mississippi.[5] Portanto, se os democratas ganhassem o controle do Senado, haveria disputas ferrenhas envolvendo escândalos relacionados a republicanos no Congresso e na Casa Branca.

Mas não foi o que aconteceu. No início de setembro, quando a campanha estava começando, o presidente Bush, em um discurso proferido diante da Estátua da Liberdade, anunciou que o país entraria em guerra contra o Iraque e seu ditador Saddam Hussein. Segundo o presidente, Hussein dispunha de "armas de destruição em massa" que significavam uma ameaça iminente aos Estados Unidos. Quando alguns membros mais céticos do Partido Democrata pediram detalhes sobre os motivos do ataque, Bush os acusou de irresponsabilidade com a segurança do próprio país. Isso silenciou a liderança democrata, e as tropas americanas se mobilizaram na fronteira iraquiana.

Mais tarde, em seu Discurso sobre o Estado da União, o presidente Bush anunciou que "fontes do serviço de inteligência" descobriram que o Iraque dispunha de 30 mil peças de munição capazes de liberar agentes químicos, 500 toneladas de agentes químicos, 25 mil litros de antraz e 38 mil litros de toxina botulínica. O Iraque, segundo ele, abrigava células importantes da Al-Qaeda e que, por causa de sua obsessão em destruir os Estados Unidos, estava importando urânio a fim de produzir bombas nucleares.[6]

O presidente afirmou ainda que o perigo era tão iminente que os Estados Unidos não esperariam os relatórios dos inspetores da ONU e da Agência Internacional de Energia Atômica, e já estavam a caminho do Iraque. Bush afirmou que havia "perdido a paciência" com a ONU. Com 260 mil homens à espera na fronteira com o Kuwait, o presidente deixou claro que a invasão do Iraque seria imediata.

A partir desse momento, os problemas internos dos Estados Unidos desapareceram das manchetes. Apesar das dificuldades domésticas cada vez mais graves, o assunto que predominava na mídia eram os preparativos para a guerra, com bandeiras tremulantes, fotografias de fuzileiros preparados para a invasão e vídeos de caças levantando voo de porta-aviões. Embora a economia do país estivesse naufragando, o tema era tratado como uma questão menor à medida que a Casa Branca intensificava os pronunciamentos sobre o conflito iminente. Uma guerra — ou a perspectiva de uma — sempre beneficia quem está no poder, e, assim, o Partido Republicano conseguiu um belo desempenho nas eleições para o Legislativo, conquistando o controle da Câmara e do Senado.

A guinada repentina dos acontecimentos tinha uma semelhança impressionante com o filme *Mera Coincidência*, lançado quatro anos antes. A maior parte da mídia de massa preferiu fingir que era apenas isso, uma mera coincidência.

A COINCIDÊNCIA DA OBEDIÊNCIA

A imprensa americana sempre se orgulhou de afirmar que, ao contrário da imprensa de países ditatoriais, descrita como bonecos de ventríloquo, o noticiário nos Estados Unidos faz questão de desmascarar governantes que são pegos mentindo ou exagerando a verdade. Mas, no planejamento para a guerra de 2002 no Iraque, ela falhou em sua missão.

Meses depois dos ataques, com o Iraque em ruínas, após pesados bombardeios e ofensivas de tanques, as tropas americanas assumiram o controle sobre o dilacerado país. No entanto, ninguém foi capaz de encontrar as armas de destruição em massa que, segundo o presidente Bush, eram uma ameaça iminente aos Estados Unidos. Milhares de pessoas, entre elas civis iraquianos, haviam sido mortos. As baixas americanas, apesar de bem menores, cresciam a cada dia de ocupação, bem como as ações de sabotagem ao aparato militar dos Estados Unidos.

Um episódio da guerra no Iraque foi exemplo do prejuízo que se tem quando os jornalistas se tornam colaboradores acríticos do governo. Depois que a invasão ordenada por Bush dominou um Iraque quase sem resistência, veio à tona o caso da soldado Jessica Lynch, uma militar americana cujo comboio se desviou durante uma emboscada. Lynch se feriu quando seu veículo bateu contra um caminhão. Ela foi encontrada por médicos iraquianos, que a levaram para o que restava de um hospital local.

Nessa noite, no quartel-general do Exército dos Estados Unidos, correspondentes americanos foram despertados por causa do que parecia ser uma "história quente". Imaginando que o chamado incomum pudesse significar a captura de Hussein, os sonolentos repórteres ouviram "a história de Jessica Lynch".

Aos jornalistas foi dito que Lynch esvaziara seu fuzil em combate com o inimigo. Quando ficou sem munição, ela fora capturada, com ferimentos de bala e baioneta, e levada a um hospital local, onde médicos iraquianos a estapearam e interrogaram enquanto ela estava deitada, com braços e pernas quebradas, além de ter queimaduras pelo corpo. Pouco depois da meia-noite, uma unidade especial com óculos de visão noturna invadiu o hospital com armas em punho e câmeras para gravar a ação. A soldado Lynch foi tirada dos médicos iraquianos, conduzida a um helicóptero e levada para tratamento com especialistas americanos. Mais tarde, o Exército anunciou que a combatente não poderia ser entrevistada porque havia sofrido uma amnésia completa. O vídeo oficial e a versão do Exército para a história foram apresentados na TV americana, deixando os espectadores horrorizados e furiosos.

A história era falsa. As unidades "de resgate" de fato invadiram o hospital e tiraram Lynch de lá. Também era verdade que o comboio dela havia sido desviado por causa de uma emboscada. Mas a soldado Lynch não havia sofrido ferimentos de balas e baionetas. Ela apenas precisou do tratamento padrão para ossos quebrados e outros ferimentos, que os médicos iraquianos administraram com gentileza e profissionalismo. Eles estavam inclusive à procura de tropas americanas a quem devolver a soldado quando as unidades especiais invadiram o hospital. Mais tarde, o pai da combatente se mostrou indignado com a afirmação de que ela teria sofrido amnésia. Ele declarou que a filha se lembrava muito bem de tudo.[7]

Depois que a falsa notícia deu origem a todo um ciclo midiático de horror sádico, o Exército desmentiu a história da carochinha. Mas somente após a mentira ter se espalhado pelo mundo inteiro.

A relevância aqui não está no fato de uma história incorreta ter sido contada em um primeiro momento. No calor da guerra, é possível que isso aconteça de forma não intencional. Mas o incidente demonstrou duas consequências relevantes da invasão como um todo. O que os críticos do presidente Bush descreveram como "uma grande mentira" foi a sua afirmação de perigo iminente, representado pelos grandes estoques de armas de destruição em massa que o Iraque teria, além da preparação do país para produzir bombas nucleares destinadas aos Estados Unidos. Essa "grande mentira" tornava quase inevitáveis as chamadas "pequenas mentiras", criadas para manter viva a maior delas.

Como a falsa versão da história de Jessica Lynch foi exibida com destaque por televisões do mundo inteiro, é possível que muita gente acredite até hoje na lenda dos médicos iraquianos sádicos abusando de uma soldado americana ferida, resgatada por uma operação heroica.

Mais de um ano depois do chamado de Bush à guerra, apesar do controle total do país, da captura e do interrogatório de todos os especialistas iraquianos em armas nucleares, biológicas e químicas, nenhuma arma de destruição em massa tinha sido encontrada. Nenhuma célula da Al-Qaeda foi desbaratada. A acusação de que Hussein estava importando urânio se baseava em um documento falso, que meses antes a própria CIA e um ex-embaixador americano admitiram tratar-se de uma farsa.[8]

Três meses depois que o presidente Bush declarou que a invasão era uma "missão cumprida", multidões iraquianas enfurecidas — agora sem água, eletricidade ou alimentos em suas cidades arruinadas — se voltavam contra as patrulhas americanas. As tropas do país no Iraque começaram a ser mortas e feridas por guerrilhas e grupos islâmicos determinados a enfraquecer o controle dos Estados Unidos.

O Oriente Médio tinha sido desestabilizado, populações e governos da região viam a invasão como um pretexto dos Estados Unidos para assumir o controle sobre o petróleo iraquiano e os canais de produção do Golfo Pérsico. Uma parcela substancial do 1 bilhão de muçulmanos do mundo encarava os Estados Unidos com medo, desconfiança ou ódio. Dois dos aliados mais importantes do país, França e Alemanha, sentiram-se enganados e expressaram esse sentimento ao se recusarem a endossar a invasão do Iraque sem o aval da ONU. Mais tarde, ambos os países receberam delegações americanas com frieza e gestos que, no mundo diplomático, representam insultos deliberados (como destacar um diplomata de hierarquia inferior para receber uma autoridade americana importante).

Uma das particularidades da Guerra do Golfo foi uma inovação do Pentágono sob o governo Bush. Mais de 500 jornalistas americanos foram "incorporados" a unidades militares. Isso significava acesso direto à realidade da batalha, sem as restrições e a censura existentes na primeira guerra no Iraque, sob o mandato de Bush pai, em 1991. De fato, isso possibilitou vídeos em primeira mão e relatos de momentos isolados da invasão. Apesar de a novidade ter sido importante, ela não permitia a formação de uma visão global da guerra.

A maioria dos jornalistas incorporados era inexperiente e não tinha acesso aos comandantes que poderiam lhes transmitir um olhar mais geral do conflito. George Wilson, um dos mais experientes e respeitados correspondentes de guerra do país, escreveu em edições do *National Journal* que as imagens ferozes e brutais das batalhas na televisão eram enganadoras. De acordo com suas observações durante a invasão, as forças de coalizão não enfrentaram quase nada da resistência padrão de defesa de um país preparado para guerra: nenhuma armadilha para tanques, nenhuma trincheira, nenhum campo minado e quase nenhuma evidência de oposição organizada e fardada. As tropas americanas, em número pequeno para poder se deslocar com agilidade, conforme insistia Donald Rumsfeld, o secretário de Defesa, não enfrentaram resistência sistemática. O que as equipes de televisão americanas transmitiram ao público foram as dificuldades impostas pelo clima, com imagens de forças especiais escondidas atrás de máscaras atravessando poderosas tempestades de areia.[9]

Embora o presidente Bush tenha se posicionado no convés do porta-aviões Abraham Lincoln para proclamar em cadeia nacional sua "missão cumprida", nem ele nem o público americano estavam preparados para um período pós-invasão de puro caos, com guerrilheiros misturados aos civis e multidões de iraquianos gritando *"Go home"* para os militares americanos nas ruas. O verdadeiro impacto da situação do pós-guerra foi se revelando de forma lenta e dolorosa, intensificado por falhas cometidas na cobertura da mídia que poderiam ter sido evitadas.

A Lenda da Soldado Lynch foi um microcosmo que refletia os efeitos mais corrosivos e de longo prazo na cobertura enganosa de grandes acontecimentos. As informações falsas prejudicam a capacidade do público de manter uma visão racional sobre o mundo. Quando uma inverdade cria raízes, ela obscurece a percepção da sociedade e, consequentemente, a capacidade da população de reagir de forma inteligente aos acontecimentos.

"MAIS TARDE" É TARDE DEMAIS

No dia 22 de junho de 2003, quando as informações que serviram de justificativa para a invasão do Iraque já tinham se mostrado comprovadamente falsas, a retrospectiva semanal da edição de domingo do *New York Times* publicou um artigo que ocupou metade da primeira página do caderno. Sobre uma fotografia em cores do presidente Bush, era possível ler a manchete em letras garrafais: "Bush certamente exagerou, mas ele mentiu?". Em torno das fotos do presidente, em poses conhecidas diante dos microfones, havia citações dele consideradas exageradas e mentirosas.

Era, por fim, um exame objetivo do que Bush tinha dito e do que parecia não corresponder à realidade.

Era também um jeito melodramático do mais influente jornal do país contribuir para a história da guerra. Porém, era tarde demais para impedir o estrago. Aquela informação já era sabida na época em que o presidente anunciou que o país iria à guerra, mas ela não foi usada. Aquele era o momento que o país inteiro se encontrava mobilizado pelo noticiário.

Em outubro de 2002, cinco meses antes dos primeiros bombardeios ao Iraque, o senador Robert Byrd, do Partido Democrata da Virgínia Ocidental, publicou um histórico detalhado a respeito das tais "armas de destruição em massa", em uma das edições diárias do *Congressional Record*.[10] Essas informações nunca foram reproduzidas pela mídia impressa ou falada. Em vez disso, saíram apenas notas esparsas nos jornais, com frases lacônicas e melancólicas sobre o senador Byrd. No noticiário televisivo, o político foi retratado como um orador envelhecido e um tanto patético depois de mais de 60 anos de Senado.

Informações documentadas de fontes independentes são ainda mais necessárias quando as fontes oficiais anunciam uma decisão importante. É nesse momento que o público está mais atento e sensível às visões conflitantes debatidas no Congresso. Os argumentos usados pelo presidente Bush para justificar a invasão imediata do Iraque não eram novos. Ao contrário: eram conhecidos há anos, e com grande riqueza de detalhes.

A partir dos anos 1980, os Estados Unidos deram a 24 empresas nacionais a permissão para vender armas de destruição em massa a Saddam Hussein. Ele as usou contra o Irã, principal inimigo americano no Oriente Médio à época. Enquanto Hussein utilizava gás venenoso fornecido pelos Estados Unidos contra iranianos e minorias curdas, os americanos fingiam que não viam. O mesmo aconteceu quando, em 2000, o regime tirânico de Saddam Hussein submeteu dissidentes a torturas inomináveis e promoveu um genocídio contra os curdos.

É perturbador o fracasso da grande mídia em esclarecer ao público o significado das notícias mais importantes que veicula, muitas vezes tratando-as como se fossem assuntos quaisquer. Os próprios funcionários da Casa Branca admitiram que a data do anúncio da guerra foi calculada para ter impacto sobre as eleições para o Legislativo. Andrew H. Card Jr., chefe de gabinete da Casa Branca e coordenador da operação, foi questionado sobre o motivo de o anúncio ter sido feito bem no meio da campanha eleitoral, apesar de a decisão sobre a guerra haver sido tomada bem antes. Card respondeu: "Ninguém anuncia novos produtos no meio das férias de verão".[11]

Mais cedo ou mais tarde, fatos e opiniões contrárias acabam sendo impressos e veiculados. No entanto, neste caso e em muitos outros, "mais tarde" é "tarde demais" para poder beneficiar a população.

A ditadura de Hussein de fato cometeu atos horrendos contra dissidentes de seu próprio povo, mas fez isso durante anos com o consentimento de Washington. O Iraque, porém, não teve envolvimento com os atentados de 11 de setembro de 2001 nos Estados Unidos. Todos os terroristas eram sauditas, assim como seu mentor, Osama bin Laden, um fundamentalista islâmico multimilionário que desprezava o secularismo de Hussein.

A invasão deixou o Iraque em frangalhos. As tropas americanas encontraram apenas alguns mísseis incapazes de atingir países mais distantes que os vizinhos imediatos dos iraquianos. Aparentemente, a chamativa expressão "armas de destruição em massa" era apenas um pretexto, e um pretexto inválido ainda por cima. Mais tarde, o arquiteto principal dos planos de guerra, o vice-secretário de Defesa Paul Wolfowitz, revelou em uma entrevista à revista *Vanity Fair*: "Por razões burocráticas, nos concentramos em uma questão, 'armas de destruição em massa', porque era a única em que todos estavam de acordo".[12] O verdadeiro motivo, Wolfowitz contou na entrevista, era facilitar a retirada de tropas americanas da Arábia Saudita, pois a família real temia que a presença militar americana pudesse provocar retaliações por parte da Al-Qaeda. Afinal, Osama bin Laden era membro de uma abastada família saudita.

Os mais importantes veículos de mídia passaram, de forma incomum, a acatar as declarações oficiais sem questionamento. Não há quase nenhum registro de correspondentes da grande mídia pedindo explicações públicas às autoridades sobre os registros revelados pelo senador Byrd e as questões levantadas pela *Slate* (uma revista on-line da Microsoft) e por um artigo de Seymour Hersh na revista *The New Yorker*. Nos principais veículos, dos quais depende a maioria dos americanos, esses questionamentos eram, no máximo, uma nota de rodapé soterrada pelos tambores de guerra que ressoavam nas manchetes dos jornais e nos noticiários televisivos.

A PRIMEIRA VÍTIMA

A grande mídia mais uma vez caiu em uma armadilha que muitos torciam para que tivesse se tornado uma relíquia do passado. Em uma democracia, não deveria ser aceitável a máxima segundo a qual "quando a guerra começa, a primeira vítima é a verdade".[13] É ainda pior que, antes mesmo de uma guerra começar, a imprensa seja incapaz de esclarecer fatos já conhecidos e prefira limitar suas fontes ao governo. Obviamente, ele não vai expor informações contrárias às medidas que pretende tomar e nem contestá-las publicamente.

Se o país tivesse sido devidamente informado sobre os detalhes do relatório do senador Byrd, e se a grande mídia houvesse vasculhado seus próprios arquivos sobre a guerra anterior no Iraque, no governo de Bush pai, talvez Bush filho não tivesse conseguido levar a cabo a destruição do Iraque.

No entanto, a grande mídia americana, que tem a obrigação de revelar a verdade, virou a primeira vítima do conflito. E, embora a guerra proposta ainda estivesse em estágios iniciais, a imprensa mostrou que estava disposta, mesmo em um período crucial para a história do país, a abandonar seus deveres democráticos e sua integridade jornalística diante de autoridades que questionavam seu patriotismo e se escondiam atrás da bandeira americana.

No passado também houve muitos erros. Eles sugerem não uma imperfeição inevitável e inerente a qualquer empreitada humana, mas uma falha sistêmica. A grande mídia apresenta notícias desnecessariamente incompletas ao público porque, com raras exceções, usa como fonte o poder estabelecido no governo e na iniciativa privada. Ela deixa de fora vozes contraditórias por considerá-las "progressistas demais" ou "de esquerda".

Cinquenta anos atrás, a grande imprensa, excetuando-se meia dúzia de jornais, foi incapaz de revelar as verdades disponíveis durante os seis anos de histeria nacional promovida por Joseph McCarthy. O senador destruiu vidas e manchou a reputação de importantes instituições e agências governamentais. Suas acusações bombásticas, sobre a existência de espiões comunistas infiltrados no governo, não revelaram a presença de um único subversivo em cargos importantes que já não tivesse sido identificado e afastado.

Um incidente que entrou para a história do jornalismo americano ajudou a pôr fim na fúria macarthista. Em 1953, o jornalista Edward R. Murrow contou a história de um inocente que, assim como muitos outros, havia tido sua reputação brutalmente destruída. Murrow terminou sua violenta narrativa citando para a população americana um trecho de Shakespeare: "A culpa, caro Brutus, não é das estrelas, mas de nós mesmos".[14] No fim, a CBS cancelou o programa de Murrow, e, dali em diante, escalou-o apenas para entrevistas relativamente esvaziadas de polêmicas com celebridades.

De 1954 até meados dos anos 1960, a grande mídia fracassou em retratar verdadeiramente a tragédia desnecessária que foi a Guerra do Vietnã. O noticiário de guerra visto pela maioria do público se baseava quase inteiramente em informações fornecidas pelos militares e pelo governo. Apenas 13 anos depois de o país entrar oficialmente em guerra com o Vietnã foi que a verdade veio à tona. A revista *The New Yorker* começou a publicar artigos de observadores independentes, vozes absolutamente dissonantes em relação ao que saía nas demais publicações. A *New Yorker* continuou a revelar a verdade sobre a guerra mesmo depois de, pela primeira vez em sua história, perder o lugar entre as revistas com o maior número de anunciantes. Incomodadas ou assustadas, as grandes corporações pararam de comprar anúncios em uma publicação rentável e que era a mais elitizada entre as revistas populares dos Estados Unidos.[15] As matérias da *New Yorker* foram um balde de água fria sobre a ilusão criada pelas versões oficiais e sobre a recusa dos presidentes em admitir que sabiam que a campanha militar na Indochina era um erro terrível. A guerra causou a morte de 212 mil americanos e mais de 2 milhões de habitantes locais.

GUERRA: MENTIRA, ENGANAÇÃO E AMNÉSIA INEVITÁVEIS

A invasão ao Iraque não foi a primeira guerra da história, e muito menos dos Estados Unidos, a ser iniciada por conveniência governamental ou vaidade de quem está no poder, e não pela necessidade de repelir invasores ou para colocar fim a uma ocupação cruel. As guerras são um assunto particularmente sensível a relatos parciais porque alimentam o patriotismo e o apoio às Forças Armadas de um país. Os governos se utilizam disso para manter o respaldo às autoridades e intimidar os opositores. A prática só aumenta a importância da imprensa em uma democracia. A mídia deve proporcionar o equilíbrio necessário para que uma população tome a decisão mais racional possível.

A estupidez inerente à guerra é algo peculiar à raça humana. Muitas guerras foram iniciadas porque um inimigo impôs ao outro essa patologia, ou, então, porque um país a viu surgir em sua própria população. Ao longo das mais de 800 mil palavras de *Guerra e Paz*, Liev Tolstói pergunta várias vezes por que 10 milhões de homens marchariam para o oeste a fim de encontrar outros 10 milhões marchando para o leste apenas para ver quem era capaz de matar a maior quantidade de pessoas totalmente desconhecidas. Ele concluiu que a sede de poder é insaciável.[16]

A guerra pela independência dos Estados Unidos começou graças à estupidez da Coroa Britânica, que preferiu ignorar que os colonos tinham orgulho de ser cidadãos ingleses e só queriam ser tratados como tais. Os britânicos subestimaram as enormes riquezas existentes na América do Norte e optaram por brigar com os franceses — uma velha obsessão — para continuar lucrando com especiarias vindas da Índia.[17] Para completar, desdenharam da ameaça representada por George Washington e de sua determinação em evitar tanto quanto possível os confrontos abertos entre os soldados "casacas vermelhas" do rei e seu exército de famélicos esfarrapados sempre a um passo do motim. Washington sabia que os britânicos não abririam mão tão cedo do hábito de marchar em formação rígida. Para ele, era possível esconder o estado de miséria de seu Exército porque a imprensa da época estava mais interessada nas intrigas políticas e no brilho dos esplendorosos bailes dos britânicos na Filadélfia do que em acompanhar os homens de Washington e as condições terríveis que enfrentavam.

Havia uma oposição atuante no Parlamento Inglês e em parte da imprensa. No entanto, nesse caso também a opinião deles foi sufocada pelos apoiadores da Coroa e de sua política de comércio exterior.

Se pessoas de carne e osso e os lugares onde moravam não tivessem sido severamente atingidos, a Guerra de 1812 contra a Grã-Bretanha poderia ter sido usada como material para uma comédia de Peter Sellers. Ela estampou um exemplo clássico de falha de comunicação. Além disso, refletiu o racha entre o Norte dos Estados Unidos e sua imprensa antiguerra e o Sul do país e sua mídia pró-guerra. O presidente James Madison era um sulista e não resistiu a uma declaração de guerra contra os poderosos britânicos, que vinham apreendendo embarcações e tripulações americanas. (Madison tinha a seu dispor uma Marinha de meia dúzia de navios, enquanto que os britânicos contavam com uma frota de mais de cem.) Em Londres, o governo inglês anunciou que pararia de confiscar embarcações americanas, mas quando o navio que levava a notícia partiu para cruzar o Atlântico a guerra já havia começado. Os britânicos haviam incendiado a Casa Branca, o Capitólio e outros prédios públicos e bombardeado Baltimore e o Forte McHenry. Britânicos e americanos então se reuniram em Gante, na Bélgica, para assinar um acordo de paz que poria fim à guerra em 24 de dezembro. No entanto, mais uma vez o navio que levava a notícia chegou aos Estados Unidos tarde demais.

O confronto mais sério da guerra, a Batalha de Nova Orleans, foi travada uma semana depois, em 1º de janeiro. O Exército americano, sob o comando de Andrew Jackson, atirava de trás de sacas de algodão em soldados britânicos com casacos vermelhos impecáveis. Jackson conseguiu uma vitória impressionante. E se tornou tão famoso que conquistou o posto de sétimo presidente dos Estados Unidos.[18] Durante a guerra, os americanos perderam seus prédios públicos, mas um jovem poeta de Maryland chamado Francis Scott Key compôs um poema inspirado na visão de uma maltratada bandeira americana tremulando sobre o Forte McHenry, diante dos clarões das bombas que explodiam ao redor. O poema de Key foi musicado, e o país ganhou seu hino nacional, *The Star-Spangled Banner*.

O caso mais evidente de conflito incitado pela mídia — a Guerra Hispano-Americana de 1898 deflagrada para expulsar os espanhóis de Cuba — foi praticamente uma invenção de William Randolph Hearst, com o auxílio de Joseph Pulitzer. A Espanha considerava Cuba parte de suas posses latino-americanas. Rebeliões periódicas pipocavam entre os nativos, algumas de uma selvageria retratada em cores vivas pelos jornais americanos; em especial, o expansionista *Journal*, de Hearst, e seu rival *World*, de Joseph Pulitzer. A brutalidade de fato ocorrida era floreada com detalhes acrescentados pelos emissários de Hearst e Pulitzer.

Os jornais podiam agir livremente nesse caso por duas razões. As múltiplas rebeliões na ilha eram uma ameaça aos investimentos americanos em Cuba, e para o presidente Theodore Roosevelt era interessante manter a Espanha à distância do hemisfério ocidental. Havia uma forte pressão para defender os interesses das empresas americanas em solo cubano, e a situação na ilha estava tão caótica que era difícil obter informações claras e sistemáticas. Aproveitando-se desse vácuo, Hearst e Pulitzer se tornaram a fonte oficial de eventos reais e imaginários para os Estados Unidos. Eles se especializaram em detalhes sangrentos e sexuais de atrocidades reais e imaginárias. Hearst contava com aqueles que chamava de seus "comissários" na ilha, um grupo de ilustradores e jornalistas que reportavam o que pensavam que poderia estar acontecendo. Em uma tentativa de superar Pulitzer, Hearst enviou alguns de seus "comissários" famosos para Cuba. Richard Harding Davis era o correspondente internacional mais conhecido dos Estados Unidos e foi mandado a Cuba ganhando 3 mil dólares por mês (uma fortuna na época para qualquer repórter em qualquer lugar do mundo). Ele escreveu histórias como a de três jovens cubanas que foram obrigadas a se despir antes de embarcar em um vapor americano rumo a Nova York. Segundo o repórter, os espanhóis estavam à procura de documentos escondidos nas roupas das garotas. A manchete na primeira página dos jornais de Hearst foi: "NOSSA BANDEIRA PROTEGE MULHERES?".

Para acrescentar impacto às histórias, Hearst destacou um dos ilustradores mais falados da época, Frederic Remington, para se juntar a Davis. Na história das "três jovens nuas", Remington desenhou uma cena imaginária em que três meninas eram despidas por homens. Davis sentiu que era necessário ressaltar que em nenhum momento mencionara que havia homens envolvidos no episódio. A revista foi conduzida por policiais femininas.

Hearst pediu mais ilustrações da guerra para Remington. A essa altura, o artista parecia estar farto daquilo tudo e mandou um telegrama ao patrão: "Está tudo tranquilo. Não tem nenhuma perturbação aqui. Não vai haver guerra. Quero voltar".

Hearst imediatamente respondeu: "Por favor, fique. Providencie as imagens, que eu providencio a guerra".[19]

Poucos editores de hoje permitiriam as estripulias cometidas na Guerra Hispano-Americana por Hearst e Pulitzer. Esse tipo de jornalismo só existe em tabloides sem nenhuma credibilidade. As distorções e omissões hoje são mais sutis, porém continuam acontecendo. Elas aparecem na operação padrão dos noticiários impressos e falados mais consumidos, ainda vinculados às declarações de autoridades.

George W. Bush não foi o primeiro presidente a dizer que "quem não está conosco está contra nós", como fez no caso da guerra do Iraque. O melhor do jornalismo sempre aparece quando ele entende que "nós" é a população do país. Os cidadãos comuns são os que mais dependem de informações com credibilidade no noticiário. Quando a mídia se esquece de que esse "nós" é bem mais que apenas a cúpula do governo, é o povo que sofre as consequências da enganação ou do equívoco oficial.

5.
TODAS AS NOTÍCIAS SÃO PERTINENTES?

Caros concidadãos, não temos como fugir
da história.
ABRAHAM LINCOLN, 1862

Os horrores cometidos pelos terroristas sauditas da Al-Qaeda contra os Estados Unidos em 11 de setembro de 2001 mudaram a história de nosso tempo. Os atentados abalaram a visão dos americanos de uma democracia com a segurança garantida por seu poderio, dois oceanos e vizinhos amigáveis ao norte e ao sul. Pela primeira vez desde a Guerra de Secessão, a sensação de proteção contra um ataque que pudesse derramar o sangue de milhares em solo americano deixou de existir.

O atentado modificou algo a mais na mentalidade nacional: a atordoada população americana tomou ciência de que vários outros povos do mundo, em especial no mundo islâmico, viam os Estados Unidos com ceticismo ou ódio. As massas muçulmanas nunca haviam sido grande preocupação para os americanos. Mas, então, as revistas de grande circulação passaram a publicar matérias extensas com títulos como: "Por que eles nos odeiam?". Até hoje, a maioria dos americanos ainda não entende muito bem por que os Estados Unidos deveriam ser alvo de algum sentimento que não gratidão e admiração das populações estrangeiras.

Por que haveria algo além da gratidão por parte dos estrangeiros pobres, que receberam durante décadas auxílio financeiro dos Estados Unidos? A maioria dos americanos não acompanha de perto as complexidades do orçamento anual votado no Congresso, e muitas vezes acredita que "ajuda externa" significa que o país fornece aos destituídos do mundo um suprimento infinito de comida, recursos para educação e outras matérias básicas para uma vida melhor.

Anos depois do 11 de setembro, muitos americanos não buscam nenhuma explicação para os atentados, além da maldade e do cinismo de gente que sempre foi tratada com benevolência sem fim. E isso acontece porque a mídia da qual a maioria da população dependeu durante décadas escondeu ou simplesmente ignorou a realidade.

Apesar de todos os atos generosos dos Estados Unidos ao longo dos tempos, tanto oficialmente como por meio de organizações não governamentais que trabalham para reduzir a miséria no mundo, existe uma falha sutil, porém fundamental, no que diz respeito à postura oficial dos americanos diante do mundo real.

Aceitar os próprios erros nem sempre é algo fácil. E esse truísmo é mais verdade quando se trata de gente poderosa. Quando comete um crime ou um ato contrário à conduta ética, uma pessoa em posição de poder normalmente tenta se justificar e racionalizar a respeito da necessidade da atitude tomada. A pessoa acha que, como se tratava de uma medida necessária, os outros devem necessariamente concordar com ela. Caso contrário, são ignorantes e não merecem ser levados em conta, ou são hostis e podem ser considerados inimigos.

Todos os americanos sabiam que na antiga União Soviética o Partido Comunista controlava a imprensa e muitas vezes mentia ou escondia os fatos. Eles costumavam debochar da imprensa soviética, e com razão.

No entanto, todo país poderoso tem seu lado obscuro. Os Estados Unidos não são exceção. A imprensa do país tem o direito constitucional de ser uma voz dissonante; porém, na maioria das vezes em que precisou discordar, preferiu se calar. Durante épocas de importância crucial desde pelo menos a Segunda Guerra Mundial, a maior parte da mídia americana se comportou como parceira obediente do governo e das implacáveis corporações que exploram países estrangeiros com mercados mais frágeis.

E os Estados Unidos não estão sozinhos entre os países que escondem seus atos menos louváveis ou os justificam como uma necessidade para o mundo. Durante décadas de Guerra Fria, tanto a União Soviética como os Estados Unidos se valeram de sabotagem, espionagem, mentiras e da deposição de governos democraticamente eleitos que não serviam aos propósitos da rivalidade mortal entre as duas superpotências nucleares. Tempos antes, a monarquia imperial britânica havia cometido atos similares com justificativas autolaudatórias durante seu período de dominação mundial. Do século XVI ao XIX, todas as potências globais fizeram o mesmo, inclusive a Igreja Católica, que exerceu seu poder com métodos controversos (em alguns países, com a violenta Inquisição), tudo em nome da pureza religiosa.

As cruzadas cristãs para reconquistar os "lugares sagrados" do Oriente Médio tiveram início em parte porque, no século XI, Roma tinha um medo: o de que, com a Europa Ocidental finalmente assegurada para a cristandade, houvesse uma combinação perigosa de camponeses pobres e cavaleiros armados sem ter contra quem lutar. O papa Urbano decidiu que a solução mais prudente seria mandar os cavaleiros ociosos e o campesinato inquieto à Palestina em uma série de grandes operações internacionais. Eles deveriam retomar o controle daquilo que os europeus chamavam de "nossos lugares sagrados" relacionados ao nascimento e aos primeiros anos de vida de Jesus Cristo. As cruzadas muitas vezes terminavam em fiascos, mas eram retratadas para as massas como a mais sagrada das missões.[1]

Os países cristãos, quase sem exceção, não se dão conta de que o mundo islâmico nunca perdoou o Ocidente. A maioria dos cristãos ainda celebra as cruzadas, ignorando que os alvos eram lugares sagrados para os muçulmanos também, e que o grande líder islâmico Saladino derrotou essas expedições. Seguindo as percepções equivocadas do mundo cristão, o presidente George W. Bush, em 2002, anunciou que derrotaria os inimigos dos americanos no Oriente Médio em uma grande "cruzada". Ao tomar conhecimento da raiva instantânea que esse termo provocou nos muçulmanos, o presidente eliminou a palavra dos anúncios das invasões que promoveria.[2] O fato de os Estados Unidos não estarem sozinhos em seus delírios de autojustificação não serve de consolo para ninguém. A superpotência que ainda se considera com sinceridade "a última esperança da terra", nas palavras de Abraham Lincoln,[3] tem muito mais a perder que as demais nações ao se afastar do padrão de honestidade no trato com seu próprio povo.

Os cidadãos americanos em geral saem em desvantagem quando o assunto é a compreensão da política externa.

A indiferença causada pelo fato de os Estados Unidos serem protegidos pela distância de dois oceanos explica em parte essa falta de entendimento. Ela é agravada pelo fator extraordinário de a única superpotência do planeta ter menos correspondentes fixos em capitais estrangeiras do que qualquer outro país rico. A mídia americana tem um painel extremamente reduzido de especialistas em cultura estrangeira e política internacional. Grã-Bretanha, França, Alemanha e Japão, por exemplo, mandam muito mais jornalistas para cobrir com profundidade outras localidades importantes. Por isso, cidadãos de outros países entendem a impressão causada pelos Estados Unidos em governantes e em populações pelo mundo de forma muito mais rápida que a imprensa americana e, por consequência, o público americano.

Até mesmo a impressão dos americanos sobre a dimensão de sua ajuda aos destituídos do mundo é equivocada. O programa de ajuda externa dos Estados Unidos é grande em termos absolutos, mas, entre as grandes democracias industrializadas, é o menor em termos de porcentagem do PIB. O Council for a Livable World Education Fund relatou que a maior parte da ajuda externa dos Estados Unidos se encaminha ao setor militar, e que 90% do dinheiro vai para o Oriente Médio, em grande parte para Israel ou para governos como a ditadura do Egito, que mantêm as massas islâmicas sob controle. Quando manifestantes em grandes grupos fazem protestos e são confrontados por polícias e milícias, a repressão é feita com armas americanas, inclusive nos países islâmicos. A maioria das populações insatisfeitas dessas nações veem os Estados Unidos como uma fonte de gás lacrimogêneo, canhões de água ou munições usadas para derrubá-los ou matá-los.[4]

E a população americana ainda sofre de outra grave desvantagem. Ao longo dos anos, dentro dos Estados Unidos, relatos confiáveis sobre o envolvimento americano na repressão de movimentos de esquerda ou antiamericanos apareceram somente em publicações menores como *The Nation, The Progressive, The New Republic, Extra!, I. F. Stone Weekly*, de I. F. Stone (1907-1989), e *In Fact*, de George Seldes (1890-1995). O noticiário falado quase não cita atos repressivos ou subversivos envolvendo os Estados Unidos no exterior. Esses relatos se limitam a estações menores, como as emissoras da rede Pacifica e a Alternative Radio, de David Barsamian. Os veículos pequenos se valem de fontes não governamentais nos países afetados, de testemunhos não reportados diante de comitês do Congresso ou da pesquisa de acadêmicos americanos como Noam Chomsky, que não costumam ser considerados boas fontes pela grande mídia já que são vistos como esquerdistas ou antiestablishment.

I. F. Stone, que era ignorado ou desconsiderado por ser tido como esquerdista, celebrizou-se ao trazer à tona documentos oficiais para provar que o governo estava mentindo ou negando indevidamente algum fato. (Desde sua morte, Stone às vezes é incensado como um corajoso oposicionista pela mesma grande mídia que sabotava suas pesquisas. O obituário do jornalista no *New York Times* afirmava que ele era "um fervoroso defensor das liberdades civis, da paz e da verdade", acrescentando que sua integridade era reconhecida mesmo por seus detratores.)[5] Da mesma forma, o *In Fact*, de George Seldes, mostrava com frequência como a grande mídia ignorava seus próprios arquivos em relação a acontecimentos passados que voltam a ter relevância. Depois da morte de Seldes, um documentário de Rick Goldsmith fez o nome dele receber atenção nacional. Vozes minoritárias dizendo verdades contra o establishment simplesmente não são capazes de superar a falta de reconhecimento por parte do americano médio.

Uma das consequências perniciosas da cobertura jornalística falha ou enganosa é que as informações falsas permanecem nos arquivos das organizações — todas as publicações mantêm as notícias que publicam catalogadas por assunto. Quando as grandes organizações noticiosas dos Estados Unidos cometem erros factuais ou por omissão, eles ficam perpetuados e viram referência para a posteridade.

Durante a Guerra Fria entre Estados Unidos e União Soviética, os maiores veículos de mídia americanos ignoraram ou relataram de forma imprecisa histórias nada louváveis de apoio dos Estados Unidos em conflitos políticos na América Central e do Sul. No noticiário da grande imprensa, os atos inumanos perpetrados ou não eram citados ou eram retratados como um mal necessário em benefício do mundo.

A partir de 1880, por exemplo, a empresa americana United Fruit Company passou a agir como uma nação soberana portátil, transferindo suas gigantescas plantações de bananas para onde quer que desejasse. Caso perdesse poder político em determinado país, a empresa simplesmente derrubava o governo e o substituía por gente de sua confiança (vem daí a expressão "república das bananas").[6]

Outro exemplo desse domínio se deu envolvendo a Colômbia. Quando os americanos tomaram parte em complicadas tratativas para construir um atalho entre o Atlântico e o Pacífico, evitando assim ter de fazer uma viagem complicada ao contornar a extremidade da América do Sul, a solução finalmente encontrada envolvia o país sul-americano. Tratava-se de um canal, que seria construído na Colômbia, no trecho mais estreito de terra que separava os dois oceanos. Porém, quando o país recusou a oferta americana de bancar e operar o canal, os Estados Unidos deram apoio a uma rebelião na região onde a obra seria feita. E mais: criou uma nação independente, o Panamá.[7]

Na década de 1950, os Estados Unidos apoiaram a deposição do governo pró-comunista da Guatemala, o do presidente democraticamente eleito Jacobo Arbenz, quando ele propôs a expropriação das plantações da United Fruit. Os Estados Unidos substituíram Arbenz por um político da confiança deles, que simplesmente assassinou os apoiadores do governo anterior. Em 1970, quando o socialista Salvador Allende foi eleito presidente do Chile e propôs a nacionalização das minas de cobre de propriedade americana e de outras empresas, a CIA, com a ajuda de executivos americanos e chilenos endinheirados, deliberadamente desestabilizou a economia do país. Na crise que se seguiu, Allende acabou morto e substituído no cargo, com aprovação dos Estados Unidos, por Augusto Pinochet. O ditador deu continuidade à matança de milhares de chilenos que, posteriormente, foram dados simplesmente como "desaparecidos".[8] Em 1975, a CIA e o governo dos Estados Unidos estavam por trás da decisão do ditador da Indonésia, o general Suharto, de invadir o Timor-Leste e massacrar a população local. Na Nicarágua, os Estados Unidos criaram os "Contras" em 1979 para derrubar o governo socialista do país. E ações similares se repetiram em várias outras partes.

Na época dos acontecimentos, os relatos que chegavam à maioria dos americanos eram de relatórios propagandísticos redigidos em Washington e nas embaixadas estrangeiras. Eles transmitiam a leitores e espectadores a impressão de que se tratava de movimentos espontâneos ou de ações dos Estados Unidos para combater o comunismo, promover a justiça social ou prevenir ameaças à segurança dos americanos.[9]

Embora os Estados Unidos não estivessem sozinhos na perpetração de tais atos, havia algo importantíssimo em risco quando se tratava de seu envolvimento. A URSS era uma ditadura comunista. Os Estados Unidos são uma democracia.

A União Soviética controlava sua imprensa com mão de ferro. Os Estados Unidos se orgulham da Primeira Emenda de sua Constituição, que proíbe tal controle. Na Guerra Fria, ambas as superpotências usavam a mentira como arma (seus serviços de inteligência criaram inclusive um eufemismo padrão para isso: "desinformação"). Porém, uma democracia não pode mentir para outro país sem também mentir a seus próprios cidadãos. É contraditório que uma democracia minta para seu povo.

Ainda que se ignore o prejuízo que significa a falta de transparência com seu próprio povo, resta a questão da incapacidade da maioria dos cidadãos da única superpotência restante de compreender a postura de desconfiança e hostilidade de outras populações em relação aos Estados Unidos. Mesmo levando em conta que manipulações maliciosas a respeito dos Estados Unidos apareçam de tempos em tempos no exterior, a elite letrada e as populações de países estrangeiros em geral estão muito mais bem informada que o americano médio a respeito dos atos antidemocráticos e muitas vezes cruéis cometidos pelo governo de seu próprio país. Os principais serviços de notícias dos Estados Unidos costumam relatar a versão de Washington dos acontecimentos. Eles não saem a campo para conduzir investigações independentes, então, a maioria dos americanos acredita que seu governo não é cúmplice de uso de tortura ou de atividades subversivas em outras nações. Acreditam que o comportamento oficial do país no exterior se resume à luta pela liberdade e pela democracia. Essa é uma das principais razões para a perplexidade que se seguiu ao 11 de setembro, com perguntas como: "Por que eles nos odeiam?".

OS PECADOS DO PASSADO REVISITADOS

Muitos dos lapsos de cobertura da imprensa datam dos 40 anos de Guerra Fria, durante os quais o noticiário americano se tornou doutrinário em apoio à política externa do país. Não era nada que se comparasse ao controle exercido por Moscou sobre cada notícia que não promovesse os interesses da política interna e externa da União Soviética. No entanto, a imprensa dos Estados Unidos, seguindo os padrões passionais da época, relatava qualquer atividade interna ou externa que pudesse ser rotulada como "marxista" com hostilidade e autocensura. E mesmo que a Guerra Fria tenha acabado há tanto tempo, os americanos ainda pagam o preço dessa ausência de exposição à diversidade no noticiário político.

Conforme já mencionado, os exemplos de interesses conflitantes entre soviéticos e americanos se deram na Guatemala, no Timor-Leste e no Chile, onde foram cometidas grandes atrocidades. No caso da Guatemala, os Estados Unidos tiveram que encarar a desconfiança dos países latino-americanos em relação à intervenção que promoveram. A Guatemala tinha a presença mais ostensiva de corporações americanas na região, em especial a United Fruit Company. A empresa detinha o monopólio do sistema de ferrovias, além da maior usina de geração de energia do país. A intervenção na Guatemala foi um processo iniciado no começo da Guerra Fria, com a oposição de Jacobo Arbenz Guzmán. O presidente contava com a participação de comunistas em seu governo. Essas ações, amplamente noticiadas, principalmente em jornais americanos, com destaque para o *New York Times*, criaram apreensão em outros países latino-americanos com forte presença americana. Os governos dessas nações passaram a temer intervenções semelhantes. Arbenz se tornou presidente em 1951 e, imediatamente, anunciou uma reforma agrária que atingia em cheio a United Fruit, a construção de uma ferrovia estatal e de uma usina hidroelétrica. Além disso, legalizou diversos grupos políticos, entre eles o Partido Comunista. A gota d'água foi quando Arbenz, vítima de um bloqueio por parte dos Estados Unidos, fez uma compra de armas da Tchecolosváquia, então parte do Bloco Soviético. A repercussão na imprensa norte-americana não podia ser pior e o título do editorial do *New York Times* a respeito da questão já diz muito: "The Guatemalan Cancer".[10] Foi só em 1954 que as Forças Armadas, apoiadas pelos americanos, conseguiram derrubar Arbenz. O desmonte se deu por meio de um general, que criou uma série de embaraços diplomáticos para os Estados Unidos, entre eles milhares de "desaparecimentos" e assassinatos de cidadãos americanos, incluindo missionários religiosos.

Vinte anos mais tarde, rebeldes que lutavam pela independência do Timor-Leste foram sabotados por atividades americanas clandestinas, fato que era corriqueiro naquela altura da Guerra Fria. O *New York Times* comentou a respeito, mas não especificou quais foram os atos secretos cometidos pelo governo americano. Um exemplo dessa cobertura: em 7 de dezembro de 1975, uma matéria de primeira página do jornal simplesmente assinalava que a invasão das tropas indonésias "aconteceu pouco mais de 20 horas depois que o presidente Ford deixou a Indonésia após uma visita de 19 horas". Em outra matéria, o correspondente do *New York Times* Bill Kovac escreveu: "O presidente Ford ofereceu uma ajuda militar de 44,9 milhões de dólares para a Indonésia no ano fiscal de 1976, mais que o dobro dos atuais 20,9 milhões", além de um aumento na ajuda econômica.[11]

No caso do Chile, houve um certo grau de embaraço na mídia pela participação americana na deposição do presidente Salvador Allende em 1973. Uma matéria informava que "a Casa Branca e o Departamento de Estado tentam contestar uma visão altamente disseminada na América Latina de que os Estados Unidos sabiam com antecedência dos planos para o golpe de terça-feira, que resultou na morte do dr. Allende".[12]

Isso tudo pertence ao passado. O que é relevante hoje é como esses antigos pecados de omissão e má apuração jornalística foram revistos posteriormente. Por exemplo, em agosto de 2002, o *New York Times* publicou uma longa e comovente matéria sobre mulheres escavando túmulos em um vilarejo guatemalteco. Elas buscavam 800 homens assassinados e enterrados ali durante a guerra civil na Guatemala. No 13º parágrafo, o jornal citou, de forma vaga, como não fez na época dos acontecimentos, que "o governo americano em geral apoiava o governo guatemalteco" e que os "militares e seus aliados nos esquadrões da morte... [tinham] como alvo as guerrilhas de esquerda". A matéria do *New York Times*, escrita meio século depois do fato, continuava seu balanço das dolorosas consequências para os membros do vilarejo sem mencionar quem havia financiado a tragédia.[13]

Em 4 de janeiro de 2003, em uma extensa matéria sobre a disputa internacional pela custódia do ex-ditador do Chile, Augusto Pinochet, a fim de julgá-lo por sua lista de crimes contra milhares de pessoas entre 1973 e 1990, o *New York Times* descreveu o general apenas como sendo o responsável por um "golpe militar" contra o presidente Allende. No longo episódio da resistência de Pinochet à extradição para a Espanha,[XVII] não apareceu em nenhuma parte da imprensa

---

XVII Em outubro de 1998, o ex-ditador Augusto Pinochet foi detido em Londres a pedido do juiz Baltasar Garzón, que queria sua extradição para ser julgado na Espanha por violações de direitos humanos cometidos contra cidadãos espanhóis. Pinochet acabou sendo liberado em março de 2000 e voltou para o Chile, onde morreu em 2006, sem qualquer condenação por seus crimes.

dos Estados Unidos que ele fora instruído em seus crimes por agentes americanos e apoiado por Washington durante seu longo e sangrento regime.

O envolvimento dos Estados Unidos na história do Chile e de Salvador Allende está nas enciclopédias modernas. A quinta edição, de 1993, da *Columbia Encyclopedia*, por exemplo, informa que Allende foi vítima de turbulências econômicas e de uma violenta oposição "causadas em parte pelo bloqueio econômico americano e por atividades clandestinas da Agência Central de Inteligência dos EUA". Se livros de referência confiáveis relatam a história corretamente, é ainda mais inaceitável que segmentos importantes dos noticiários falados e escritos mais consumidos do país tenham decidido não fazer isso.

Os cidadãos americanos também são vítimas do mesmo tipo de amnésia seletiva em outros casos. Em 1975, o general Suharto mandou sua milícia ao Timor-Leste quando a ilha do arquipélago indonésio tentou obter a independência. Henry Kissinger, secretário de Estado do presidente Gerald Ford, enviou uma mensagem secreta ao ditador informando que os Estados Unidos não fariam objeção caso Suharto tomasse "atitudes rápidas ou drásticas" em relação ao Timor-Leste. Disse ainda ser "importante que tudo aconteça depressa" e que "nós entendemos seus problemas". Esse "tudo" acabou se revelando o massacre de aproximadamente 200 mil timorenses pelas forças de Suharto. Anos depois, em 1998, a edição dominical do *New York Times* publicou que "Suharto não é nenhum Saddam". Até hoje, no noticiário sobre o Timor-Leste, quase nunca é mencionado fora da mídia alternativa que os Estados Unidos apoiaram a ditadura militar de Suharto e a limpeza étnica promovida entre chineses e timorenses.[14]

O cidadão médio depende do noticiário escrito e falado, e não deveria ser obrigado a recorrer a uma enciclopédia toda vez que lê jornal ou ouve notícia na TV e no rádio. A amnésia da grande mídia nesses episódios só aumenta a visão cética a respeito da política externa dos Estados Unidos, inclusive por parte de seus aliados. Os governantes e habitantes desses países já testemunharam ou sofreram com as atividades clandestinas de agentes dos Estados Unidos contra seus governos anteriores. A maioria dos americanos não vê esse tipo de relato na mídia dos Estados Unidos. Como consequência, muitos turistas dos Estados Unidos ficam intrigados quando visitam a América Latina e se deparam com cartunistas sul-americanos retratando o que chamam de "O Polvo do Norte", ou quando governantes estrangeiros e membros da imprensa europeia ou asiática se referem a algum incidente como "mais uma" agressão por parte dos americanos.

PRIORIDADE AOS NEGÓCIOS

Fora a amnésia em relação à política externa dos Estados Unidos, a ausência mais persistente no noticiário da grande mídia americana é a de algo que a imprensa conhece em detalhes: informações relevantes sobre as grandes empresas de mídia. O controle das informações por um punhado de corporações poderosas com presença global enfraquece a democracia quando omite notícias que podem interferir negativamente em seus lucros. A mesma tendência torna a mídia simpática à maximização dos ganhos corporativos a qualquer custo. Essa empatia teria participação na mais espetacular derrocada ética da iniciativa privada americana em toda sua história.

No fim do século XX e início do XXI, o público foi exposto a intermináveis relatos de comportamento desonesto ou criminoso nos altos cargos de algumas das maiores corporações do país. Foi uma aparição súbita no noticiário de nomes como Enron, Tyco e WorldCom; de algumas das maiores empresas de auditoria do país, cuja suposta incorruptibilidade é um dos pilares de sustentação do capitalismo; de grandes corretoras financeiras, como a Merril Lynch (cujo objetivo legal é trabalhar em benefício de seus clientes); e de alguns dos bancos com maior prestígio nos Estados Unidos, como J. P. Morgan e Citibank. Em todos os casos, houve evidências de fraude ou roubo puro e simples. No início de 2003, os investigadores chegaram a considerar indiciar por fraude pelo menos 130 corporações.[15]

O principal mecanismo de proteção da vida corporativa americana, da qual o capitalismo depende para sua própria preservação, é a Comissão de Títulos e Câmbio. No entanto, essa comissão se tornou um cão de guarda desdentado, incapaz ou indisposto a latir para as grandes corporações, graças aos conservadores que dilapidaram seu orçamento.

E, para piorar, grande parte da mídia também fez vista grossa para tudo. Todos os jornais das grandes cidades do país têm um caderno especializado em negócios e assuntos corporativos. Mas durante décadas dedicaram a maior parte de seu espaço para bajular executivos, retratados como heróis ou gênios. A cobertura ignorava as informações levantadas por publicações independentes, rotuladas como esquerdistas ou "naderistas"[XVIII] que têm prazer em tornar públicas as escorregadas das grandes corporações. Essa não é a pauta da maioria dos repórteres dos cadernos de negócios da grande mídia.

XVIII Ralph Nader é advogado, famoso como defensor dos direitos dos consumidores.

A INFLUÊNCIA DO ÍNDICE DOW JONES

Quando os conglomerados de mídia se tornaram uma força na economia americana, Wall Street começou a se interessar pela indústria. Mas ela não se contentaria em monitorar tudo à distância. O mercado financeiro começou a ditar as políticas seguidas pelas empresas de mídia, com o objetivo de manter os lucros sempre em alta.

Todas as empresas com ações na bolsa, inclusive os conglomerados de mídia, dependem do acesso ao crédito dos bancos para crescer e administrar suas dívidas. Quando os analistas de Wall Street consideram que os preços das ações de uma corporação não estão crescendo como deveriam, deixam de recomendá-las aos investidores. Isso dificulta o acesso da empresa ao crédito e aos acionistas. O indicador que Wall Street leva mais a sério é a subida do preço das ações em virtude da expansão dos lucros. Sendo assim, não foi difícil para o mercado financeiro passar a determinar as políticas de gestão das empresas de mídia: estas já haviam começado a enxugar seus gastos com o noticiário em busca de maiores margens de lucros. Na maior parte das vezes, a economia é feita em detrimento do jornalismo.

Essa tendência tomou uma dimensão dramática no *Los Angeles Times*. O jornal costumava ser um dos mais bem reputados do país e tinha um grupo de jornalistas de alto nível empenhados em manter a "barreira de separação entre Igreja e Estado" na publicação. Entre os profissionais da imprensa, isso significa que as notícias apuradas pela redação (a Igreja) não devem de forma alguma ser influenciadas pelos interesses comerciais dos departamentos de administração e publicidade (o Estado). A "barreira" nunca foi impermeável, porém o conceito e sua aceitação implícita pelo setor administrativo fortaleciam a posição dos jornalistas para produzir um noticiário com ética.

Conforme relatado em uma edição anterior deste livro, Mark Willes[xix] foi contratado em 1997 como presidente e CEO pelos acionistas da Times Company para elevar o preço das ações da empresa. Willes tomou uma medida que pareceu revolucionária: as notícias não seriam mais selecionadas pelos editores, e sim por coeditores, alguns deles funcionários do departamento administrativo do jornal. Willes afirmou que, quando alguém da redação tentasse erguer "a barreira de separação entre Igreja e Estado", ele usaria "uma bazuca [...] para destruí-la".[16] Wall Street adorou, e o preço das ações do jornal subiu.

Willes viera da General Mills, cujos principais produtos eram cereais matinais. Fosse qual fosse sua experiência na venda desses produtos, era mais um executivo que assumia o controle de um jornal, imaginando que o noticiário é "um negócio como outro qualquer". Não é. Um caso particularmente grosseiro de agrado a um anunciante irritou Otis Chandler, líder da família que era proprietária do *Los Angeles Times* desde 1892 e o homem que havia mudado a direção do jornal de um então conservadorismo tacanho para torná-lo um dos diários mais respeitados do país. Chandler vendeu suas ações, e o controle do jornal foi repassado à Chicago Tribune Company.[17]

A maioria dos jornais com mais credibilidade condenou publicamente a forma grotesca de jornalismo e publicidade defendida por Willes. Porém, hoje em dia, a maior parte da imprensa é composta por subsidiárias de grandes conglomerados de mídia com ações nas bolsas de valores. Esses grupos

---

[xix] Executivo vindo do mercado financeiro que passou a trabalhar na gestão de empresas e criou a fama de grande eliminador de empregos. Antes de dirigir o *Los Angeles Times*, Willes foi presidente da General Mills, uma empresa de produtos alimentícios, incluindo Sucrilhos. Por isso seu apelido: "Cereal Killer". (N. E.)

obedecem às diretrizes de Wall Street de lucrar cada vez mais para elevar o preço das ações. A pressão é apreciada pelos altos executivos das corporações, cujos bônus são vinculados aos lucros ou se apresentam na forma de ações ou opções sobre ações das companhias.[18]

Para atender às exigências do lucro, os jornais vêm cortando os custos a partir de demissões e da redução no número de páginas. Na mídia falada, o noticiário ocupa cada vez menos tempo. Como resultado, muitas publicações ficaram sem alguns de seus melhores profissionais, e o público perdeu o acesso diário ao jornalismo de qualidade. Ao que se sabe, pelo menos um jornal perdeu também seu diretor. Jay Harris, que comandou o respeitável *San Jose Mercury News* de 1994 a 2001, pediu demissão quando a direção da Knight-Ridder (um antigo conglomerado de mídia) requisitou que ele enxugasse o orçamento para fazer crescer os lucros. A manobra afetaria a verba disponível para produzir notícias e pagar profissionais. Harris mais tarde criou o Centro de Estudos de Jornalismo e Democracia na Universidade do Sul da Califórnia.

Alguns dos melhores editores do país deixaram seus jornais pela mesma razão, mas, ao contrário de Harris, não tornaram público que preferiram se demitir a acatar certas ordens. Quando os altos executivos de grandes empresas jornalísticas são contratados, eles se veem obrigados a assinar um termo, aceitando que seu plano de aposentadoria, vinculado a ações altamente rentáveis, pode não ser mantido caso façam críticas públicas à organização, mesmo depois de terem saído dela. Isso explica por que as razões dadas ao público em episódios de demissão desses empresários se resumem a "passar mais tempo com a família".

PERPETUANDO A AMNÉSIA NO NOTICIÁRIO

Um vácuo centenário no noticiário é a ausência de um relatório das finanças da própria mídia. O *New York Times* publicou em 2002 e 2003 matérias muito úteis sobre o desejo de Michael Powell, presidente da Comissão Federal de Comunicações (FCC, na sigla em inglês) de retirar as restrições de propriedade cruzada de jornais e estações de rádio na mesma localidade. Mas para Jeff Chester, da organização Democratic Media, faltou o jornal informar que "em 3 de dezembro de 2001, a New York Times Company, junto com outras empresas jornalísticas e de mídia, apresentou uma grande quantidade de documentos [...] para requisitar à FCC o abandono da salvaguarda, em vigência há 25 anos, que impede uma companhia de ser proprietária de um jornal e uma emissora de rádio ou TV na mesma comunidade".[19]

Não fosse pela guerra no Iraque, o assunto de maior destaque em 2002 seria a epidemia de ganância e fraude que vitimou algumas das maiores corporações americanas. Parecia quase impossível que tantas enganações daquela magnitude permanecessem em segredo e que ninguém tivesse detectado que tantas corporações criavam contos de fada contábeis para fazer prejuízos parecerem lucros. E isso aconteceu apesar das toneladas de material impresso dedicadas a notícias do mundo corporativo e financeiro e das tantas horas de telejornais concentradas em finanças e investimentos corporativos.

O noticiário sobre negócios, como matérias sobre o setor imobiliário e automotivo, tem um passado nebuloso. Pela maior parte do século XX, os cadernos de economia e os programas sobre finanças da televisão trataram os executivos como heroicos capitães da indústria. Em determinado período, por exemplo, os repórteres só tinham contato com releases e assessoria de imprensa das corporações — ou, a depender da importância do veículo, o jornalista podia passar um tempo com "o homem", o executivo sobre quem escreveria. Isso tendia a transformar jornalistas em puxa-sacos ou criar a ilusão de ter acesso à fonte de notícias mais confiável do mundo.

Na ressaca do despertar traumático de 2001, com fraudes e roubos em alguns dos maiores bancos e corporações, as atenções se voltaram para as fileiras crescentes de repórteres que cobriam o mundo dos negócios nos Estados Unidos. Onde eles estavam quando a desonestidade e a irracionalidade tomaram conta da cultura empresarial nacional?

Nem todos os jornalistas do setor, entretanto, devem levar a culpa. Em 1997, o *Wall Street Journal* começou a expor o esquema de empresas que negociavam com títulos financeiros e que variavam o preço artificialmente para favorecer seus executivos, tudo às escondidas. Alguns dos maiores clientes de tais empresas teriam sido subornados para que mantivessem o esquema funcionando. Em 1998, antes do estouro dos escândalos, a revista *Business Week* publicou uma matéria de capa com a bombástica manchete: "Lucros corporativos: em quem se pode confiar?". Foi uma reportagem clarividente, que informava "estar ficando cada vez mais claro que as empresas [...] estão indo com frequência além dos limites; mecanismos de controle contábil estão ausentes; e os analistas estão envolvidos demais com as operações dos bancos de investimentos para oferecer algum conselho imparcial".[20]

Porém, tudo isso foi deixado de lado diante de uma avalanche de dinheiro fácil. A maioria da imprensa celebrava a "nova economia" e a chegada de uma era de riqueza ininterrupta. Grande parte dos repórteres da imprensa escrita e dos programas sobre "investimentos" na televisão veicularam matérias que, em retrospectiva, parecem até infantis em seu deslumbramento com a nova economia.

Três anos antes, a *Business Week* relatou que muitos auditores encontravam lucros não documentados nas grandes corporações, mas deixavam passar porque esperavam ser recontratados para prestar serviços nos anos seguintes.[21] É uma revista lida por quase todos os repórteres do ramo e fez essas afirmações três anos antes do colapso, mas aparentemente as redações de centenas de jornais e noticiários televisivos estavam tão encantadas com a explosão do mercado de ações que nem prestaram atenção.

O CANÁRIO MORTO
QUE NINGUÉM NOTOU

Nas minas de carvão, os trabalhadores costumavam levar uma gaiola com um canário para as profundezas da terra. Esses pássaros são mais sensíveis que os humanos ao gás metano, uma substância muito temida pelos mineiros. Quando o canário morria, eles sabiam que havia perigo por perto.

Entre os diversos casos de fracasso da grande mídia em utilizar informações disponíveis para explicar um fato alarmante está o tratamento dispensado aos sem-teto. A imprensa local costumava se mostrar solidária a eles, embora os grandes comerciantes se queixassem de que a presença de andarilhos era ruim para os negócios. Porém, todos pareciam pensar que se tratava de um fenômeno exótico da década de 1980, já que aquela era uma época de aparente prosperidade. Não era exótico. Era consequência de um ato do Congresso.

Os sem-teto eram uma tragédia humana, mas o problema também tinha ressonâncias que envolviam questões nacionais internas e externas. Havia causas para a existência dos sem-teto que eram ignoradas ou tratadas superficialmente pela grande mídia e pelos governantes do país.

Em 1985, de acordo com um estudo sobre gastos governamentais conduzido pelo Departamento de Habitação e Desenvolvimento Urbano (HUD, na sigla em inglês) e um relatório sobre gastos relacionados à habitação da organização National Low-Income Housing Coalition,[22] o governo americano, de uma forma ou de outra, destinou 42 bilhões de dólares (em valores corrigidos de 2002) a habitações populares, em geral, subsidiando o valor de aluguéis. Em 1986, durante o governo Reagan, a quantia foi cortada pela metade. Em 2002, o gasto estava em 30 bilhões de dólares por ano, uma diminuição de quase 30% em relação a 1985. Durante esse mesmo período, o número de núcleos familiares cresceu de 88 milhões para 106 milhões.[23] Portanto, enquanto o número de núcleos familiares precisando de um teto crescia 20%, os subsídios para habitação popular caíam 30%.

Em 2003, em parte obscurecidas pela guerra e pelos planos para futuros conflitos armados, crises econômicas explosivas sacudiam cidades e estados por todo o país. Um número cada vez maior de municípios entrava em falência. As verbas para educação (que vinham se convertendo em melhora acadêmica por conta da redução no tamanho das turmas e das reformas de prédios em mau estado) começaram a encolher de novo. Serviços sociais locais foram cortados, ameaçando assim a saúde e a coesão das famílias.

Por conta das flutuações na economia ao longo dos anos e das mudanças no perfil populacional dos Estados Unidos, o único indicador de uma instabilidade perigosa e crucial era o sintoma visível e alarmante de falência social, representada pelo número crescente de indivíduos e famílias sem-teto. Eles dormiam nas ruas, em prédios abandonados e em carros velhos. O número de pessoas que não tinham casa cresceu a tal ponto que os americanos deixaram de prestar atenção nele. No entanto, trata-se de uma situação chocante para estrangeiros cujas cidades desconhecem o fenômeno.

Nenhum país democrático pode depender apenas da iniciativa privada e do mercado imobiliário para oferecer habitações acessíveis para famílias de baixa renda. As construtoras e os bancos que financiam os empreendimentos preferem vender para a classe média e para os ricos. O mercado de moradias para famílias pobres ou de baixa renda é menos rentável e estável. Em outros países desenvolvidos, as habitações subsidiadas são consideradas necessidade básica, tal qual um sistema de saúde universal e outros programas sociais em que os empreendedores privados preferem não investir.

A imprensa — tivesse ela empatia ou desprezo por esse grupo de pessoas invisíveis — parecia agir como se a aparição delas fosse um mistério explicado somente pelo vício em drogas, doenças mentais ou uma "preferência pelas ruas". Existem viciados e doentes mentais entre os sem-teto, mas esse estereótipo representa apenas uma forma de escapismo nacional de suas verdadeiras realidades.[24] Há pelo menos 6 milhões de famílias de baixa renda que estão em situação de rua ou que gastam metade de suas receitas mensais com habitação. Uma família com um único membro no mercado de trabalho, que ganha salário mínimo em um emprego de 40 horas semanais, 52 semanas por ano, só pode gastar 268 dólares mensais com aluguel e despesas de casa. Os custos de moradia em qualquer parte do país são muito maiores que isso.

O SOFRIMENTO DOS PEQUENINOS

Uma outra consequência vergonhosa e desnecessária da falta de habitações populares, para a qual a mídia apresenta causas secundárias ou enganosas, é o efeito sobre as crianças.

A Millennial Housing Commission, uma iniciativa bipartidária criada pelo Congresso, emitiu um relatório em 30 de maio de 2002 afirmando que a falta de moradia afeta "a estabilidade familiar, o ambiente para as crianças e a continuidade da vida na infância por causa das constantes mudanças de moradias". O problema, segundo a comissão, tem efeitos sérios sobre orçamentos municipais e estaduais, porque casa e trabalho sempre foram "o esteio da economia nacional". A grande mídia não deu muita atenção ao relatório e quase não se debruçou sobre as origens do fenômeno desde meados da década de 1980.

A existência de tantos doentes mentais entre os sem-teto é explicada, em grande parte, por um cruel ato de oportunismo dos estados e municípios. Logo depois da Segunda Guerra Mundial, estudos médicos demonstraram que a maioria das pessoas internadas em hospitais psiquiátricos teria uma melhor recuperação caso se tratassem em casa e recebessem cuidados em clínicas locais de saúde mental. Como resultado, a maioria dos manicômios foi esvaziada, com a promessa de que o dinheiro economizado se reverteria para as clínicas, instituições bem menos dispendiosas. Mas os governos usaram as verbas para outros fins e, como resultado, milhares de doentes mentais estão abandonados pelas ruas nos Estados Unidos, sem receber nenhum tipo de tratamento.

O AMOR PELO DINHEIRO ESTÁ NA RAIZ

Os noticiários de maior audiência e leitura sempre se deixaram atrair pela falácia de "viúvas e órfãos" usada para defender reduções de impostos. Dessa mentira resultaram desequilíbrios nas obrigações financeiras das corporações e dos ricos em relação aos contribuintes comuns. Desde o governo Reagan, nos anos 1980, os defensores de cortes da carga tributária no Congresso e nas assembleias estaduais afirmam que os impostos causam sofrimentos terríveis na vida de gente pobre, como viúvas e pequenos empreendedores perseguidos pelos implacáveis auditores do serviço de arrecadação federal americano (IRS, na sigla em inglês). Ano após ano, casos semelhantes foram amplamente divulgados e exagerados. Como resultado, cortes drásticos foram operados na equipe e nas autuações feitas pelo IRS. A campanha por menores impostos foi bem-sucedida e desmantelou a arrecadação da mais justa e eficiente das taxações, o imposto de renda. (Todos os demais métodos, como as taxas cobradas sobre o consumo, sobrecarregam desproporcionalmente a população de menor renda.) Em 2002, o IRS declarou que faltavam fiscais para analisar a contabilidade complexa das grandes corporações, e que por isso as auditorias ficariam limitadas à restituição da classe média e das famílias de baixa renda. As grandes empresas entraram em guerra para não dividir seus ganhos e foram os trabalhadores que pagaram a conta. A mídia tem responsabilidade nas injustiças cometidas. Ela replicou de forma acrítica o show de horrores apresentado como justificativa para o corte de impostos. A falácia de "viúvas e órfãos" funcionou mais uma vez na grande imprensa, que parece bastante desinformada no que diz respeito ao sistema tributário.

Em 2002, trabalhadores, acionistas e a economia nacional sofreram um baque. Dezenas de empresas, como a Enron, e grandes bancos entraram em colapso ou se fragilizaram quando a roubalheira e as práticas fraudulentas de altos executivos foram detectadas. Muita gente ficou sem emprego. Alguns estudos sugerem que os cortes anteriores na estrutura do IRS contribuíram para os escândalos corporativos.[25]

O presidente George W. Bush assumiu o cargo com um slogan que dizia: "Não deixe nenhuma criança para trás". No entanto, em seu governo, o número de crianças na pobreza tornou-se maior que o de 20 anos antes, "e 42 milhões de pessoas, a maioria com emprego, mas ainda pobre, não têm nenhuma assistência médica" — atestou um relatório publicado pelo *Orange County Register*.[26]

Além da má distribuição de renda, com a riqueza nacional se concentrando nas famílias mais ricas, a maioria dos problemas enfrentados pelos Estados Unidos não constitui nenhum mistério. O número crescente de pessoas sem-teto foi apenas um alerta inicial de que alguma coisa está errada com o mecanismo econômico e social da democracia americana.

Os sem-teto não foram os causadores da concentração de renda extremada nem da epidemia de ganância que produziu a magnitude histórica dos crimes corporativos dos anos 1990, e menos ainda da guerra que distraiu o país de seus próprios problemas internos. Eles foram apenas as vítimas mais óbvias. Na verdade, foram muito mais que isso. A aparição dos sem-teto na década de 1980 e a alta visibilidade deles eram um alarme em alto e bom tom. Uma estranha ocorrência, que parecia ter surgido do nada, revelava que alguma coisa mais profunda e crucial estava se degenerando no sistema social e econômico dos Estados Unidos.

Entre as instituições de que o público depende para explicações isentas de um problema visível em sua comunidade está a mídia. Infelizmente, nesse caso, a imprensa se satisfez com as mais superficiais e irrelevantes explicações. Os principais veículos de notícia são um sistema de alarme da democracia. Mais uma vez no início do século XXI, como aconteceu tantas vezes no XX, eles não avisaram que o canário estava morto.

6.
O PAPEL
NA ERA DIGITAL

Os relatos sobre minha morte são
muito exagerados.

MARK TWAIN

O surgimento e o crescimento espetacular da internet vêm sendo acompanhados por diversas previsões da morte iminente das palavras impressas sobre o papel. Ray Kurzweil, um inventor que trabalha criando dispositivos para cegos, escreveu que em 2030 implantes cerebrais microscópicos capazes de receber imagens e palavras vão eliminar a necessidade da existência de textos. Menos exótica foi a previsão emitida em 2001 por Ted Padover, CEO da Image Source Company: "Pessoalmente [...] acredito que a maioria de nós vai testemunhar com os próprios olhos a quase extinção de obras impressas".[1]

As previsões não param. A capacidade dos computadores de armazenar informações só aumenta, com velocidades aceleradas e uma clareza cada vez maior nas imagens e palavras reproduzidas nas telas. O tamanho dos aparelhos diminui, suas funções se multiplicam e os preços caem. As revistas digitais são idênticas às impressas e permitem inclusive folhear as páginas. Elas se adaptam à tela de celulares tanto quanto a monitores de computador ou outros tipos de leitores eletrônicos, que são capazes de armazenar milhares de livros selecionados com um clique.

O JORNAL DIÁRIO ESTÁ PRÓXIMO DO CADAFALSO?

Os jornais diários, hoje subsidiários de caráter secundário entre os veículos de comunicação de grandes conglomerados de mídia, passaram a ser encarados como propriedades onerosas e sem perspectiva de futuro. À primeira vista, existem mesmo motivos para preocupação. Por mais de 30 anos, a circulação vem caindo, assim como o número de jornais impressos nos Estados Unidos. Em muitos sentidos, os jornais foram os veículos mais problemáticos entre os conquistados pelos conglomerados. E foram os primeiros alvos das previsões de morte da palavra impressa.

Os anúncios do fim dos jornais se sucedem com regularidade. Isso só fez crescer em Wall Street a má reputação dos diários, cujos lucros anuais ficam entre 20% e 25% (uma rentabilidade de respeito para qualquer empresa), em comparação com 30% e 60% da televisão.

Os grandes conglomerados também têm outros motivos para não gostar dos jornais. Empresas multimídia tendem a preferir produtos que possam ser convertidos para outros meios, como romances que viram filmes. As notícias do dia não podem ser recicladas. O ciclo de uma matéria acaba no mesmo dia em que é impressa, enquanto um seriado de comédia ou de mistério pode ter uma vida útil impressionantemente longa. O programa televisivo *I Love Lucy* surgiu em 1951 e, embora a protagonista Lucille Ball tenha morrido em 1989, continua a ser reprisado no século XXI e comercializado com sucesso mundo afora.[2]

É inegável que os números parecem desoladores. Os financistas de Wall Street e de outras partes, que enxergam apenas planilhas, estão compreensivelmente pessimistas. Em 1970, 62 milhões de exemplares de jornais eram vendidos nos fins de semana, em uma época em que havia 63 milhões de domicílios, o que sugere que os jornais chegavam a quase todas as casas. Em 2002, eram vendidos 56 milhões de exemplares nos fins de semana para 106 milhões de domicílios.[xx] Aparentemente, quase metade das famílias dos Estados Unidos não tem o hábito de consumir jornais com regularidade.[3]

MORTE VESPERTINA

Uma estatística em particular alimentou as previsões de que os jornais acabariam. No espaço de uma geração, quase metade dos diários vespertinos das grandes cidades acabou ou se fundiu com os matinais. Embora em outros tempos o número de matinais e vespertinos fosse quase idêntico, em

---

[xx] Em 2016, segundo o Pew Research Center, a circulação dos jornais americanos teria caído para 35 milhões durante a semana e 38 milhões no domingo, considerando a soma da circulação impressa e da leitura da versão digital. Dados disponíveis em: <http://www.journalism.org/fact-sheet/newspapers/>.

2002 eram vendidos 47 milhões de jornais todos os dias, mas apenas 9 milhões eram vespertinos. E a maioria circulava em cidades pequenas.[4]

Curiosamente, um fator que contribuiu para o encolhimento da circulação foi a criação, na década de 1950, do sistema de rodovias interestaduais, que levou ao crescimento dos subúrbios em torno das cidades.[5] Até meados dos anos 1960, a maioria dos trabalhadores ia de bonde, ônibus ou trem para as fábricas e os escritórios no centro das cidades, muitas vezes comprando dois jornais — um matinal para ler no café da manhã e no caminho para o trabalho e um vespertino para ler no caminho de casa e compartilhar com a família à noite.

A circulação dos jornais cresceu ou permaneceu estável até os anos 1970, quando os escritórios comerciais, as fábricas e as lojas de departamento se transferiram para shoppings nos subúrbios, onde os terrenos eram baratos e havia espaço de sobra para estacionar. A diminuição nos deslocamentos via transporte público deixou as rodovias congestionadas de trabalhadores trancados em seus carros, a maioria ouvindo o noticiário no rádio (principalmente boletins sobre o trânsito). Quando chegavam em casa, os trabalhadores então se voltavam para a TV, gastando as horas após o jantar acompanhando a programação dos cada vez mais numerosos canais a cabo. Essas transformações sociais foram fatais para os jornais vespertinos das grandes cidades. Em 2003, apenas metade dos lares americanos tinham o hábito de ler um jornal diário.[6]

UM SONHO FRACASSADO

A sobrevivência dos jornais diários parece surpreendente, considerando que, no ritmo da vida urbana moderna, as pessoas vivem se queixando de que "não têm tempo para nada".

Na sociedade miniaturizada e portátil de hoje, o jornal parece uma forma estranha e até mesmo ridícula. Quando aberto por inteiro, ganha dimensões ameaçadoras em um vagão de trem lotado. Lido em um ambiente externo, o vento pode causar embaraços cômicos de uma indignidade tremenda.

Durante décadas, os proprietários dos jornais se queixaram da necessidade de dispor de uma sede espaçosa, com um maquinário dispendioso, e ainda precisar empregar um grupo de profissionais nada convencionais, os jornalistas, com quem os patrões mantêm uma relação de amor e ódio. A fatia industrial da publicação foi simplificada porque os computadores substituíram diversas partes mecânicas complexas. A partir da década de 1970, os repórteres começaram a escrever suas matérias nos computadores. Elas eram transmitidas digitalmente aos editores e depois para o departamento de produção, onde eram diagramadas para impressão em uma enorme coluna de papel. Trabalhadores sem muita qualificação recortavam e organizavam as matérias no formato tradicional, que então viravam um negativo em metal para as prensas rotativas de alta velocidade. No fim do processo, os jornais saíam completos e prontos para serem empacotados e distribuídos.

Os proprietários também reclamavam que a distribuição para os assinantes precisava ser feita exemplar por exemplar. Homens e mulheres em vans ou carros percorriam as ruas em marcha lenta lançando jornais nos gramados das casas de subúrbio, ou deixando pilhas nas bancas e nas portas dos edifícios. Durante um século, os proprietários de jornais sonharam com a transmissão eletrônica dos diários para os assinantes, sem a necessidade de impressão e distribuição manual. Era um sonho tão obsessivo que produziu alguns experimentos cômicos. Logo depois da Segunda Guerra Mundial, muitos donos de jornais compraram estações FM, então um empreendimento não lucrativo, cujas frequências podiam ser usadas em parte para impressão remota, o que eliminaria os custos da distribuição física. Mas, mesmo se a ideia funcionasse, exigiria que os assinantes tivessem uma primitiva máquina de fax da época, e o resultado final seriam 164 folhas de papel — de baixa qualidade, inclusive — sendo cuspidas no chão da sala de estar da família todos os dias.

Em outra ocasião, proprietários desesperados se arriscaram com um dispositivo experimental em uma van de entrega. Ela tinha um canhão computadorizado e programado para atirar o jornal enrolado apenas nas casas dos assinantes. Porém, como se tratava literalmente de um canhão, vários projéteis acabaram estourando janelas ou derrubando criancinhas dos triciclos, e a ideia foi abandonada.

PAREM AS MÁQUINAS?
AINDA NÃO

Os jornais ainda não desapareceram, e neste momento não parece provável que isso venha a acontecer no futuro. Eles sobrevivem por razões que têm muito pouco a ver com tecnologia de ponta. A durabilidade do jornal depende em parte justamente da necessidade do leitor de estender os braços para abrir uma página de 50 centímetros por 30. O que parece ser um desperdício absurdo é, na verdade, uma vantagem. Os olhos do leitor podem selecionar as matérias que interessam muito mais rapidamente do que rolando uma página na tela de um computador.

O tamanho enorme da página de jornal é resultado de uma tentativa de burlar impostos no século XVII. Quando a Coroa britânica impôs a cobrança de uma taxa altíssima por página publicada, os proprietários de jornal deram mais uma demonstração de sua capacidade de driblar impostos simplesmente expandindo o tamanho da publicação, de modo a publicar a mesma quantidade de informações em menos páginas. Como a Grã-Bretanha era a fonte de toda a tecnologia de maquinário da época, as prensas passaram a ser produzidas para comportar o maior tamanho de página possível.[7]

No entanto, há um fator social que também contribui para manter o jornal como um artefato popular na era digital. Os jornais têm uma função que nenhum outro veículo de mídia é capaz de igualar. Eles são fundamentais para a vida comunitária nos Estados Unidos, que, por sua vez, é uma característica intrinsecamente americana. Nenhuma outra democracia desenvolvida delega a comunidades locais o controle sobre suas escolas, polícias, regulamentação de terras e a cobrança da maioria dos impostos. Em outros países, essas são atribuições de ministérios nacionais. Portanto, cada cidade americana tem eleitores que participam de decisões envolvendo o sistema educacional das escolas, os impostos sobre suas propriedades e as diretrizes de sua força policial. Todas as questões são votadas no dia das eleições e, até o momento em que este livro está sendo escrito, os únicos veículos de comunicação que dão conta desses assuntos em detalhes são os jornais impressos.

Como as questões sociais são difíceis de quantificar em planilhas pelos analistas de Wall Street (onde os números equivalem a escrituras sagradas), as previsões sobre a morte precoce dos jornais tendem a continuar.

Embora exista um número cada vez maior de cidades nos Estados Unidos sem jornais diários, os semanais ainda têm sua função. Nos vilarejos menores, essa ausência é suprida por folhas fotocopiadas com questões políticas e de utilidade pública afixadas em lojas e agências dos correios. Essas funções sociais provavelmente vão manter a viabilidade dos jornais impressos e garantir sua existência como veículo de mídia por muitos anos. Nos jornais, os leitores podem ter acesso rápido e fácil a uma ou uma centena de matérias de conteúdo social e político, além de dezenas de eventos culturais — tudo isso em detalhes e com profundidade.

No rádio e na televisão, é possível transmitir apenas um conteúdo por vez. Uma notícia que tenha 120 segundos é considerada "longa" na TV e, no rádio, ainda mais. As matérias que vão ao ar devem ser breves porque as emissoras temem, ainda mais que a baixa audiência, o controle remoto na mão dos espectadores. Caso se vejam diante de um instante de tédio sequer, incontáveis mãos em diferentes lares apertam o temível botão de trocar de canal, e o programa da emissora desaparece da tela.

OS MAIS POBRES NÃO TÊM VEZ

Os jornais diários se recusam a morrer como veículos de circulação nacional, mas seria um ato de romantismo atribuir sua sobrevivência a virtudes imaculadas. Diversos proprietários buscam sucesso no curto prazo com redações minúsculas, espaço de publicação reduzido e um lucro cada vez maior. Ainda está distante o dia em que aqueles que comandam as cadeias de jornal vão entender que sua vantagem sobre os demais veículos é justamente a ampla seleção de assuntos e a capacidade de fornecer profundidade e detalhes. Além disso, a maioria dos jornais ainda reflete em suas fontes e em seu conteúdo a visão de mundo de altos executivos e autoridades. Quase nunca os principais diários tratam das necessidades do cotidiano das famílias americanas comuns, que levam vidas bem diferentes das pessoas com quem os donos dos jornais costumam almoçar.

Quem não é rico quase nunca vê matérias sobre suas dificuldades e alegrias cotidianas. E, por consequência, não tem muito motivo para comprar um jornal. O resultado é que o jornal diário se tornou um veículo voltado para a classe média e para os ricos. Ironicamente, as matérias longas e detalhadas dos jornais servem como base para a maioria das reportagens do rádio e da TV, especializados em um noticiário mais breve. Em Washington, quase todos os ocupantes de cargos no governo, membros do Congresso e diretores de alguma agência federal começam o dia lendo o *New York Times*, o *Wall Street Journal* e o *Washington Post*. O mesmo acontece nas capitais estaduais espalhadas por todo o país. O jornal traz em detalhes o que só é citado por alto no noticiário falado. Usando os jornais como fonte, as emissoras locais podem operar com redações menores.

Apesar de trazerem matérias mais longas e numerosas, os jornais têm responsabilidade pelo estreitamento do espectro político americano. As reportagens relativamente detalhadas ainda retratam uma postura política de centro--direita porque as notícias giram em torno da vida corporativa e de políticos em cargos importantes. Conforme descrito em detalhes mais adiante neste livro, no fim do século XIX, qualquer cidade americana de qualquer tamanho tinha meia dúzia ou mais de jornais diários, com uma cobertura política que ia da extrema esquerda à extrema direita, passando por tudo o que existe entre esses dois polos.

No início do século XXI, 99,9% dos jornais diários são um monopólio em sua cidade. Trata-se de um contraste agudo com o cenário encontrado em outros países desenvolvidos. Em Londres, por exemplo, há 12 jornais diários; em Paris, 33; e em Tóquio, 31.[8] A pluralidade de jornais de todos os tipos nas capitais estrangeiras (cujos governos não são descentralizados, como nos Estados Unidos) expõe seus cidadãos a uma ampla gama de ideias e de programas ideológicos e políticos. Já a grande mídia dos EUA retrata um espectro político limitado, o que é um fator poderoso para o leque relativamente estreito de escolhas que os americanos têm diante de si no dia das eleições.

Afirmar que 99,9% dos jornais diários detêm o monopólio apenas dentro de sua cidade, na verdade, é subestimar o problema. Os proprietários vendem jornais uns para os outros para que possam ter o maior número de veículos em determinada região geográfica. Isso permite a um proprietário algo próximo do monopólio do mercado de anúncios impressos em um determinado número de cidades. Em muitos casos, é montada uma única redação regional para prover de conteúdo todos os jornais da região.

A consequência é que, mesmo com a queda da circulação e com a quase extinção dos diários vespertinos nas grandes cidades, os jornais matinais restantes estão em posição mais segura do que no passado. O lucro médio das publicações é quase o dobro de 30 anos antes.

Os principais grupos jornalísticos (os proprietários preferem o termo "grupos" a "cadeias") são Gannett[xxi], com 97 diários e circulação total de 7 milhões de exemplares; Knight-Ridder, com 34 jornais e circulação de 4 milhões de exemplares; Tribune Company, com 11 jornais e circulação de 3,5 milhões de exemplares; Advance Publications, com 27 jornais e circulação de 3 milhões de exemplares; e New York Times Company, com 17 jornais e circulação de 17 milhões de exemplares.[9]

[xxi] Em 2017, a Gannett ainda estava em primeiro lugar, mas suas companheiras na lista das três maiores eram a GateHouse e a MediaNews.

UM VEÍCULO DE MÍDIA PARA CONSULTÓRIOS ODONTOLÓGICOS?

Outro meio impresso, as revistas, também não escapou da febre de aquisições que varreu diferentes veículos de mídia para dentro dos principais conglomerados. Em 2001, havia 17.694 revistas publicadas nos Estados Unidos, porém as dez maiores ficaram com 26% do faturamento de 27 bilhões de dólares do setor nesse ano. As revistas da Time Warner sozinhas mordem 12% do faturamento nacional, seguidas por títulos da Hearst, Advance, International Data, Reed Elsevier e McGraw-Hill.[10]

Neste momento, a revista impressa está viva e saudável, e talvez seja o veículo em papel menos pressionado pelo crescimento da mídia digital. A proliferação de revistas segue a proliferação dos bens de consumo.[XXII] Quando um determinado tipo de produto atinge certo volume de vendas, ele pode virar tema de uma nova revista especializada — seja ela de motocicletas ou sobre sexo, por exemplo.

A circulação de uma revista depende do tipo de distribuição. Algumas são inseridas em jornais dominicais e têm grandes tiragens. Isso acontece porque os diários têm maior circulação aos domingos, dia em que o número de exemplares impressos no país chega a 60 milhões. É difícil determinar quantas delas sobrevivem ao ritual dominical dos leitores de descartar sem ler as seções que não são de seu

---

[XXII] Desde que Bagdikian escreveu isso, a situação do mercado de revistas se complicou muito. Nos dez anos seguintes, por exemplo, as receitas das revistas do grupo Time Warner caíram 34% e o lucro operacional despencou 59%. Tanto que, em 2014, a unidade de revistas foi separada do grupo principal em uma nova empresa, a Time Inc., vendida em janeiro de 2018 para a Meredith Corporation, que se tornou assim a maior editora de revistas do mundo. De maneira geral, nos Estados Unidos, a venda avulsa de revistas tem caído entre 8% a 15% ao ano na última década.

interesse. A *Parade*, por exemplo, é uma revista com tiragem de 35 milhões de exemplares, mas é inserida em um jornal dominical, portanto pode ser jogada imediatamente no lixo para reciclagem.

Há também as revistas publicadas por organizações como forma de promover suas ações e seus objetivos. A *AARP*, por exemplo, revista da Associação Americana dos Aposentados, teve tiragem total de 21,5 milhões de exemplares em 2003, mas era distribuída gratuitamente para membros pagantes de uma anuidade baixíssima, de apenas 23 dólares.

As outrora poderosas revistas nacionais dirigidas ao grande público, caso da *Life*, *Look* e *Saturday Evening Post*, começaram a morrer no fim dos anos 1960, quando estavam no auge, com circulação de 7 milhões de exemplares cada. Essa foi a época em que a TV em cores se tornou um aparelho presente na maioria das casas. Até então, os únicos veículos de mídia confiáveis para estampar anúncios em cores com distribuição nacional eram essas revistas. Com a disseminação da TV em cores, que chegava a um público maior por um custo *per capita* menor, o antigo triunvirato das revistas se desfez.

Em 2003, as principais revistas em número de assinantes eram: *TV Guide*, *People Weekly*, *Reader's Digest*, *Time*, *Sports Illustrated*, *National Geographic*, *National Enquirer*, *Better Homes and Garden*, *Newsweek* e *Star*.[11] Há revistas que são apenas produtos relacionados a programas populares ou celebridades da TV, como *O*, *The Oprah Magazine*, *ESPN Magazine* e *Discover*.

A revolução sexual dos anos 1960 tornou publicações como *Playboy*, *Penthouse* e *Playgirl* quase, mas não exatamente, o tipo de revista que ficava disponível na mesa de centro das salas de estar. Até as revistas femininas, criadas para donas de casa em busca de novos estilos de decoração e dietas para o marido e os filhos, hoje aparecem nas prateleiras dos caixas de supermercados com manchetes como "12 maneiras de enlouquecer seu homem na cama". Tornou-se aceitável que as mulheres também tenham interesse por sexo e pornografia.

Nas demais prateleiras de revistas dos supermercados estão as sempre presentes publicações de fofocas estampando o fim de relacionamentos entre atores famosos e suas namoradas modelos, divorciadas revelando segredos de ex-maridos, "A verdadeira história por trás de..." e casos quase "miraculosos" em lugares distantes. As publicações tradicionais, como a *National Enquirer*, ainda têm seu lugar, mas agora com menos matérias sobre lobas na Nova Zelândia servindo de mães para gêmeos humanos. As prateleiras de revistas nas livrarias costumam ter mais de três metros de extensão, uma evidência de que as tradicionais publicações do passado e os novos títulos especializados não foram substituídos totalmente pelo formato digital.[12]

2.300 ANOS DEPOIS, AINDA VIVO: O LIVRO IMPRESSO

O livro, impresso em folhas de papel e encadernado em tecido ou papel grosso, foi um dos primeiros formatos a ter sua morte decretada pelo advento dos computadores. Porém, os livros impressos vêm se revelando sobreviventes obstinados.

Executivos e especialistas do então mercado incipiente da internet e até algumas pessoas do mercado editorial se colocaram como profetas do caos. Eles previram que, em pouco tempo, os livros tal como os conhecemos desapareceriam, e que o substituto estava pronto e tinha grandes vantagens sobre o formato convencional. O substituto era o e-book, lido em um dispositivo com a capacidade de uma estante inteira e com técnicas de reprodução de alta velocidade.

O raciocínio por trás do argumento era que os leitores não estariam mais dispostos a pagar acima de 20 dólares por um livro que pesava 1 quilo, tinha 16 por 23 centímetros e continha apenas uma obra de ficção ou não ficção. Por outro lado, um e-reader portátil podia pesar pouco mais de 200 gramas, caberia no bolso de uma jaqueta e poderia conter dezenas de livros. Havia todos os motivos para acreditar que a legibilidade de um e-book seria idêntica a de um livro impresso e que as "páginas" poderiam ser viradas com toda a conveniência ao toque de um botão.

Por que, questionou-se, alguém continuaria frequentando uma livraria, mandando fazer prateleiras cada vez maiores, acrescentando peso à bagagem do avião e enchendo de livros as mochilas que tanto sobrecarregam a coluna dos estudantes?

Os livros digitais, porém, apesar da conveniência e versatilidade, não foram capazes de superar a preferência dos leitores pelo bom e velho livro impresso e encadernado em papel.[XXIII] Em 2002, os maiores gastos *per capita* em mídia dos consumidores americanos eram: 212 dólares em TV a cabo, 110 dólares em DVDs e 100 dólares em livros. Bem mais atrás vinham CDs, jornais, revistas, cinema e outras mídias.[13]

Em 1995, por exemplo, os consumidores gastaram 25 milhões de dólares em livros, e em 2000, 32 milhões.[14] Existem pelo menos 350 dicionários de termos de informática — todos impressos em papel e distribuídos como livros convencionais.

[XXIII] Em 2014, exatamente dez anos depois de Bagdikian escrever isso, poderia-se dizer que sua previsão estava errada, porque as vendas de e-books nos Estados Unidos atingiram 242 milhões de cópias em 2013. Naquele momento, previa-se que elas superariam as vendas dos livros impressos. Mas no ano seguinte já começou a queda e até agora o mercado de e-books não conseguiu repetir o número de 2013.

UMA MERCADORIA PECULIAR

No século XXI, os livros continuam sendo motivo de frustração para os grandes conglomerados de mídia, já que são mercadorias peculiares. Alguns dos livros que envolvem mais gastos em adiantamentos para autores populares e em marketing para o mercado de massa simplesmente não conseguem cobrir os próprios custos. Já obras escritas por desconhecidos ou lançadas por editoras menores ou até em edições independentes de tempos em tempos geram lucros. Algumas se tornam best-sellers.

A Bertelsmann, um dos conglomerados que fazem parte das Big Five, demitiu a editora de uma de suas subsidiárias, a Random House, não porque os livros selecionados por ela não deram lucro, mas porque não atingiram uma meta de "lucro esperada". Os conglomerados que anunciam publicamente "grandes lucros esperados" são favorecidos por Wall Street porque apenas o anúncio em si já atrai investidores. Automaticamente, o preço das ações sobe e permite aos analistas financeiros recomendá-las ao mercado. Se a projeção de "lucros esperados" não for animadora, os bancos de investimentos vão se mostrar menos dispostos a emprestar dinheiro à companhia ou recomendar a compra de suas ações aos clientes. Como resultado, o valor de mercado do conglomerado vai cair.

Conforme demonstrado pelos desastres corporativos dos anos 1990, sob esse tipo de pressão muitas empresas anunciaram "lucros esperados" com base em dados duvidosos que, no fim, prejudicaram não apenas seus acionistas como também a economia.[15] Apesar da imprevisibilidade do mercado, todas as grandes editoras esperam que seu novo lançamento se torne um best-seller, embora todos saibam que apenas uma fração microscópica dos livros chega à lista de mais vendidos — e mesmo entre esses existem os que dão prejuízo. Tanto para autores como para editores, a esperança é o sentimento que guia todas as ações.

Quando a Time Warner, o maior entre os conglomerados de mídia, precisou reduzir o déficit de 29 bilhões de dólares gerado pelo casamento com a AOL, ela decidiu pôr sua divisão de livros à venda por 400 milhões de dólares. No entanto, precisou baixar o preço por falta de interessados.[16] Quando o conglomerado francês Vivendi começou a se afundar em dívidas, uma das primeiras empresas de mídia de que se desfez foi a editora Houghton Mifflin.[17]

Como Verlyn Klinkenborg escreveu no *New York Times*: "O antigo parâmetro do mercado editorial — com lucros modestos, obtidos com as vendas de um grupo de autores respeitados e um catálogo amplo — hoje parece praticamente pré-histórico".[18] O livro, como o conhecemos, embora não seja pré-histórico, já tem 2.300 anos.

A INVENÇÃO INICIAL

Embora os conglomerados de hoje se preocupem com a lucratividade de suas editoras, em termos históricos, o livro é produto de um monopólio. No século II a.C., o egípcio Ptolomeu V herdou o maior acervo escrito do mundo, com 700 mil pergaminhos — a famosa biblioteca de Alexandria. Quando Eumenes II, monarca de Pérgamo (atual Turquia), revelou a intenção de montar uma biblioteca similar à de Alexandria e tentou importar junco do Nilo, Ptolomeu V se mostrou ofendido pela iniciativa e decretou um monopólio sobre a matéria-prima.

Eumenes foi forçado a colocar seus escribas para escrever em peles de animais. Porém, os pedaços quadrados não formavam rolos compactos, nem mesmo as peles mais finas, de feto de cordeiros. Era impossível armazená-los como folhas soltas, então Eumenes mandou que as páginas de cada obra fossem costuradas e armazenadas juntas na biblioteca. Assim nascia o livro. A iniciativa de Eumenes sobrevive até hoje na palavra "pergaminho". Ela é derivada do nome de seu reino, Pérgamo.[19]

O livro é o que hoje seria chamado de "mídia de acesso aleatório". Ao contrário dos rolos de papiro, que precisavam ser desenrolados por inteiro para o texto ser lido até o fim, o livro podia ser aberto imediatamente em qualquer seção desejada.

A história dos livros em oposição aos rolos de papiro demonstra uma característica comum do que acontece quando novas tecnologias se interpõem. Livros e pergaminhos em rolos coexistiram até o século XIII. Os pergaminhos são usados até hoje em certas cerimônias, como formaturas e discursos especiais de autoridades. Uma nova tecnologia quase nunca provoca o fim imediato de sua predecessora. Em geral, as duas sobrevivem lado a lado por muitos anos. É o caso do arado de tração animal e dos tratores.

O mundo digital também está cheio de tentativas de formar monopólios privados; porém, menos pela glória de um líder e mais pelo poder de mercado de empresas de bilhões de dólares. Os dirigentes modernos de grandes corporações não demonstram mais seu status pelo tamanho de sua biblioteca, mas, sim, comparando seus salários, suas opções em ações e seus planos milionários de aposentadoria. Empreitadas como a IBM, no ramo dos computadores, e a Microsoft, de Bill Gates, que chegou perto do monopólio no ramo de software, também levaram a contra-ataques como o de Eumenes. Eles vieram, por exemplo, da Apple, nos computadores, e do Unix como competidor do Windows em sistema operacional.

Em um determinado momento, grandes redes de livrarias como a Barnes & Noble, olhando para o futuro, anunciaram que em pouco tempo venderiam livros impressos sob demanda. Os clientes que procurassem um livro que não estava em estoque poderiam baixar uma versão digital em seus leitores eletrônicos. Caso insistissem em ter o livro físico, uma máquina instalada em cada unidade da Barnes & Noble imprimiria e encadernaria uma cópia em brochura a ser entregue no dia seguinte. Alguns anos depois, o plano se revelou inviável por motivos técnicos e econômicos.

Quando os computadores domésticos se popularizaram, em meados dos anos 1980, dizia-se que eles nos levariam a uma sociedade sem papéis. Quinze anos depois, o consumo anual de papel nos Estados Unidos já tinha subido 67%.[21]

Na dupla-hélice do DNA da civilização letrada parece haver um gene que programa nosso apetite pela palavra impressa no papel.

7.
REBELIÕES
E CORREÇÕES
DE ROTA

Em termos de fluxo de caixa, simplesmente
não é vantajoso salvar a Terra.

**S. DAVID FREEMAN, ex-presidente
da Tennessee Valley Authority, ambientalista
e autor de *Time to Choose***

Na virada do século, aconteceram muitas coisas desanima-
doras. Os atentados terroristas de 11 de setembro de 2001
abalaram a imagem dos Estados Unidos dentro do país e no
exterior. A eles seguiu-se a devastação da crença do país na
integridade de sua economia. A magnitude sem precedentes
da fraude, da corrupção e do conluio corporativo atingiu não
operadores de reputação duvidosa no mercado financeiro,
mas algumas das principais empresas do país. Em uma fração
de segundo também se despedaçou a reputação de firmas de
auditoria cujos nomes nos balanços anuais das corporações

costumavam fazer os investidores respirarem aliviados. De forma ainda mais chocante, revelou-se que os bancos mais prestigiados do país, que por mais de um século funcionaram como pilares de confiabilidade, também estavam envolvidos em truques contábeis de quinta categoria.

As agências governamentais estabelecidas no passado, como a Comissão Federal de Comunicações, em 2000, abandonaram a obrigação legal de resguardar e promover a diversidade de interesses do público consumidor em relação aos produtos de mídia. Na prática, a comissão entregou uma propriedade pública — a concessão de transmissões pelo ar — a corporações gigantescas, que criam suas próprias leis. E isso sob a anuência e o auxílio de agências como a Comissão de Títulos e Câmbio e a Divisão Antitruste do Departamento de Justiça. As duas foram deliberadamente enfraquecidas ao longo dos anos por uma Casa Branca e um Congresso dependentes de doações das corporações. O dinheiro, em quantidades obscenas, é necessário para as candidaturas aos cargos que os políticos ocupam. Como se tudo isso não bastasse, em uma nada auspiciosa abertura para o novo século, o país ainda declarou guerra aberta em uma das regiões mais instáveis do planeta.

Foi exatamente nessas condições que a capacidade da mídia de massa dos Estados Unidos foi testada. A maioria dos americanos depende da grande imprensa para obter relatos confiáveis e realistas de acontecimentos importantes. Com poucas exceções, a mídia foi reprovada no teste.

Conforme citado anteriormente, nos primeiros anos do século XXI, a mídia do país passou a ser controlada não pelas 50 corporações de 20 anos antes, mas por todas elas compactadas, acrescidas a outras, em cinco interligados e gigantescos conglomerados. Juntos, eles oferecem um espectro limitadíssimo de informações e comentários políticos para uma nação com diferenças e necessidades regionais extremamente diversificadas. Mesmo assim, esses cinco conglomerados têm nas mãos uma necessidade absoluta em uma democracia: informações completas para o cidadão sobre o governo e a situação da sociedade para saber como defender seus melhores interesses no dia das eleições. Quando alguns dos problemas nacionais mais urgentes e boa parte de um espectro de ideias e comentários desapareceram da grande mídia, o público americano se viu privado de seu direito de escolha.

FIOS DE ESPERANÇA

Existem raios de luz em meio às trevas. Quando a primeira edição deste livro foi publicada, trazia o aviso: "Cada geração precisa estabelecer suas próprias prioridades e revigorar os melhores princípios da sociedade".[1] A nova geração, aliada a veteranos combatentes pela liberdade de informação, também deu as caras nesse cenário. Confrontados com a arrogância e a avareza dos grandes conglomerados de mídia, antigos grupos reformistas, endurecidos pelo fracasso de experiências anteriores, combinaram-se com a nova geração, que parece ter nascido talhada para o uso da tecnologia digital, e aceitaram o desafio.

Em 2003, já havia mais de uma centena de organizações alternativas de mídia. Algumas delas eram de extrema direita, mas a maioria era composta por propostas moderadas ou progressistas, que vão além do espectro limitado da grande mídia. Ao contrário do que acontecia no passado, os novos grupos não só entendem como a mídia opera mas também estão cientes das complexidades da relação das corporações com o sistema político. O domínio sobre as novas tecnologias vem sendo usado para criar trabalhos criativos, progressistas e abertos. Eles têm se revelado surpreendentemente bem-sucedidos. Uma geração de jovens jornalistas e agregadores da internet contornou o bloqueio da imprensa tradicional para oferecer informações de abrangência nacional e internacional que nem sempre são encontradas no noticiário da grande mídia.

Esses trabalhadores da mídia digital também foram capazes de mobilizar pela internet grandes protestos não violentos e em escala mundial contra os centros de poder tradicionais, caso da Organização Mundial do Comércio e de outras conferências de instituições econômicas de alcance global. Os banqueiros e governantes, que controlam o destino de bilhões de dólares, costumavam viajar em jatinhos particulares para se reunir em grandes capitais do mundo. Agora, eles se escondem em lugares obscuros ou de difícil acesso, como vilarejos montanhosos nos Alpes e locais como Doha, no Catar, onde conseguem se proteger dos protestos sofisticados da nova geração. Embora não se trate de uma vitória dos Davis contra os Golias, a multiplicação de Davis inteligentes, tanto jovens como veteranos, representa mais possibilidades para a criação de uma mídia democrática.

LONGE DO PARAÍSO

Neste novo século, os movimentos progressistas ainda precisam lidar com um arsenal formidável de programas de extrema direita espalhados pela mídia. Em 2003, o radialista Rush Limbaugh, por exemplo, contava com uma audiência de 20 milhões de ouvintes para suas diatribes diárias. Em geral, elas eram contra qualquer coisa que não fossem suas políticas radicais de direita e suas fantasias bizarras.[2] A programação diurna de rádio, dominada pelas grandes redes, tornou-se uma máquina de propaganda de direita tão tosca e escancarada que provoca repetidos choques em observadores estrangeiros de outras democracias desenvolvidas. Conforme mencionado anteriormente, a maior cadeia de rádio do país, Clear Channel [atual iHeartCommunications], conta com 1.200 emissoras e tem como carro-chefe o *talk show* de Limbaugh. Ela tem ainda todo um catálogo de outros comentaristas de extrema direita, especializados em falatório ignorante e vocabulário juvenil. O restante do tempo é ocupado por uma programação musical enlatada, que deixa de fora qualquer artista com o mínimo de consciência social.

Uma análise do Centro de Políticas Públicas da Universidade da Pensilvânia revelou que 18% dos adultos americanos escutavam dois programas sobre política por semana. Cerca de 7% deles ouviam apenas o *talk show* de Limbaugh, e 4% escutavam Limbaugh e outros como ele. Cerca de 2% a 3% dos americanos escutam os apresentadores conservadores, mas 4% a 5% deles preferem programas conduzidos por moderados ou progressistas.[3]

Não deixa de ser um consolo para quem espera algum progresso social que a audiência televisiva da tarde seja dominada, por ampla margem, por Oprah. Além do interesse humanista produzido por suas entrevistas, ela se tornou uma influência importante na disseminação de livros sérios, fazendo recomendações periódicas de obras para leitura. A maioria de suas recomendações, além de causar euforia nos editores, contribui de forma notável para o letramento da nação. Por outro lado, entre os dez programas vespertinos de TV mais assistidos, vários se equivalem ao de Limbaugh no quesito obscurantismo.

Entre os jornais do país, muitos diários permanecem firmes em sua posição de centro-direita. Porém, cada vez mais eles incluem no noticiário problemas sociais e tentam equilibrar as opiniões dos colunistas políticos trazendo gente de diferentes espectros. O *New York Times*, embora seja a voz do establishment político e econômico, vem tomando outras iniciativas nos últimos anos. Muitas de suas matérias investigativas se revelaram imensamente úteis — deixando de lado a série do suposto envolvimento do casal Clinton no escândalo Whitewater no Arkansas, que se revelou um caso de julgamento midiático sem nenhuma substância.

Os leitores hão de notar que cito com frequência o *New York Times*, tanto para o bem como para o mal. Isso se deve ao fato de se tratar do único jornal de abrangência nacional com repercussão no grande público. O jornal tem conteúdo distribuído por mais de 250 veículos de mídia impressa e falada, que reproduzem diariamente notícias ou colunas publicadas originalmente nele. Por essas mesmas razões, quando o jornal acerta ou erra, provoca um grande impacto em outros veículos de mídia e, obviamente, no público americano.

O *Wall Street Journal* e o *USA Today* também são distribuídos nacionalmente, mas são publicações especializadas. O noticiário do *Wall Street Journal* traz as reportagens mais bem informadas e detalhadas sobre o mundo corporativo. Já o *USA Today*, que tem como público-alvo principal os viajantes e é distribuído principalmente em aeroportos e hotéis, superou um período de irrelevância e passou a publicar notícias e debates respeitáveis em suas páginas editoriais.

CORREÇÕES DE ROTA NECESSÁRIAS

A principal preocupação reside no fato de que, na prática, cinco gigantescos conglomerados de mídia controlam o que o público americano fica sabendo — ou não — a respeito do mundo. Em um determinado momento foi possível considerar o controle excessivo sobre os veículos de comunicação de massa um fenômeno próprio, uma força que agia de forma distinta sobre a economia e a política dos Estados Unidos. Hoje, porém, é impossível separar os gigantes da mídia das demais grandes empresas. Em termos de orientação política e relações de negócios, a indústria da mídia se tornou tão integrada com as demais atividades da economia americana que hoje faz parte de uma coalizão de poder de escala internacional. Sendo assim, as correções de rota necessárias para que a imprensa retome seu papel como fonte de informação que sirva de sustentáculo para a democracia americana exigem leis e regulamentações que se apliquem não só à mídia de massa mas também a todos os agentes político-econômicos com os quais as empresas de mídia se relacionam.

AÇÃO ANTITRUSTE

O remédio mais óbvio para o gigantismo empresarial de qualquer tipo é uma ação antitruste conduzida por parte do Departamento de Justiça dos EUA. É preciso desmantelar os conglomerados de mídia que compõem o grupo das Big Five. Em décadas passadas, as medidas antitruste governamentais foram eficazes contra monopólios domésticos e ainda mais severas quando grandes conglomerados cooperavam entre si para estabelecer práticas semelhantes às de um cartel. Conforme mencionado anteriormente, hoje as *joint ventures* são comuns entre as Big Five. Elas chegam ao ponto de trocar propriedades entre si a fim de levantar dinheiro e produzir lucros para corporações que, em teoria, são concorrentes.

A globalização da economia e do sistema de comunicações mundial foi usada como pretexto para suspender as medidas antitruste necessárias para proteger o público americano dos excessos cometidos por suas corporações multinacionais. Por outro lado, as queixas sobre cartéis e monopólios estabelecidos em outros países que possam complicar a atuação de empresas americanas são ouvidas prontamente em Washington. Em 2003, um relatório do Departamento de Justiça informou: "Desde a década de 1990, a Divisão Antitruste do Departamento de Justiça dos EUA vem empregando uma estratégia de concentrar seus recursos no combate a cartéis internacionais que prejudiquem os negócios e os consumidores americanos".[4] Embora o relatório use a palavra consumidores, o contexto deixa claro que, quando os consumidores são as grandes corporações, o governo se volta imediatamente contra os cartéis estrangeiros que supostamente as prejudicam, e o Departamento de Justiça age com prontidão. Já os monopólios e cartéis montados dentro dos Estados Unidos que prejudicam apenas os consumidores americanos comuns não parecem merecer a mesma importância.

FCC:
OBEDIÊNCIA À LEI

É urgente anular ou revisar por completo o Telecommunications Act de 1996, que criou a base legal e o incentivo para o surgimento dos gigantescos conglomerados de mídia. A lei de 1996 foi escrita, de acordo com o *Wall Street Journal*, quando a "turma de Gingrich[xxiv]", eleita em 1994, decidiu perguntar à indústria da mídia, de forma quase literal, qual seria a legislação de seu interesse. O fervor indiscriminado dos ideólogos corporativos pela desregulamentação produziu

---

xxiv Referência ao político republicano Newt Gingrich.

consequências desastrosas em diversas regiões dos Estados Unidos, tanto na economia como, em particular, na relação do público com a mídia de massa.

Uma questão de preocupação para o público que depende da grande mídia é o histórico recente da Comissão Federal de Comunicações (FCC, na sigla em inglês), que controla as transmissões de rádio e TV nos Estados Unidos. A agência abandonou de forma flagrante sua obrigação legal: proteger o consumidor dos produtos de mídia, garantir o acesso das cidades a estações próprias de rádio e televisão e ouvir a voz da comunidade na aprovação das licenças de transmissão, com base na avaliação da atuação das emissoras locais.

Em décadas passadas, a regulamentação da FCC e a antiga lei das comunicações estabeleciam que as licenças fossem concedidas com base no tipo de programação que cada licitante se comprometia a oferecer para suprir as necessidades das cidades cobertas por suas estações. Hoje, porém, as licenças são concedidas para a corporação que tiver mais dinheiro, sem nenhuma obrigação, a não ser seguir "o interesse público", uma expressão que, apesar de estar na lei, foi reduzida a absolutamente nada nos últimos anos.

No passado, quando chegava a época da renovação de uma licença, a estação era requisitada a demonstrar, com base em um histórico de suas transmissões, que havia pelo menos feito um esforço sério para cumprir com os compromissos assumidos com seu mercado local. Além disso, qualquer cidadão que tivesse uma queixa pertinente a fazer tinha o direito de se manifestar na audiência da renovação da licença.

De 1934 a 1980, esse sistema, com todas as suas imperfeições que possibilitavam que fosse burlado muitas vezes pelos proprietários das emissoras, produziu na prática o acesso dos cidadãos a estações locais e a uma programação que contemplava diferentes públicos e faixas etárias — uma variedade de quantidade e qualidade que começou a desaparecer na década de 1980.

A DOUTRINA
DA IMPARCIALIDADE

A primeira mudança drástica no sistema de transmissão de rádio e TV dos Estados Unidos aconteceu em meados dos anos 1980, quando uma campanha orquestrada foi lançada pela Associação Nacional das Emissoras e suas estações. A campanha trabalhava para abolir a Doutrina da Imparcialidade (The Fairness Doctrine), segundo a qual as emissoras eram obrigadas a dedicar um tempo razoável para a discussão de assuntos de interesse público. Nas discussões era dado um tempo idêntico para que opiniões opostas fossem debatidas. Os donos de emissoras vinham se queixando havia anos de que isso elevava demais os custos, embora seus lucros anuais estivessem entre os mais altos entre todos os negócios do país. O argumento era que a exigência imposta pela Doutrina da Imparcialidade, na verdade, embargava a discussão de questões de utilidade pública em programas locais e nacionais. Dizia-se ainda que sua abolição faria crescer o interesse das comunidades nos debates envolvendo os assuntos de seu maior interesse. A campanha foi bem-sucedida; em questão de seis meses, o número de debates públicos transmitidos caiu em 31%. Desde então, esse tipo de transmissão desapareceu quase completamente nos mercados mais importantes.[5]

O impacto da concentração de mídia e da perda de diversidade fica claro nos editoriais dos jornais sobre a Doutrina da Imparcialidade. Em 1969, quando a lei foi julgada constitucional em uma ação na Suprema Corte, antes que os donos de jornais e seus conglomerados pudessem ser proprietários de emissoras de rádio e TV, a maioria dos editoriais se revelava a favor da Doutrina da Imparcialidade. Em 1984, porém, quando os jornais haviam se tornado parte de conglomerados que eram proprietários também de emissoras de rádio e televisão, os editoriais se posicionaram contra a doutrina. Pelo menos 84% dos editoriais argumentavam que ela não era mais necessária. A diversidade de opiniões começou a diminuir, e o direito de resposta desapareceu na mídia falada americana.[6]

No passado, a existência da doutrina pressionava as emissoras a ceder seus microfones a grupos de cidadãos locais para evitar oposição quando a licença delas fosse renovada. Durante seus 50 anos de vigência, a FCC nunca revogou uma licença. (A lei das comunicações, por princípio, sempre proibiu a FCC de ditar conteúdos específicos para qualquer emissora.) Se a Doutrina da Imparcialidade fosse reeditada hoje, não haveria nenhuma restrição a programas tresloucados como o *talk show* de Rush Limbaugh, mas indivíduos acusados injustamente de insanidade ou de "nazistas" — no caso, as pessoas que defendem direitos iguais para as mulheres — pelo menos teriam a chance de responder.

A VOZ DO PÚBLICO
NA RENOVAÇÃO DAS LICENÇAS

Outra medida que produziu pelo menos algum resultado no passado foram as contestações de grupos de cidadãos à renovação das licenças de emissoras. O período de renovação foi expandido de três para oito anos pelo desastroso Telecommunications Act de 1996. A lei deu início à remoção das restrições de propriedade. Mesmo assim, as contestações permanecem sendo um direito dos cidadãos. No passado, elas impediram os grandes grupos de ganhar mais espaço nas emissoras locais. Ainda é possível propor uma contestação quando chega a data da renovação de uma concessão. A FCC agrega os processos de renovação em grupos de estados. Os manifestantes de cada região teriam de saber registrar as evidências de falta de preocupação com assuntos sérios locais na programação das emissoras. Além disso, os cidadãos precisariam ter a consciência de que a licença de transmissão é uma concessão pública, e que, portanto, são eles que devem controlá-las.

Cada grupo de estado tem seu ciclo de renovações de licenças de transmissão de rádio e TV na região. Por exemplo: Connecticut, Maine, Massachusetts, New Hampshire, Rhode Island e Vermont: rádio 2006 e TV 2009; Nova Jersey e Nova York: rádio 2006 e TV 2007; Texas: rádio 2005 e 2013 e TV 2006 e 2014; Califórnia: rádio 2005 e 2013 e TV 2006 e 2014; Ohio e Michigan, rádio 2004 e 2012.

NA AUSÊNCIA DA LEI, A ILEGALIDADE

A FCC, na prática, isentou-se de seu papel regulador em benefício do público. A omissão gerou protestos ilegais, como rádios piratas, ou sem licença, transmitidas por uma combinação de transmissores de baixa potência e curto alcance nas comunidades que ficaram sem um noticiário local. A mais conhecida era a Radio Free Berkeley, montada em uma van que se deslocava por diferentes locais nos morros da cidade. Ela transmitia notícias de interesse da comunidade e suas minorias, como a agenda de eventos educativos. Como a transmissão sem licença é um crime federal passível de multa e prisão, um dos primeiros piratas, Stephen Dunifer, acabou sendo identificado pela FCC. Dunifer foi julgado em um tribunal, multado e condenado à pena de liberdade vigiada.[7]

Nesse meio-tempo, ao menos mil estações ilegais de baixa potência apareceram no país. As rádios piratas, comuns em outros países, não tendem a desaparecer tão cedo nos Estados Unidos. A nova geração trouxe jovens com conhecimentos em eletrônica e um desejo de se comunicar com suas comunidades. Um transmissor de baixa potência, uma antena e um amplificador de sinal podem ser montados por 500 dólares com peças compradas em lojas da cadeia Radio Shack, por exemplo. Os operadores fazem as transmissões em garagens, sótãos e até no próprio quarto e, em geral, evitam linguagem ofensiva ou comentários capciosos. Presumivelmente, são bem acolhidos por serem a única fonte de notícias de uma comunidade a respeito de seus próprios assuntos.[8] Existem 3.500 pedidos de aprovação de transmissões de baixa potência e alcance restrito a uma comunidade pendentes na FCC.[9] O que elas querem é alimentar as vizinhanças com notícias locais que não encontram nas estações estabelecidas em suas próprias cidades. Uma boa dose de caos, transmissões ilegais e roubo de sinal de cabo e de parabólicas provavelmente vai continuar existindo enquanto a FCC permitir apenas uma variedade limitada de programas e um acesso estreito do público às rádios locais.[xxv]

[xxv] Apesar da repressão feita pelo Estado (empurrado pela grande mídia), as rádios comunitárias seguem existindo. No Brasil, a Lei nº 9.612, promulgada em 1998 por Fernando Henrique Cardoso, a pretexto de regularizar as rádios comunitárias existentes, serviu para regularizar e aumentar a repressão. Segundo a Associação Mundial de Rádios Comunitárias (Amarc), antes da lei havia cerca de 30 mil rádios comunitárias, enquanto que em 2017 haveria entre 10 e 12 mil, sendo apenas 4.500 delas regularizadas. Ainda segundo a Amarc, o governo brasileiro fecha cerca 700 rádios comunitárias por ano.

Uma das grandes falhas da legislação dos EUA é permitir a existência de apenas um sistema público sem fins lucrativos de rádio e TV, ao contrário do que acontece na Grã-Bretanha, no Japão e em outras democracias. Enquanto não existir um sistema público de televisão adequado, realmente sem fins lucrativos, com múltiplos canais dedicados ao público infantil, à educação, ao entretenimento de qualidade e às artes populares, o país mais rico e tecnologicamente avançado do mundo vai continuar a ter o sistema público de rádio e TV mais ineficiente entre todos os países desenvolvidos.

Conglomerados cada vez maiores vão continuar fazendo o que querem, a não ser que o Departamento de Justiça dos EUA siga o exemplo das medidas antitruste da União Europeia. Uma delas é o veto à fusão das editoras de livros acadêmicos Elsevier e Wolters Kluwer (uma medida europeia que, ironicamente, beneficia o setor de pesquisa e desenvolvimento dentro dos Estados Unidos — apesar da relutância do país em impor ações antitruste a seus conglomerados de mídia).

ESTUDIOSOS CONTRA O PODER DO DINHEIRO

Existe um setor discreto da mídia americana no qual a relutância do governo em impor leis antitruste ironicamente vem minando um elemento fundamental para que o país se mantenha como superpotência hegemônica. Uma característica de longo prazo, crucial para o futuro dos Estados Unidos, é sua capacidade de se manter como país líder no setor de pesquisa e desenvolvimento. Assim como os recursos naturais do país foram decisivos para inseri-lo na Revolução Industrial, a pesquisa e o desenvolvimento são, hoje, absolutamente necessários para a saúde econômica do país em todos os ramos de atividade, inclusive para manter sua dominância no setor bélico. A bomba atômica da Segunda Guerra Mundial não surgiu por iniciativa do conselho diretor de uma corporação.

O que para os legisladores de Washington parece uma questão meramente acadêmica é, na verdade, a causa da crise crescente que atinge bibliotecas e universidades americanas.

O acesso à literatura especializada em periódicos acadêmicos e científicos está cada vez mais ameaçado pelas altas nos preços provocadas por um triunvirato global de monopolistas. As três empresas dominantes — as holandesas Reed Elsevier e Wolters Kluwer e a americana John Wiley — podem fazer isso porque dispõem de um cenário paradisíaco para o monopólio: um público cativo.

Os acadêmicos de hoje precisam se submeter a exigências rigorosíssimas para que seus trabalhos sejam aceitos e publicados. Para começar, precisam ter suas longas e fundamentadas dissertações revisadas por dois estudiosos supostamente neutros da área. Depois, que sejam aceitos por um periódico acadêmico de prestígio. E tudo isso é apenas o início do processo que um dia, quem sabe, pode resultar em um cargo de professor titular em uma universidade, o santo graal para os jovens acadêmicos.

Os professores e aspirantes ao cargo precisam encarar o dilema eterno de "publicar ou perecer". As coisas já foram mais difíceis, é verdade: no século XVII, a questão colocada pela Inquisição a Galileu Galilei foi "publicar e perecer". Hoje, porém, a queima dos hereges na fogueira se dá pela prática mais lucrativa dos preços exorbitantes cobrados pelos três monopólios globais de publicações científicas e acadêmicas.

A Reed Elsevier, fundada em 1860, não para de comprar outras empresas: em 1993, *The Official Airline Guides*; em 1997, quatro companhias e uma parceria com a Microsoft;

em 1998, a Matthew Bender, maior editora de livros jurídicos; em 2000, mais quatro editoras; em 2001, outras quatro, entre as quais a Harcourt Brace General e um item presente em todas as bibliotecas, o catálogo de múltiplos volumes *Books in Print*, além de outras referências para bibliotecários e livreiros, como *Publishers Weekly* e *Library Journal*.[12]

A segunda editora acadêmica dominante, Wolters Kluwer, também holandesa, vem fazendo aquisições desde que foi fundada, em 1889. A Elsevier pretendia comprar a Wolters Kluwer[xxvi] por 8,8 bilhões de dólares em 1998, mas a Comissão de Monopólio da Comunidade Europeia vetou a fusão.[13]

A terceira editora dominante de livros técnicos e acadêmicos em formato impresso e digital é a americana John Wiley Company, fundada em 1807. A Wiley, percebendo o impacto da Revolução Industrial, direcionou seu foco para livros sobre ciência e tecnologia e se mantém como uma casa especializada no ramo desde então. Ao longo do século XX, os livros universitários sobre ciências sociais se transformaram em produtos importantes em seu catálogo, e, mais recentemente, as publicações sobre medicina e ciências médicas. Em 1997, a Wiley adquiriu a Van Nostrand Reinhold e se tornou a editora do periódico *Cancer*, da American Cancer Society. Em seguida, compraram a Jossey-Bass, os guias tributários da Lasser e a série *For Dummies* (*Para Leigos*). Em 2002, suas receitas[xxvii] ultrapassaram os 700 milhões de dólares.[14]

O aumento de preços de obras acadêmicas e técnicas, combinado com os cortes de gastos nas universidades, provocou uma crise nas bibliotecas de referência. "Ela já entra

---

xxvi Em 2004, a divisão de livros acadêmicos da Kluwer foi comprada pela Springer (antiga BertelsmannSpringer).

xxvii Em 2012, as receitas foram de 1,7 bilhão de dólares.

em sua quarta década", de acordo com o professor Peter Suber, do Earlham College.

Já passamos há muito tempo do período de redução de danos e entramos na era dos danos. Os preços limitam o acesso, e os preços inviáveis tornam o acesso inviável. Todas as instituições de pesquisa no mundo sofrem com limitações de acesso inviável, por mais ricas que sejam. Não são só os bibliotecários que sofrem com o cancelamento de assinaturas e o corte de verbas para livros; os pesquisadores são obrigados a trabalhar sem ter acesso a obras fundamentais para seus estudos.[15]

Os preços das assinaturas não param de subir. A John Wiley and Sons, por exemplo, publica três periódicos especializados na ciência de polímeros, e as assinaturas anuais dos três subiram mais de 80% entre 1997 e 2002. A assinatura por um ano do *Journal of Comparative Neurology*, da Wiley, passou de 10.056 dólares em 1997 para 16.995 dólares em 2002, um aumento de quase 70%. O preço do periódico *Atmospheric Environment*, da Elsevier, subiu 67% em cinco anos. A assinatura do periódico *Brain*, da Elsevier, custa 19.971 dólares por ano, com suas 131 edições especiais.[16]

Em 1986, o dr. Michael Rosenzweig, ecologista, biólogo e sociólogo do campus de Tucson da Universidade do Arizona, chegou ao limite de sua paciência. O jornal acadêmico que ajudara a criar anos antes, *Evolutionary Ecology*, elevou o preço da assinatura para 8 mil dólares por ano. Rosenzweig e sua esposa, Carol, se rebelaram. O comitê editorial o acompanhou, e juntos eles fundaram seu próprio jornal, o *Evolutionary Ecology Research*. Seu custo, que incluía avaliações e revisões detalhadas, era de 353 dólares anuais. Mais de uma centena de bibliotecas universitárias espalhadas pelo país se uniram à rebelião.[17]

Em 2003, da revolta dos Rosenzweig havia nascido uma organização de alcance mundial, a Scholarly Publishing and Academic Resources Coalition (Sparc), vinculada à Association of Research Libraries. A Sparc conta com membros em mais de 200 universidades[xxviii] da América do Norte, Europa, Ásia e Oceania. Harvard, Yale, Universidade da Califórnia e outras instituições de prestígio nos Estados Unidos e no Canadá fazem parte da coalizão.[18]

Forçadas a reduzir de forma drástica a aquisição de textos e livros, as universidades formaram parcerias regionais para dividir entre si as assinaturas dos periódicos. Quando alguém em um campus requisita um artigo de um jornal assinado pelo grupo, o texto é enviado pela internet. Mas, mesmo nesse caso, as editoras dos monopólios retaliaram. Elas impuseram, como condição para a assinatura de qualquer um de seus periódicos, limitações na distribuição digital de suas obras.

REBELIÃO NA ACADEMIA

De forma discreta e modesta, as instituições educacionais, bibliotecas e universidades mais respeitáveis do país foram forçadas a criar uma maneira de burlar (dentro da lei) os preços proibitivos impostos pelo monopólio das publicações acadêmicas. Os monopólios de mídia prejudicam instituições fundamentais do país, que precisam encontrar soluções para escapar tanto dos excessos como das omissões da legislação.

As bibliotecas, por exemplo, vêm sendo pressionadas pelos preços cada vez mais altos das editoras que fazem parte de conglomerados. Para contornar o problema, elas

---

[xxviii] Em 2017, eram já 800 instituições.

passaram a usar um sistema de empréstimo entre instituições e compartilham livros pouco procurados. Por outro lado, foram afetadas pelas leis emergenciais aprovadas após o 11 de setembro, que permitem que o FBI monitore leitores de determinados livros e periódicos. As bibliotecas criaram políticas internas para minimizar o acesso governamental aos frequentadores. Como afirmou Judith F. Krug (1940--2009), que foi por muitos anos diretora do Gabinete de Liberdade Intelectual[xxix] da Associação de Bibliotecas Americanas: "Nós acreditamos que aquilo que você lê não é assunto de interesse de ninguém, é apenas seu".[10]

Em uma teleconferência de bibliotecários ficou acertado que as requisições do FBI só seriam aceitas quando acompanhadas de ordem judicial. A maioria das bibliotecas adotou a prática de manter o mínimo de registros possível e, em vez de descartar dados desnecessários semanalmente, passaram a fazê-lo todos os dias. A Enron não é a única organização do país que sabe fazer bom uso de seus trituradores de papéis.

COMUNIDADES DIGITAIS

Outra reação do mundo acadêmico contra os monopólios foi o movimento Electronic Commons, conduzido inteiramente pela internet. O Electronic Commons se tornou uma iniciativa mundial para manter em domínio público o máximo possível de propriedades intelectuais — artigos, livros, obras de arte, filmes, material didático, músicas etc. — sem as limitações comerciais do copyright. Bibliotecários e outros profissionais resolveram se mobilizar contra os recentes

---

[xxix] American Office for Intellectual Freedom.

sucessos das empresas de mídia em estender no Congresso a proteção do copyright para limites muito acima dos anteriores. A ampliação do copyright gerou o temor de que o controle corporativo pudesse gerar um "copyright perpétuo", mantendo cada vez mais conteúdo como propriedade comercial dos conglomerados de mídia.

Os colaboradores dos acervos Commons são livres para decidir como os materiais vão ser licenciados, impondo suas próprias condições de uso. Caso contrário, o conteúdo fica aberto ao público para "uso não comercial". Se alguém desejar usar o material registrado para fins lucrativos, o autor tem direito a cobrar uma taxa. Uma coalizão de fundações e especialistas em legislação lançou o Creative Commons em 2001.[20]

Uma iniciativa semelhante é a Wikipédia. Assim como o Creative Commons, ela foi lançada em 2001. Em apenas dois anos, já tinha mais de 150 mil verbetes em mais de dez idiomas. Seu nome vem da palavra havaiana *wikiwiki*, que significa "rápido". A própria palavra "wiki" passou a ser usada como termo genérico para websites colaborativos[xxx]. E, embora a Wikipédia tenha sido criada como uma alternativa ao controle corporativo da informação, um grande número de empresas cria seus próprios sites baseados no modelo "wiki", com cobrança de taxa de uso, que profissionais e corporações usam como um quadro dinâmico de avisos em conferências e convenções.[21]

Uma editora de livros convencionais, a Prentice Hall[xxxi], diante da disseminação na internet de material protegido por copyright, começou a lançar livros sob uma "Licença de

---

xxx Como o Wikileaks.

xxxi Hoje parte da Pearson, a maior empresa no mercado de educação e também a maior editora de livros do mundo.

Publicação Aberta". Ela permite o download e a reprodução integral por fotocópias. A editora acredita que, com o interesse despertado por essa forma de distribuição, os usuários mais tarde vão adquirir seus robustos volumes de capa dura, que chegam a custar 50 dólares cada.[22]

O NOVO ATIVISMO DA JUVENTUDE

Conforme mencionado anteriormente, o cenário político do país vem testemunhando a ascensão, graças em grande parte à internet, de movimentos compostos em sua maioria por jovens e com grande influência sobre a opinião pública em questões relacionadas a políticas e votos. Isso possibilitou envolver um grupo de eleitores que possui a menor participação em votações nos Estados Unidos: os cidadãos entre 18 e 24 anos. A 26ª Emenda da Constituição, aprovada em 1971, reduziu a idade mínima de votação para 18 anos — já que os jovens dessa idade estavam sendo mandados à guerra no Vietnã, eles mereciam o direito a votar. Isso permitiria o voto de 11,5 milhões de jovens. Porém, na primeira eleição presidencial depois da modificação, apenas metade dos potenciais novos eleitores compareceu às urnas. Se o novo ativismo vai influenciar de fato o cenário político, e por quanto tempo, não é possível prever. No ano 2000, a participação eleitoral dos 27 milhões de jovens cidadãos americanos entre 18 e 25 anos cresceu 60%. De acordo com a Youth Vote Coalition, os jovens preferem votar em políticos também jovens, em uma proporção de 70%. Em 2000, apenas 24% dos rapazes e moças consideravam o presidente eleito legítimo. Suas maiores preocupações eram: terrorismo, 17%; desemprego e economia, 15%; e criminalidade, 13%.[24]

GRUPOS PELA REFORMA DA MÍDIA

A grande maioria dos grupos que pedem reformas na mídia se concentra naquilo que é visto por eles como as principais mudanças necessárias. O Democratic Media Reform, fundado pelo Conselho de Pesquisa em Ciências Sociais e Humanidades do Canadá, trata da condição da mídia de língua inglesa no país. Nos Estados Unidos, atua em conjunto com o Free Press, de Northampton, estado de Massachusetts, e centros importantes, como Association for Progressive Communications (de São Francisco), Association of Independent Video and Filmakers, Big Noise Tactical Media e Brennan Center for Justice (de Nova York), Benton Foundation e Campaign Legal Center (de Washington) e Center for Communication and Community (de Los Angeles).

Entre outros grupos importantes estão os de Jeff Chester, incansável em seu acompanhamento dos assuntos relacionados à mídia no Congresso e na FCC, que criou o Center for Digital Democracy, o Center for Media Education e o Teledemocracy Project, todos com sede em Washington; a *Extra!*, publicação da Fair (Fairness and Accuracy in Reporting), que relata com frequência os erros e as omissões da grande mídia; a *Action Alerts*, da União Nacional dos Escritores; a Free Speech TV, que transmite sua programação via satélite 24 horas por dia, voltada para causas sociais e ambientais, cobertura de protesto e produção de filmes;[25] e a *Zine*, que publica antologias de editores independentes com tiragens de menos de 5 mil exemplares.[26] Uma reflexão sobre a velocidade com que a nova geração se acostumou com imagens aceleradas e comerciais, que provocam impressões quase subconscientes, é o universo do Ten Second Film Festival. O evento é realizado todos os anos e seleciona o melhor entre milhares de trabalhos inscritos capazes de se inserir na linguagem padrão dos comerciais atuais.

Os novos grupos de protesto contra a concentração de mídia atuam em nível local, nacional e internacional. Alguns coletivos locais monitoram a imprensa escrita e falada de sua região. Já instituições como a World-Information Organization e a Unesco, que têm abrangência global, promovem conferências frequentes com ativistas da nova geração em diversas partes do planeta. Da mesma forma que as empresas de mídia se tornaram internacionais, o mesmo aconteceu com a atuação das organizações que as monitoram.

A DOENÇA DA CORRUPÇÃO

Embora as reformas relacionadas à mídia de massa devam continuar a ser perseguidas, existe um obstáculo para alcançá-las que também inibe qualquer tipo de progresso social nos Estados Unidos. Uma mudança significativa, da qual depende qualquer reforma, é a necessidade de eliminar a possibilidade de grandes doações corporativas aos principais partidos políticos. É um teste de paciência para qualquer cidadão levar a sério o discurso de políticos que afirmam que os milhões de dólares doados por empresas a suas campanhas não interferem na atuação dos cargos que ocupam. Isso equivale a dizer que, nas últimas décadas, quando as doações atingiram níveis recordes, as corporações gastaram e continuam gastando milhões de dólares inutilmente, por pura estupidez, capricho ou filantropia.

Para que as reformas relacionadas à mídia de massa sejam substanciais e se tornem realidade, o sistema político precisa passar por transformações que pareciam quase impossíveis antes que a geração da internet se mobilizasse com suas novas formas de protestos. No entanto, enquanto centenas de milhões de dólares continuarem sendo distribuídos a candidatos e ocupantes de cargos, haverá influência poderosa por trás das agências governamentais americanas. As corporações, com as empresas de mídia inclusas, são responsáveis por 75% das doações políticas. A influência das empresas de mídia na legislação sobre as transmissões de rádio e TV, por exemplo, mostra um resultado prático disso — o quase desaparecimento de notícias sérias sobre o país e o mundo nas estações locais e programas televisivos de baixo custo. Essa realidade derruba o nível cultural dos americanos, embora os lucros estejam entre os maiores entre todos os setores da economia.

DESCONTENTAMENTO PÚBLICO EM ALTA

O descontentamento com os abusos do poder corporativo, em especial com as empresas de mídia, está cada vez mais evidente, o que é animador. Uma nova geração de jovens, em outros tempos claramente desinteressada por política, tornou-se uma força positiva no cenário da mídia americana. Mais do que qualquer outra geração, a deles é capaz de reunir grande quantidade de informações e usá-las para produzir políticas públicas.

Uma geração de adultos mobilizados e jovens ativistas era a força por trás do primeiro quebrador de monopólios do país, o presidente Theodore Roosevelt. Ele se voltou contra o truste estabelecido pelos grandes conglomerados de sua época e libertou os consumidores americanos das garras deles. Roosevelt morreu 40 anos antes da primeira tentativa de criação da internet, mas, em 1903, sua mensagem inaugural ao Congresso como presidente dos Estados Unidos ainda tem ressonância hoje: "O primeiro requisito para determinar como lidar com as grandes corporações é o conhecimento dos fatos".[27]

James Madison, o quarto presidente dos Estados Unidos, morreu 60 anos antes da invenção do primeiro aparelho de rádio, porém o que escreveu mais de 200 anos atrás é uma afirmação do mesmo princípio: "Um povo que quer governar a si mesmo precisa se armar do poder que o conhecimento proporciona. Um governo popular sem que o povo tenha informações, ou os meios de adquiri-las, é apenas o prólogo para uma farsa ou uma tragédia. Ou talvez as duas coisas".[28]

8.
"ELES NUNCA VÃO APRENDER?"

Ainda existem várias pessoas acostumadas a dar ordens e elas têm raiva da mídia por ela não as obedecer.
KENNETH A. RANDALL, 1980[1]

Quando Joseph Pulitzer estava perto do fim da carreira, ficou preocupado com o futuro de seu jornal. Os herdeiros se mostrariam competentes e comprometidos? Ou eles o venderiam a novos e gananciosos donos? Pulitzer decidiu seguir o exemplo do *Times* de Londres e nomear administradores de um espólio com a obrigação legal de conduzir o jornal, de acordo com o interesse público.

O mecanismo do espólio geralmente se revela um fracasso. As vozes do além-túmulo quase nunca ganham discussões e os advogados estão sempre a postos para arrumar formas de violar testamentos. Porém, 1904 era uma época de maior inocência, e Pulitzer se dispôs a procurar cidadãos dignos de administrar o espólio que preservaria a integridade de seu *New York World*. Ele tinha bastante respeito pelo presidente da Suprema Corte do estado de Nova York, Morgan K. Stanley. Em um passeio a cavalo, expôs seu plano para o juiz, que pareceu receptivo. Os dois começaram um entendimento para que Stanley fosse um dos administradores do espólio. Depois de mais alguns minutos de cavalgada, Pulitzer perguntou: "O que você acha do *World*?".

> "É um ótimo jornal. Mas tem um defeito."
> "E qual é?"
> "Nunca defender seus amigos."
> "Um jornal não deve ter amigos", Pulitzer retrucou na hora.
> "Eu acho que deveria", rebateu o juiz de imediato.
> "Se é assim que você pensa", disse Pulitzer, "eu não o convidaria para administrar meu espólio nem se me desse 1 milhão de dólares."[2]

Pulitzer estava falando sério. Em sua redação, havia uma placa avisando: "O *World* não tem amigos".

A realidade, porém, é que quase todas as empresas de mídia têm amigos. Eles recebem tratamento preferencial no noticiário, são imunes a críticas, conseguem manter distância de polêmicas ou têm uma imagem positiva intocável. Nas redações espalhadas pelo país, esses amigos são chamados de "vacas sagradas". Com frequência, as listas de amigos incluem os proprietários dos veículos de imprensa, seus familiares, amigos, conselheiros e políticos de preferência. As vacas sagradas do noticiário podem ser qualquer coisa, de petúnias a presidentes. Em uma cidade do nordeste americano, a vaca sagrada são canteiros de flores doados pela esposa do proprietário do jornal; em outra, uma ordem para que em todas as fotos publicadas de Richard Nixon ele apareça sorrindo.

As vacas sagradas espalham pelas redações dos Estados Unidos resíduos comuns a todos esses bichos. Porém, nenhuma vaca sagrada é mais protegida nem espalha seus resíduos de forma tão abundante pelo noticiário quanto as corporações americanas. Por tudo isso, é uma ironia que, na última década, os ataques mais raivosos à imprensa do país tenham vindo do mundo corporativo. A ironia ganha requintes de crueldade porque, desde a década de 1980, o segmento que mais detesta o noticiário é aquele se tornou seu proprietário.

Existem classes inteiras ignoradas pela imprensa, retratadas como figuras dissonantes ou, então, só aparecendo em seus piores momentos — as minorias, os trabalhadores braçais, a classe média, os pobres. Eles aparecem na mídia, em geral, quando se envolvem em acidentes espetaculares, entram em greve ou vão para a cadeia. Outros grupos e instituições — agências do governo, escolas, universidades e movimentos políticos apartidários — estão sujeitos a críticas constantes. Um punhado de celebridades como atletas, estilistas e atores recebe elogios de sempre. No entanto, desde a Primeira Guerra Mundial foram raros os momentos em que a imprensa não dispensou seu melhor tratamento ao mundo corporativo.

Há muito que celebrar na história da indústria e da tecnologia impulsionada pelas corporações. Grandes cidades foram erguidas e prosperaram, bens materiais foram disponibilizados à população, novas categorias profissionais surgiram, os padrões de vida se elevaram e a expectativa de vida subiu nos países desenvolvidos.

Houve também muitas injustiças e atrocidades cometidas em nome do poder das corporações — repressões brutais a trabalhadores que tentaram organizar sindicatos, corrupção de governos, roubos de patrimônio público. Mas, mesmo em meio a tudo isso, a mídia de massa tem retratado o mundo corporativo como benevolente e patriota.

OS FANTASMAS NO BANQUETE

No fim dos anos 1950, fantasmas apareceram para assombrar o banquete da indústria nos Estados Unidos. As matérias-primas eram extraídas em volumes alarmantes e algumas estavam em vias de esgotamento. Os benefícios econômicos da industrialização se distribuíam de forma desigual, produzindo turbulências políticas. Como sempre, os empreendedores deram um jeito de ampliar seu domínio sobre a crosta terrestre, dessa vez extraindo um fruto amargo — o urânio. Em algumas de suas formas, os fantasmas eram literalmente invisíveis. Desde o início da Revolução Industrial, novos vapores foram adicionados à atmosfera — só de dióxido de carbono, 200 bilhões de toneladas —, alterando o clima e os organismos humanos.[3] Milhares de produtos químicos, como o DDT, passaram a residir em tecidos vivos e, como a radiação, produziram alterações biológicas prejudiciais. Na década de 1980, alguns resíduos industriais, mais de 34 milhões de toneladas por ano, tornaram-se tão tóxicos que não havia como saber se o planeta era capaz de contê-los com segurança. Os subprodutos e dejetos corporativos começaram a contaminar a água potável, os alimentos e, em alguns casos, comunidades inteiras. No passado, mercadores itinerantes vendiam produtos capazes de envenenar ou matar centenas de pessoas, mas, hoje em dia, organizações internacionais despejam avalanches de produtos que, caso sejam prejudiciais, ameaçam milhões. Um em cada quatro americanos deve morrer de câncer.

Em épocas anteriores, a morte e a doença eram encaradas como atos de Deus. Se um túnel despencasse na cabeça de mineiros ou se operários da indústria têxtil morressem tossindo sangue, a causa era a mão de Deus ou um golpe do destino. Porém, quando o fantasma da poluição e das doenças provocadas pela industrialização se materializou na segunda metade do século XX, os problemas foram atribuídos não à mão de Deus, mas às organizações que eram proprietárias e operadoras de quase tudo na civilização contemporânea — as grandes corporações.

O desconforto se tornou ainda maior quando um presidente que as corporações consideravam aliado, Dwight D. Eisenhower, deixou o cargo em 1961 com um alerta contra o poder exagerado do que chamou de "complexo militar-industrial". Mais tarde, nesse mesmo ano, 29 grandes corporações, algumas delas nomes conhecidíssimos como Westinghouse e General Electric, foram condenadas por uma conspiração para combinar os preços de equipamentos elétricos,[XXXII] e alguns executivos foram condenados inclusive a algum tempo de prisão.[4] Outros choques ao status quo das grandes corporações se sucederam. As tensões raciais, suprimidas durante séculos, explodiram em movimentos de massa nos anos 1960. Os protestos contra a Guerra do Vietnã acrescentaram um elemento a mais às rebeliões nas ruas. Em 1974, outro presidente que as corporações viam como um defensor, Richard Nixon, deixou o cargo em desgraça, em parte por causa de acusações de corrupção envolvendo corporações importantes.

[XXXII] Como foram diversos processos relacionados ao caso, os valores de multas e indenizações foram se definindo aos poucos, em sucessivas decisões da Justiça ao longo dos anos 1960. O certo é que superaram os 100 milhões de dólares. (N. E.)

Quando as 29 empresas foram condenadas por conspiração, em 1961, um dos advogados de defesa argumentou com o juiz que os executivos não deveriam ser punidos por seus atos porque representavam "a maneira como as coisas funcionam — todo mundo faz isso". Portanto, antes do escândalo das fraudes corporativas em massa, da contabilidade desonesta, da roubalheira dos executivos e dos conluios entre grandes bancos e empresas de auditoria na virada do século XXI, uma cultura corporativa permissiva já vinha pavimentando o caminho para esse quadro havia décadas.

Em 1979, o Departamento de Justiça descobriu que, entre as 582 maiores corporações dos Estados Unidos, mais de 60% delas tinham condenações por pelo menos um ato ilegal. Na lista, havia evasão de divisas, violações trabalhistas, condições de trabalho inadequadas, combinação de preços, poluição ambiental e propinas. Na "West Point do capitalismo", a Harvard Graduate School of Business Administration (Faculdade de Administração de Harvard), a *Harvard Business Review* descobriu que as más práticas corporativas de 1961 eram ainda piores em 1976. Uma pesquisa conduzida com executivos revelou vícios disseminados, como enganar clientes, subornar funcionários públicos e usar garotas de programa como chamariz para fechar negócios.[5] Duas pesquisas distintas realizadas em 1976 pelas próprias corporações — Pitney Bowes e Uniroyal — descobriram que a maior parte dos departamentos de vendas "se sente pressionada a abrir mão de valores éticos pessoais para atingir metas", o que incluía vender "produtos sem qualidade e potencialmente perigosos".[6]

Mesmo assim, o governo e o Legislativo não tomaram nenhuma atitude para evitar que o controle das maiores corporações sobre os produtos fabricados no país passasse de 45% em 1947 para 60% em 1979.[7] E nem criaram medidas para reduzir os crimes corporativos, que geram anualmente prejuízos de 44 bilhões de dólares, contra 4 bilhões em perdas patrimoniais resultantes de crimes cometidos por cidadãos.[8]

Os tribunais sempre foram lenientes com as corporações, mas, ultimamente, nem mesmo isso satisfaz o mundo corporativo. Fundações ligadas a conservadores oferecem viagens com todas as despesas pagas a Miami para juízes e seus familiares. O intuito é que eles façam cursos sobre a doutrina do *laissez-faire* de Milton Friedman, com foco na necessidade de manter as corporações livres de regulamentações e quase intocadas pela lei. Na década de 1980, um quinto de todo o Judiciário federal passou por esses cursos.[9]

Não seria nem necessário tentar conquistar a simpatia dos juízes. Na condenação de 1961, de 29 corporações envolvidas na conspiração para a venda de equipamentos elétricos, todos os casos tinham sido postergados por dez anos ou mais, alguns por 25 anos. Nesse meio-tempo, as contravenções continuavam.[10] Quando a Aluminum Company of America foi considerada culpada de concorrência desleal, os advogados de defesa conseguiram adiar o comparecimento dos responsáveis ao tribunal por 16 anos.[11] O IRS prende regularmente entre 600 e 700 sonegadores de impostos por ano, alguns deles devedores de quantias relativamente pequenas.[12] No entanto, quando a Firestone Tire & Rubber Company se declarou culpada de esconder 12,6 milhões em duas declarações falsas de impostos e de conspirar para obstruir uma auditoria em seus livros contábeis, recebeu uma multa de apenas 10 mil dólares.[13]

Além da capacidade de escapar ou minimizar as consequências legais de seus atos, as corporações são protegidas por suas posições especiais nos governos. Depois que as leis são aprovadas ou antes que as regulamentações sejam escritas, comitês externos se reúnem com membros dos governos para ajudar a determinar o curso das ações oficiais. Em 1974, por exemplo, a AT&T tinha 130 assentos nesses conselhos; a RCA, 104; a General Electric, 74; e a ITT, 53.[14] Executivos da indústria de armas têm assentos no conselho externo do Pentágono, executivos do petróleo têm posição no conselho de combustíveis, e algumas das indústrias mais poluentes têm membros no conselho nacional para a redução da poluição industrial.[15] O escritório de *lobby* mais poderoso do mundo dos negócios, o Business Roundtable, usa seus membros em tais comitês para eliminar projetos de lei importantes prestes a ser aprovados. É pelo esforço deles que em 1974 fracassou a tentativa, no Congresso americano, de criar uma agência de proteção ao consumidor.[16]

Nas universidades, assim como na política, os valores corporativos discretamente se tornam cada vez mais dominantes. Executivos de corporações são o grupo com maior representação nos conselhos diretores de faculdades e universidades. Nas escolas públicas, os produtos das corporações sempre tiveram destaque, e sua presença está aumentando ainda mais.[17] Apenas 1% do já apertadíssimo orçamento das escolas é usado para comprar material educativo. A indústria não perdeu tempo em preencher esse vazio com material didático que atende a seus interesses. Conteúdos gratuitos distribuídos em sala de aula são produzidos por 64% das 500 maiores empresas dos Estados Unidos, 90% das associações patronais e 90% das prestadoras de serviços públicos. Esses materiais se concentram em temas como nutrição, energia, meio ambiente e economia, quase todos fornecidos por empresas com uma proposta para solucionar os problemas levantados nos materiais. O "livre mercado" e a desregulamentação da iniciativa privada são a base predominante das aulas de economia. Essa base é apresentada no material fornecido por um grupo ligado ao mundo dos negócios, o Advertising

Council. A única fonte de material não acadêmico distribuído em sala de aula que é mais presente que as corporações é o Departamento de Defesa.

IRREVERÊNCIA RENOVADA

Embora a influência das corporações tenha se mantido quase intocada ao longo das últimas décadas, ocorreram mudanças na base da pirâmide. Impulsionadas pela irreverência dos protestos dos anos 1960, pela primeira vez na história americana as posturas críticas em relação às corporações foram além dos pequenos enclaves da esquerda e chegaram à classe média. No início dos anos 1970, o abuso corporativo se tornou um problema visível quando o movimento dos ecologistas começou a romper barreiras políticas e sociais. Em resposta à pressão gerada, o governo se tornou mais atento aos crimes corporativos. Um novo movimento de consumidores, construído em torno de Ralph Nader e estudantes universitários altamente qualificados, produziu dados sistemáticos sobre produtos prejudiciais aos consumidores e práticas comerciais injustas. Os efeitos de longo prazo à saúde provocados pelo amianto e por outros elementos cancerígenos começaram a elevar o número de doenças graves e mortes entre os operários das indústrias. Eles chamaram a atenção para a falta de segurança no ambiente de trabalho.

Enquanto isso, o capitalismo ocidental enfrentava um período de crise. A espiral de prosperidade entrara em colapso. Em vários países, inclusive nos Estados Unidos, as medidas de sempre fracassavam ou tornavam tudo ainda pior. O que a princípio parecia um fenômeno isolado de aumento nos preços do petróleo se revelou um problema mais sério. Países subdesenvolvidos, que até então se revelavam fontes dóceis de matérias-primas para a nova civilização industrial, começaram a mostrar insatisfação. Os líderes do mundo dos negócios e das finanças sempre fizeram questão de afirmar, pelo menos em público, a infalibilidade dos mecanismos de autocorreção do mercado. O mercado em si, porém, desafiava seus pronunciamentos. Esse mau funcionamento também fez a atenção do público se voltar para as grandes corporações.

Em todos os setores da vida pública, as corporações estão acostumadas a ser tratadas com indulgência. As críticas dentro dos Estados Unidos têm vida curta se vierem do governo ou de fontes do establishment. As mais insistentes vêm de autoridades públicas de saúde, cientistas sociais, sindicatos, ativistas de esquerda, progressistas e outras vozes especializadas. Em todos os casos, ou as críticas ficam de fora do noticiário da grande mídia, ou elas são citadas de forma breve e até contra-atacadas pelos comentaristas recrutados pela imprensa.

A mídia padrão — principais jornais, revistas e emissoras de rádio e TV — sempre promoveu com lealdade a ética corporativa. Cadernos inteiros de jornais são dedicados à glorificação dos homens de negócios, não apenas em anúncios pagos pelas corporações para glorificar a si mesmas, mas em "notícias" supostamente imparciais. A maior parte dos cadernos de negócios dos jornais quase nunca usa com as corporações os mesmos critérios de validação e julgamento crítico que servem para outros setores. A maior parte dos cadernos de negócios consiste de propaganda corporativa na forma de releases de imprensa, publicados sem mudanças ou comentários significativos. A cada dia, milhões de páginas caríssimas com índices do mercado de ações são impressas, embora apenas uma minoria ínfima dos americanos tenha participações na bolsa de valores. Em termos editoriais, as causas das corporações invariavelmente se transformam em causas da mídia. Entre as matérias mais censuradas a cada ano estão reportagens envolvendo corporações na grande mídia.[18] A integração dos valores corporativos ao conjunto de crenças nacionais não teria se estabelecido sem a doutrinação prolongada da maior parte das empresas jornalísticas dos Estados Unidos.

A partir de 1970, o descontentamento do público em relação a certos comportamentos das corporações encontrava expressão de tempos em tempos nos jornais e no noticiário falado. Isso aconteceu, por exemplo, quando o público foi obrigado a economizar no aquecimento das casas e nos passeios de carro durante um período de racionamento de combustíveis, o mesmo em que a indústria petroleira registrou os maiores lucros de sua história. O descontentamento também foi visível em protestos locais contra indústrias poluentes que continham o drama necessário para entrar no noticiário. E ainda em algum julgamento espetacular, como o que a Ford Motor Company enfrentou ao ser acusada de negligência por causa dos tanques de combustíveis defeituosos do modelo Pinto, o que chamou a atenção da mídia. As barreiras impostas contra notícias prejudiciais às corporações são grandes, mas não insuperáveis. O jornalismo aos poucos foi criando pequenos espaços na grande mídia — ironicamente, inclusive na bíblia do mundo dos negócios, o *Wall Street Journal* —, onde entravam notícias sobre vexames públicos de grandes empresas. Ainda não havia críticas significativas ao sistema corporativo, apenas reportagens sobre fatos isolados, mas pela primeira vez surgiu uma brecha na litania quase uniforme de elogios descarados e promoção da cultura corporativa.

Os executivos ficaram indignados. Eles criticavam as agências do governo que cobravam responsabilidades das corporações. Em seus comitês de ação política, criaram dossiês de campanha para derrotar candidatos que consideravam hostis aos negócios. Em 1980, elegeram um governo federal decidido a exterminar o legado de um século de leis de proteção social e regulamentação da atuação empresarial".[19] Criaram ainda *think tanks* para contestar estudos acadêmicos que contrariassem os interesses das corporações. Porém, as corporações reservaram sua ira maior para a imprensa. Nem no inferno existe fúria semelhante à de uma vaca sagrada que tenha sido dessacralizada.

O mundo dos negócios tem uma vantagem especial em seu ataque à imprensa. Como possui acesso privilegiado aos executivos das empresas de mídia por meio de associações patronais e de *lobby*, pode comprar anúncios em larga escala para rebater notícias. Além disso, ameaça boicotar as publicações que lhe são hostis. Os executivos podem também evocar contra a imprensa a peculiar crença americana (ironicamente criada com a ajuda da mídia) de que atacar as grandes empresas significa uma afronta à democracia dos Estados Unidos.

Criticar a mídia não é um ato antinatural ou prejudicial. O problema é que o ataque corporativo foi uma campanha para desacreditar todo o sistema de imprensa do país, caracterizando-o como uma subversão dos valores americanos. Os jornalistas seriam uma classe de "analfabetos econômicos" com preconceito contra o mundo dos negócios.

Algumas queixas das corporações se justificavam. Existem mais profissionais descuidados ou preguiçosos na imprensa do que deveria ser tolerado. A maioria dos repórteres, de fato, são "analfabetos econômicos", no sentido de não ter competência para analisar os números de uma empresa e nem conhecimento para compreender as forças econômicas mundiais. No entanto, era absurda a acusação de que a média das matérias publicadas na imprensa americana era contra o mundo dos negócios. Embora absurda, a partir dos anos 1970 ela passou a ser repetida à exaustão.

Em 1976, o vice-presidente da Bethlehem Steel, Frederic West Jr., disse à Associação Americana de Proprietários de Jornais: "As pessoas no mundo dos negócios têm muita mágoa da imprensa. Toda vez que um grupo de executivos se junta, você sabe que vai ouvir alguém reclamar da mídia".[20] Em 1977, o presidente da Union Pacific afirmou: "Existe um preconceito disseminado contra as grandes empresas que é ruim".[21] Em 1981, o presidente da agência de publicidade Needham, Harper & Steers/Issues and Images declarou: "Com muita frequência, algumas mensagens furiosas contra as corporações vão ao ar no meio do noticiário comum do dia a dia [...]. Garanto que a maioria das pessoas no mundo empresarial concorda comigo quando digo que as corporações são vítimas de uma cobertura enviesada de suas atividades. Principalmente em matérias sobre lucros corporativos".[22]

Um vice-presidente da Shell fez uma queixa formal em um comitê no Senado contra o preconceito na imprensa. Ele mostrou algumas manchetes como evidência. "Eu trouxe matérias tiradas de jornais diários para mostrar do que estou falando." As manchetes eram:

Nader denuncia que ameaça de racionamento é para dobrar preço do petróleo;

Aspin afirma que petroleiras enganam o público;

Senador declara que falta de petróleo é enganação; e

Jackson sustenta que petroleiras enganam público com desinformação.[23]

Essas notícias, em geral, vinham de estudos documentados ou de relatórios de agências bem reputadas. Lawrence K. Fouraker, então reitor da Faculdade de Administração de Harvard, ecoando as reclamações daqueles que só queriam notícias favoráveis sobre seu ramo de atuação (o que vale também para as empresas de mídia e os próprios jornalistas), afirmou que os repórteres do mundo dos negócios "tendem a acreditar em qualquer coisa se a notícia for ruim".[24]

Nenhuma outra fonte, inclusive ocupantes de altos cargos no governo, é tão eficiente quanto os executivos em fazer com que repórteres sejam demitidos, transferidos ou removidos de cadernos. Se reportagens rotineiras sobre aspectos negativos do mundo dos negócios já deixavam as fontes oficiais furiosas, a ideia de jornalistas conduzirem investigações — como fazem com o governo, beneficiários de auxílio social e o crime organizado — tende a provocar ondas de histeria.

"REPÓRTERES IMPLICANTES?"

Leonard Matthews, presidente da Associação Americana de Agências de Publicidade de 1979 a 1988, afirmou que "as empresas e todo o sistema de livre iniciativa devem ser apoiados pela mídia", mas essa "relação mutuamente saudável" foi "prejudicada nos últimos anos pela ação desproporcional de um pequeno, porém barulhento, grupo de repórteres investigativos. Eles têm o hábito de atacar anunciantes que fazem negócios com o departamento comercial de sua própria empresa jornalística".[25]

Na década de 1980, havia mais repórteres investigativos do que nunca. Eles tinham até sua própria organização, chamada Investigative Reporters and Editors (IRE), criada em 1975 e ativa até hoje. Mas o estereótipo do jornalista como um radical anticorporativo não corresponde à realidade. Um estudo magistral de Stephen Hess, estudioso de mídia, revelou que 58% dos correspondentes de Washington se consideravam "moderados" ou "conservadores" politicamente. "No passado", Hess escreveu, "a imprensa em

Washington era progressista [...] um estereótipo que não se aplica mais".[26]

Isso não exime os jornalistas, que devem se tornar proficientes nos assuntos que cobrem, mas o verdadeiro analfabetismo econômico é baixíssimo na população americana, uma sociedade em que a economia se tornou o centro da política nacional. E ainda mais impressionante é o fato de que no mundo dos negócios estão os maiores analfabetos econômicos. Uma pesquisa conduzida com 3 mil pessoas pelo Advertising Council revelou que "apenas 8% de todos os homens e mulheres de negócios dos EUA sabem definir corretamente estes cinco conceitos: negócios, força de trabalho, consumidor, investidor e publicidade".[27]

Um dos críticos mais ácidos da cobertura do mundo dos negócios na imprensa foi Walter B. Wriston, presidente do Citibank entre 1970 e 1984. Ele insistia em dizer que jornalistas se interessam apenas por más notícias sobre a economia. "A mídia, apoiada por certos acadêmicos 'progressistas', quer nos fazer acreditar que as coisas não só estão indo de mal a pior como que estão degringolando rapidamente", declarou Wriston em 1975.[28] A previsão dele para aquele ano era de que "a inflação vai cair muito, muito substancialmente" e "sem dúvida alguma o preço do petróleo vai baixar". Cinco anos depois, a inflação havia subido mais de 50%, e o preço dos derivados de petróleo estava 150% mais alto.[29] No fim, a inflação e o preço dos combustíveis realmente caíram, mas o fato de "no fim" isso ter acontecido não é uma demonstração muito convincente de que um grande banqueiro tem mais visão que os "analfabetos econômicos" que, na ocasião, posicionaram-se de maneira mais cética que o mercado financeiro.

A intensa campanha corporativa contra o suposto preconceito no noticiário continha uma grande quantidade de cinismo, além da raiva que a motivou. A maioria dos grandes executivos nunca foi criticada pela mídia. David Finn, que comandava um grande escritório de relações públicas, o Ruder and Finn, fez uma pesquisa com as mil maiores empresas americanas para a American Management Association em 1981. Quando os CEOs foram solicitados a descrever o tratamento recebido por suas empresas pela mídia, a resposta foi: ruim, 6%; justo, 28%; bom, 47% e excelente, 19%.[30]

Dois terços dos principais executivos do país consideravam que o tratamento dispensado pela mídia a suas empresas era bom ou excelente, e apenas 6% achavam ruim. As corporações são o grupo que mais reclama de barriga cheia na sociedade americana.

Alguns executivos inclusive afirmaram que a campanha antimídia das corporações estava equivocada. J. Peter Grace, presidente da W. R. Grace Company, afirmou que a imagem ruim das empresas junto ao público surgiu "porque as empresas agiram de forma desonesta no contato com funcionários de governos e compradores privados espalhados pelo mundo". William F. May, presidente da American Can Company, declarou: "Existe uma tendência nas empresas de ter cautela e comunicar apenas o que é favorável. Precisamos apresentar informações de maneira mais aberta".[31]

O senador Abraham Ribicoff, do estado de Connecticut, falou em uma reunião de altos executivos em 1979:

> Os homens de negócios sempre se irritam e põem a culpa nos outros quando são responsabilizados por suas ações. Vocês foram superados pelos japoneses no mercado de carros compactos. Vocês tratam qualquer regulamentação como um ataque, mas sabem muito bem que algumas delas os beneficiam. Vocês parecem se esquecer de que o povo americano também precisa se preocupar com sua saúde, sua vida e sua segurança.[32]

A VISÃO HEROICA
DAS CORPORAÇÕES

Talvez não haja nenhum reduto tão flagrante do cinismo como o ramo da publicidade corporativa. Os anúncios são destinados não a vender produtos e serviços, mas, sim, a promover os interesses e uma imagem benevolente da corporação, além de atacar qualquer coisa que a prejudique. Esse tipo de publicidade dobrou de tamanho nos anos 1970 e se tornou um negócio de 500 milhões de dólares por ano.

Como o diretor de uma grande agência de publicidade explicou:

> É a apresentação da corporação como um herói, um cidadão responsável, uma força do bem, informando sobre o trabalho que a empresa faz pela comunidade, para dar assistência aos menos favorecidos, minimizar a poluição, controlar o problema das drogas e reduzir o nível de pobreza.[33]

A publicação *Media Decisions* estimou em 3 bilhões de dólares a quantia que as corporações gastam na promoção de uma visão heroica de si mesmas e em "explicações do sistema capitalista", que incluem a distribuição em grande escala de cartilhas corporativas nas escolas, uma ação que quase sempre rende isenções fiscais.[34]

As crises energéticas dos anos 1970 e 1980 intensificaram as campanhas das corporações contra a mídia, lideradas dessa vez pela indústria do petróleo. A escalada extraordinária dos preços dos combustíveis foi acompanhada de grandes lucros por parte das petroleiras. Os anúncios de lucros corporativos tinham intenção, como sempre, de causar boa impressão em investidores internacionais, e o público em geral não deveria nem prestar atenção. Mas não foi o que aconteceu. O público cobrou de legisladores, de grupos de ação cívica e da mídia uma explicação do motivo pelo qual os consumidores precisavam fazer sacrifícios, mas as empresas petroleiras não. Uma pesquisa mostrou que 25% da população americana defendia a nacionalização da indústria do petróleo.

A estrutura e as finanças da indústria petroleira estão entre as mais bizantinas do mundo. Os jornalistas não tinham noção, e em sua maior parte ainda não têm, das demandas da economia do setor energético. Essa negligência jornalística prejudicava o público, mas sempre foi vantajosa para as petroleiras.

Na década de 1980, a maior defensora do heroísmo das corporações e a maior crítica da imprensa era a Mobil Oil. Em 1981, ela e suas aliadas petroleiras deram ao mundo do jornalismo uma lição objetiva das penalidades impostas a repórteres que andassem fora da linha imposta pelas corporações.

A Mobil Oil era a terceira maior petroleira do país[XXXIII] e liderava o ataque corporativo à imprensa por um suposto viés negativo contra o mundo dos negócios.[35] Em 1972, começou a usar seu orçamento anual de 21 milhões de dólares destinados a relações públicas para comprar anúncios direcionados contra a imprensa. Assim, conseguiu garantir um lugar na página de opinião de mais de uma dezena dos principais jornais do país (uma coluna ao lado dos editoriais, que ficou conhecida no ramo como "a posição da Mobil"). Durante a crise do petróleo de 1973, os editoriais e anúncios da Mobil apareciam em centenas de jornais. A empresa também

---

[XXXIII] Assim como no mercado norte-americano de mídia, o das petroleiras também tem experimentado constantes processos de fusão desde então. Das grandes americanas dos anos 1970, a Gulf Oil, a Socal e a Texaco foram engolidas pela Chevron; e a Mobil foi absorvida pela Exxon (na época a segunda maior entre as norte-americanas). Mas, no caso das petroleiras, nos anos recentes, a maior parte das primeiras posições do ranking passou a ser ocupada por empresas da Arábia Saudita e da China.

bancava uma coluna chamada "Observações" em suplementos dominicais distribuídos em milhares de jornais locais. A Mobil ainda mantinha uma rede informal de canais de TV para transmitir seus comerciais políticos contra a imprensa e patrocinava livros, que publicava em seu próprio selo ou encaixava em editoras universitárias. O livro *The Genius of Arab Civilization*, publicado pela New York University Press, foi um entre muitos que promoviam os interesses das petroleiras. Outros tantos relatórios patrocinados pela Mobil foram publicados pela MIT Press e pelo Hudson Institute.

A confiabilidade das informações do material promocional da Mobil nem sempre foi exemplo para os jornalistas que a empresa tão duramente criticava. Em 1980, a Mobil, sob ameaça de punição governamental, concordou em corrigir as informações veiculadas no anúncio de um produto. Ele prometia uma economia de 25% em combustível, mas, na verdade, provocava o aumento do consumo.[36]

A mais influente e conhecida ação contra a imprensa movida pela Mobil apareceu nas páginas de opinião do *New York Times*, do *Wall Street Journal*, do *Washington Post* e de outros jornais de regiões metropolitanas importantes. O anúncio expressava toda a fúria da empresa contra erros da mídia, assim como sua preocupação com a ignorância do jornalismo, e citava de forma sarcástica a falta de atenção aos verdadeiros princípios da Primeira Emenda. Infelizmente, a Mobil parecia acreditar que a emenda que deveria orientar a imprensa não se aplicava também à indústria do petróleo.

Nas palavras de um anúncio da Mobil: "Qualquer restrição ao livre debate é perigosa. Qualquer política que limite a circulação de informações ou ideias é potencialmente prejudicial".[37] É um conceito muito nobre. Porém, logo depois, a Mobil Oil, uma grande patrocinadora do sistema público de rádio e TV, solicitou à PBS que cancelasse a exibição de um filme que poderia incomodar um de seus parceiros comerciais, a Arábia Saudita.[38]

Em 1981, a Mobil publicou um de seus anúncios em dez grandes jornais, com uma circulação total de 7 milhões de exemplares. O anúncio citava as irmãs beneditinas de uma forma que não as agradou. As religiosas protestaram. Apenas um dos jornais em questão, o *Los Angeles Times*, publicou a carta com a reclamação. A campanha multimilionária da Mobil era mais convincente para os outros nove jornais do que as queixas de um grupo de freiras sem um tostão a oferecer.[39]

Outro anúncio elogiava a sensibilidade da empresa sobre a questão da poluição.[40] Quando uma associação da qual a petroleira fazia parte, o Council of Economic Priorities, publicou um relatório que mencionava o histórico comprometedor da Mobil no quesito poluição, a empresa retirou seu apoio financeiro à instituição. E quando a Universidade Columbia criou um programa educacional para repórteres que cobriam o mundo dos negócios, um projeto destinado a reduzir o "analfabetismo econômico" na imprensa, a reação da Mobil deu uma boa pista do tipo de analfabetismo econômico que a incomodava. A empresa, a princípio, era colaboradora do programa, mas, quando a universidade anunciou o diretor do projeto, ela retirou o apoio. A pessoa em questão já havia feito críticas à indústria do petróleo.

Mais um exemplo das intenções da Mobil: quando uma corporação menor usou uma organização de fachada para criticar a Mobil, um vice-presidente da empresa declarou, indignado: "O público tem o direito de saber quem está por trás de toda ação ideológica". Isso levou o jornalista especializado em relações públicas Jack O'Dwyer a revelar que a Mobil era patrocinadora de charges antigoverno e pró-indústria petroleira publicadas em centenas de jornais do país como se fossem publicações editoriais, e não anúncios disfarçados da empresa.

O cinismo dos anúncios que promovem políticas corporativas nem sempre é tão sutil.[41] Um anúncio da Mobil afirmava que a empresa precisava operar com altas margens de lucro porque só conseguia extrair petróleo de 1,7% de seus poços. O que o anúncio não informava era que esse número só valia para uma categoria secundária de perfurações, e que contando todas as formas de extração sua média de sucesso era de 60%. Ainda menos sutil foi um anúncio de 1979, declarando o seguinte: "As companhias de petróleo usam suas receitas na pesquisa de novas fontes de energia? A história mostra que sim".

Infelizmente, a história mostra que não. As 20 maiores petroleiras usaram seus lucros para adquirir tantas empresas de fora do ramo de produção e distribuição de energia que o valor de suas propriedades desse tipo em 1979, o ano em que a Mobil publicou o anúncio, chegava a 35 bilhões de dólares.[42] A própria Mobil investia boa parte de seus lucros, supostamente "na pesquisa de novas fontes de energia", em empreendimentos como Montgomery Ward, Container Corporation of America, restaurantes em Kansas City, condomínios em Hong Kong e na W. F. Hall, de Chicago, uma das maiores gráficas comerciais do mundo. A "pesquisa de novas fontes de energia" em que a Mobil empenhava seus lucros incluía ainda a impressão das revistas *Playboy* e *National Geographic* e de livros das editoras Bantam e Random House.[43]

O PETRÓLEO CONTRA UM JORNALISTA

O poder silencioso que uma grande corporação exerce para censurar informações prejudiciais a ela e silenciar o jornalista que as apura pode ser visto em toda sua plenitude no ataque que a Mobil e suas aliadas petroleiras promoveram contra um repórter de economia da United Press International (UPI), uma das principais agências de notícias americanas na época.

As grandes petroleiras com sede nos Estados Unidos pagam um imposto de renda baixíssimo. As magras porcentagens são escamoteadas nos balanços com tanta maestria que a Comissão de Títulos e Câmbio afirmou que não há como compreendê-las com métodos contábeis tradicionais. Porém, quando as complexidades das finanças da indústria foram expressas em linguagem simples e direta, a Mobil e suas parceiras decidiram desacreditar o jornalista responsável pela tarefa.

O repórter escolhido não era exatamente um exemplo de progressista radical hostil ao mundo dos negócios. Edward F. Roby, da UPI, era um militar graduado na West Point. Havia sido premiado por sua atuação na Guerra do Vietnã e era devoto fervoroso do economista conservador Milton Friedman, defensor da ideia de que as corporações não devem pagar imposto de renda. Mas Roby também acreditava no jornalismo e na ideia de dar notícias de forma clara.

Em 5 de junho de 1981, Roby recebeu um relatório governamental de rotina na sucursal de Washington da UPI. Era um estudo sobre a arrecadação e os impostos pagos pela indústria do petróleo, preparado pelo Sistema de Relatórios Financeiros do Departamento de Energia dos EUA.[44] O repórter notou que os impostos cobrados das 26 maiores empresas de energia, entre elas Mobil, Exxon e Gulf, eram surpreendentemente baixos, considerando suas receitas brutas ajustadas. A receita, no caso das petroleiras com sede nos Estados Unidos, incluía isenções fiscais para impostos equivalentes pagos em outros países.

O imposto de renda nominal para corporações era de 46%, mas, na prática, a taxa paga pelas corporações americanas em 1979 foi de 23,7%. As 26 maiores empresas de energia, de acordo com o relatório, pagaram ainda menos — 12,4% — em uma época de lucros recordes para a indústria. Os 12,4% de imposto de renda pagos pelas maiores companhias de petróleo era, como Roby apurou com o IRS, o mesmo percentual pago por um trabalhador que ganhasse menos de 20 mil dólares por ano. Ele escreveu essa informação em uma matéria distribuída pela UPI em junho de 1981.

Logo depois que a reportagem de Roby foi publicada,[45] um anúncio apareceu na "posição da Mobil" em 11 influentes jornais americanos com o título: "Eles nunca vão aprender?" "Mais uma vez", dizia o anúncio, "os leitores de jornais do país receberam uma dose cavalar de desinformação sobre os impostos pagos pela indústria do petróleo".

Depois da costumeira denúncia de que a matéria sobre os lucros das petroleiras era "enganosa" e estava "claramente incorreta", o anúncio da Mobil complementava: "Não é a primeira vez que a indústria do petróleo foi falsamente acusada de não pagar os devidos impostos [...]. Esperamos que a UPI esclareça o fato para que o público americano possa fazer seu julgamento com base em dados corretos".

O anúncio afirmava aos leitores que a receita da indústria do petróleo era

> taxada pelo país em que é obtida, de acordo com as regras tributárias de cada lugar. Esse imposto de renda pago no exterior — e apenas o imposto de renda — é abonado pela lei americana para evitar uma dupla taxação sobre a mesma renda [...]. Apesar de esse fato já ter sido explicado centenas de vezes, os repórteres ainda se revelam incapazes de entendê-lo.[46]

Mas Roby e a UPI estavam certos.

UMA LIÇÃO
SOBRE IMPOSTOS

O que a Mobil não explicou centenas de vezes — e talvez nenhuma — foi o estranho expediente que a empresa usou para definir o "imposto de renda" que pagava no exterior. A Mobil era membro da Aramco, um consórcio de quatro petroleiras — Mobil, Exxon, Socal e Texaco — que extraía petróleo na Arábia Saudita. Na década de 1950, os sauditas anunciaram um aumento do preço do petróleo para seus parceiros. Normalmente, isso significaria que a Aramco pagaria *royalties* mais altos pelo petróleo e deduziria o valor de suas receitas como um aumento de custo de matéria-prima, da mesma forma que um cidadão comum pode deduzir de suas receitas (não dos impostos pagos) os valores que gasta com consultas médicas. Mas não foi isso o que aconteceu.

Em 1977, o congressista Benjamin Rosenthal, de Nova York, revelou documentos secretos do IRS referentes aos anos 1950.[47] Os papéis revelavam que as leis tributárias da Arábia Saudita tinham sido escritas com a ajuda da Aramco para definir o custo extra não como "*royalty*" ou "custo de matéria-prima", como deveria, mas como "imposto de renda". Os sauditas sabiam que o imposto de renda pago no exterior é descontado do imposto de renda que as petroleiras pagam nos Estados Unidos sobre as receitas totais das empresas americanas.

Na época, o Departamento de Tesouro dos EUA definiu esse "*royalty* disfarçado de imposto de renda" como uma "trapaça". Porém, o poder da indústria do petróleo sobre o governo é quase inigualável, e o esquema heterodoxo acabou sendo aceito pelo Tesouro. Em 1977, um cálculo do Comitê de Taxação do Congresso revelou que 75% do que as petroleiras pagavam à Arábia Saudita pelo petróleo era contabilizado como "imposto de renda", reduzindo o imposto pago nos Estados Unidos. A manobra causava um prejuízo de 2 bilhões de dólares anuais aos contribuintes americanos. Era uma forma tão lucrativa de sonegar impostos que motivou as principais petroleiras a concentrar seus negócios no Oriente Médio, apesar do alto custo e do futuro instável da operação.

A Mobil não explicou a "trapaça". Em vez disso, difamou uma matéria correta.

Recentemente, funcionários do governo chinês, onde não existe cobrança de imposto de renda, ficaram perplexos quando petroleiras americanas que negociavam contratos de perfuração requisitaram à China que cobrasse esse imposto. Ao que tudo indica, o pedido não foi motivado pelo desejo de contribuir com um regime marxista, mas, sim, por um desejo de reduzir artificialmente os impostos pagos nos Estados Unidos.[48]

Alguns anos depois do ataque da Mobil à matéria de Roby e da UPI, a Exxon, em uma provável tentativa de ajudar sua parceira, foi à carga contra outra matéria do jornalista, citando-o nominalmente. Roby só havia mencionado algo publicado pelo *Wall Street Journal* e outras publicações especializadas.[49] James Watt, o secretário do Interior, seguindo sua filosofia de máxima exploração dos recursos naturais, anunciara que uma vasta área do oceano estava disponível em um leilão para explorações de perfuração pelas petroleiras. Roby escreveu que algumas companhias achavam que Watt havia disponibilizado uma área grande demais de uma só vez. A notícia era que as companhias queriam menos áreas para explorar, e não mais. No 17º parágrafo da matéria, Roby informou que a Exxon recomendava "o oferecimento de uma área bem menor em cada leilão". E, de fato, a comunicação da Exxon com o secretário Watt recomendava exatamente "o oferecimento de uma área bem menor em cada leilão".

Em teletipos, telegramas e cartas enviados a redações de todo o país, a empresa afirmava que Roby e a UPI "não representaram com exatidão a posição da Exxon".[50] Nessas mensagens, a companhia não informava o que dissera a Watt e o que Roby tinha escrito. A Exxon simplesmente afirmava que havia sido mal interpretada. A UPI depende da confiança que os jornais e as emissoras de rádio e TV depositam em suas matérias. Um grande anunciante afirmando que uma matéria estava equivocada era um perigo em potencial. E Roby, como jornalista, viu sua posição ser fragilizada pela campanha de uma companhia petroleira contra uma matéria que estava correta.

A Exxon não foi a única petroleira a recomendar que áreas menores de perfuração fossem oferecidas nos leilões. Outras empresas que fizeram o mesmo foram Atlantic Richfield, Union Oil, Sohio e Marathon. Os pedidos de áreas menores estão registrados nos arquivos das companhias, nos arquivos do governo e nos releases enviados à imprensa. Mesmo assim, para apoiar a Exxon em seu ataque à mídia, Charles DiBona, presidente do American Petroleum Institute, a principal entidade de *lobby* da indústria, emitiu um comunicado à imprensa afirmando: "Não conheço nenhuma companhia que em algum momento tenha afirmado desejar menos áreas abertas à exploração em seu inventário".[51]

Tony Dinigro, chefe da assessoria de imprensa da Mobil Oil, disse em uma reunião patrocinada pelo grupo de extrema direita Accuracy in the Media que o anúncio intitulado "Eles nunca vão aprender?" havia sido redigido para causar embaraço ao serviço das agências de notícia. Dinigro afirmou: "Esperamos que o anúncio sirva para que o repórter, a agência e outros jornalistas que escrevam sobre o assunto — a Mobil Oil — tomem o cuidado de [...] produzir uma matéria que seja correta".[52]

O ataque orquestrado contra Roby deu resultado. A UPI ordenou que o repórter não escrevesse mais sobre a Exxon nem outra matéria mais extensa sobre petróleo e impostos. Isso a despeito de a especialidade de Roby na sucursal de Washington ser energia e meio ambiente e de seus chefes concordarem que suas reportagens sobre as petroleiras estavam corretas. Em pouco tempo, o jornalista saiu da UPI e se tornou correspondente na Europa de uma empresa de mídia americana.

Por que a Exxon escolheu Roby como alvo, se a mesma citação havia aparecido em jornais como *Wall Street Journal* e *Washington Post*? Uma possibilidade é que a matéria anterior dele, que falava sobre o imposto de renda pago pelas petroleiras, tenha colocado o jornalista na mira.

Uma lição objetiva da Escola Corporativa de Jornalismo havia sido dada. As corporações dispõem de orçamentos multimilionários para dissecar matérias e atacar repórteres que as desagradam. E elas não são hostis apenas contra os jornalistas como indivíduos — fazem o mesmo com seus empregadores.

Em 19 de outubro de 1981, a UPI registrou de forma correta mais um ataque à mídia americana. Um executivo de uma corporação dissera: "O que nosso país precisa mais do que tudo é de liberdade com relação à imprensa. [...] A imprensa é absolutamente intolerável hoje em dia".

Quem deu essa declaração foi Arthur Temple, na época vice-presidente da Temple-Eastex, a maior acionista da Time Inc., principal editora de revistas do país. A empresa empregava centenas de jornalistas, profissionais cuja atuação o sr. Temple, membro do conselho diretor da Time Inc., considerava "absolutamente intolerante". Entre as publicações sobre as quais o sr. Temple tinha responsabilidade, como membro do conselho diretor, estava uma especializada no mundo dos negócios, a revista *Fortune*.

9.
DA MITOLOGIA À TEOLOGIA

Neuharth diz que cidades com um só jornal não existem.
Manchete de revista especializada

Nenhum jornal da Gannett enfrenta concorrência direta.[1]
ALLEN NEUHARTH, presidente da Gannett Co., para analistas de Wall Street

Os antropólogos, examinando a história à procura do que o jornalismo deveria fornecer diariamente — a verdade —, sabem que os poemas épicos têm uma qualidade curiosa. Os homens e as mulheres dos mitos são mais corajosos e leais que as pessoas da vida real. Transformar a mistura natural de atos nobres e ignóbeis da vida em puro heroísmo é uma tarefa feita por gente que, como os editores da antiga *Enciclopédia Soviética*, acredita ser uma obrigação religiosa desinformar o público para o bem dele próprio. Eles podem também estar convencidos de que os pecados

dos heróis são simplesmente uma forma mal interpretada de filantropia.

Cada cultura tem seu folclore oficial. Nos tempos antigos, os xamãs alteravam as lendas tribais em benefício de seu status. No século XX acontece o mesmo, todavia, os altos sacerdotes que comunicam os dogmas míticos o fazem por meio de grandes máquinas centralizadas de comunicação — cadeias de jornais, redes de emissoras de rádio e TV, grupos de revistas, editoras de livros e estúdios de cinema. Os operadores desses sistemas disseminam sua própria versão do mundo. E, de todas as lendas que criam, nenhuma é tão heroica como aquelas em que estão envolvidos.

A maior e mais agressiva cadeia de jornais dos Estados Unidos não era muito diferente de outros gigantes da mídia. Não era melhor nem pior. Mas a Gannett Company Inc. é uma praticante contemporânea de destaque do antigo ritual de criar mitos em benefício próprio. Ainda de acordo com o ritual, ela comete atos de ganância e exploração e os descreve como épicos heroicos, por meio de seus próprios maquinários. Na vida real, a Gannett violou leis, doutrinas de livre mercado e os ideais de honestidade do jornalismo. Mas suas proclamações oficiais são um exercício moderno, revestido do verniz típico da Madison Avenue, do antigo privilégio de quem cria as narrativas: transformar os escândalos dos pecados privados em hinos de virtude pública.

PALAVRAS PROIBIDAS

No princípio havia Frank E. Gannett.[2] Ele era alto, tinha o rosto largo e era genial; nunca bebia nem fumava, e apenas em casos extremos exclamava um "Minha nossa!". De acordo com a tradição mítica, começou a trabalhar logo depois de sair da Universidade Cornell e, por seus próprios méritos, em 1906 se tornou um dos donos da pequena *Elmira Star-Gazette*, no estado de Nova York. A partir dessa origem humilde surgiu a maior cadeia de jornais dos Estados Unidos. (A palavra *cadeia*, com suas implicações de cativeiro, é detestada pela indústria dos jornais, que prefere o termo *grupo*, com sua conotação positiva de harmonia e auxílio mútuo.)

Enquanto seu proprietário era vivo, os jornais de Gannett eram inflexivelmente conservadores. Mas Frank Gannett propalava o dogma sagrado da liberdade para seus editores e repórteres locais. Ele ou sua fundação podiam até ser os proprietários de um jornal, mas o editor local trabalharia sem nenhuma interferência de cima. Carl Lindstrom, editor do *Hartford Times*, descreveu o que aconteceu quando um funcionário de Gannett se dirigiu à redação na época em a cadeia adquiriu o jornal, em 1928:

> Ninguém deve usar a palavra "cadeia" para se referir aos jornais da Gannett. A palavra não deve aparecer no jornal. Não deve ser proferida. Se alguém de fora for indiscreto ou ignorante a ponto de dizê-la, deve ser esclarecido de imediato que, ao se referir aos jornais da Gannett, a palavra usada é "grupo".[3]

Depois de emitir o comando vindo de cima, o funcionário declarou em seguida: "Devo explicar [...] que o princípio que norteia o sr. Gannett na operação de seus jornais é a autonomia local".

Enquanto os gregos dispunham dos poemas de Homero para narrar seus grandes feitos, as corporações modernas se valem de outras formas de arte: discursos de executivos, entrevistas coletivas e releases de imprensa que são reproduzidos em detalhes nos seus próprios veículos de mídia. Acima de tudo, estão os anúncios gigantescos que celebram a bondade e a utilidade social da corporação. Gannett sempre foi um praticante convicto dessa arte.

Em 1936, um anúncio de página inteira da Gannett informava a transferência dos 19 jornais de Frank Gannett para a Frank E. Gannett Newspaper Foundation, cujos diretores vitalícios foram todos indicados pelo próprio sr. Gannett. O anúncio não mencionava nenhum motivo mundano, como benefícios fiscais, por exemplo. Segundo o texto, o motivo da reorganização era prestar mais serviços à comunidade:

> Jornais não devem servir para dar lucro ao proprietário, mas para benefício das comunidades em que são publicados. O custo não deve ser uma preocupação importante em sua produção [...]. O objetivo é ter sucesso comercial, porém os lucros devem retornar ao solo de onde brotaram.[4]

Um ano depois, Frank Gannett fez dois de seus jornais retornarem ao solo de onde brotaram, em Albany, no estado de Nova York. O fim das duas publicações acabou com a concorrência direta com os jornais de William Randolph Hearst.[5] Nessa mesma época, por acaso, Hearst fechou seus dois jornais em Rochester, também no estado de Nova York, cedendo a Gannett o monopólio na cidade. Talvez fosse conveniente que Gannett não tivesse concorrentes em Rochester, que iria se tornar a sede de seu império. Porém houve certas almas pouco generosas que consideraram essa notável coincidência — nada rara entre cadeias de jornais concorrentes — um argumento nada convincente em favor da livre iniciativa. Era uma violação ao dogma capitalista de concorrência sem restrições que os jornais defendiam com fervor religioso em seus editoriais. Na tradição dos épicos homéricos, Hearst e Gannett anunciaram essas medidas como sendo um serviço prestado ao público.

Passou-se apenas um ano e Gannett se viu diante de uma interpretação nada reverente de sua dedicação ao jornalismo sem medo ou favorecimento. Era um período de rápido crescimento de sistemas de geração de energia de propriedade de estados e municípios, acompanhado de contra-ataques ferozes de empresas privadas de energia, na época chamadas de "trustes". A. R. Graustein, presidente da International Paper and Power Company, declarou a um comitê do Senado que sua companhia havia financiado secretamente a expansão da cadeia de Gannett, o que dava ao poderoso truste uma influência sobre seus jornais (e sobre outras cadeias para as quais a empresa havia feito a mesma coisa). O senador George W. Norris, que presidia o comitê, afirmou que aquilo era parte de uma "campanha engendrada em todo o país pelo truste das companhias para controlar a geração e distribuição de energia elétrica".[6]

Pode ter sido coincidência que os jornais de Gannett fossem defensores ferrenhos do truste e opositores furiosos das usinas de geração de energia de propriedade estatal.

Frank Gannett morreu em 1957, e seu sucessor no comando da cadeia de jornais foi Paul Miller. Como Gannett, ele era alto, mas, ao contrário de seu predecessor, bonito e imponente. Embora tivesse modos aristocráticos, era nascido em Diamond, no Missouri, e foi criado em uma cidadezinha em Oklahoma. Esse histórico interiorano era enfatizado quando ele visitava os donos de jornais locais, com os quais estabeleceu relações paternais de amizade e confiança. Quando esses jornais se viam diante de gastos causados por impostos de herança ou por disputas de herdeiros, parecia natural que se voltassem para Paul Miller. Eles procuravam aconselhamento e, por consequência, um comprador em potencial para as publicações. Sob a direção de Miller, a tradição de aquisições da Gannett se acelerou.

Assim como o costume de construção de uma mitologia épica que, em alguma ocasião, inclui a invocação homérica dos mortos.

CITANDO ERRONEAMENTE UM ÍCONE

Em 11 de fevereiro de 1963, Paul Miller recebeu o prêmio William Allen White Award na Universidade do Kansas. Proprietário e editor do *Emporia Gazette,* um pequeno jornal do Kansas comprado em 1895, William Allen White (1868- -1944) se tornara a voz nacional da ala progressista do Partido Republicano. Era um humanista. O editor, que nunca deixou de viver em Emporia, levava ideias de civilização aos corredores do poder e era conselheiro de presidentes — inclusive de um do Partido Democrata, quando os ventos mudaram. White era um dos poucos proprietários de jornal dignos de uma reverência justificada, tanto que podia até criticar seus pares pela estreiteza de pensamento e ganância, ou, segundo suas palavras, "a arrogância inconsciente dos conscientemente endinheirados". Sua morte, em 1944, foi lamentada em manifestações pomposas de condolências de proprietários de jornais que sempre ignoraram seus preceitos.

Ao receber o William Allen White Award, Paul Miller fez perguntas e afirmações interessantes aos espectadores presentes:

William Allen White aprovaria as cadeias de jornais?;

Acharia que os jornais das "cadeias" estão tendo bons ou maus efeitos sobre o jornalismo americano? Ou nenhum efeito?;

Ele poderia ter ganhado fama mundial como editor de um dos chamados "jornais de grupo"?

Minhas respostas para todas... essas perguntas são otimistas e afirmativas.[7]

Se William Allen White teria conseguido manter sua independência iconoclasta fazendo parte da cadeia de Gannett é algo que pode ser analisado no futuro. Por ora, é importante assinalar que White abominava as cadeias de jornais. Ele detestava a ideia de que grandes corporações tivessem influência sobre o noticiário. Como escreveu certa vez:

À medida que os interesses dos jornais assumem a forma de uma proposta comercial ou industrial, os perigos da corrupção empresarial da imprensa se tornam cada vez maiores. Os trustes estão obviamente adquirindo jornais para controlar os vestígios restantes de liderança, os fragmentos de profissionalismo que ainda existe no ramo dos jornais.

Como um investimento comercial, o jornal oferece um bom retorno. Mas, como arma política, rende às corporações centenas de dólares em influência oculta a cada dólar ganho como retorno direto.[8]

A mais reveladora opinião sobre as cadeias e seus proprietários foi expressa no obituário que escreveu no *Emporia Gazette* quando da morte de Frank Munsey, o grande operador de cadeias de jornais de sua época.

Frank Munsey, o grande editor, está morto.

Frank Munsey contribuiu com o jornalismo de seus dias com o talento de um açougueiro, a moralidade de um agiota e as maneiras de um coveiro. Ele e seus semelhantes conseguiram transformar uma profissão outrora nobre em um investimento financeiro.

Que ele descanse com juros.[9]

Quando Platão, grande defensor da elite, pôs-se a eliminar realidades inconvenientes da obra de Homero, ele declarou: "Devemos implorar que Homero não se enfureça pela remoção dessas passagens". White, que estava morto havia 19 anos quando Miller evocou suas bênçãos do além-túmulo, certamente teria muito a dizer sobre Platão e Paul Miller.

O ano de 1963 se revelou especialmente importante para a história da Gannett: foi quando Allen Harold Neuharth chegou à sede da empresa em Rochester.[10] Frank Gannett tinha uma visão limitada, Miller a ampliou e Neuharth transformou a empresa em um conglomerado moderno. Inteligente, bonito, vaidoso, nada apologético em seu amor ao poder e ao status, Neuharth poderia muito bem ser o astro de histórias sobre conquistas corporativas, talvez produzidas por uma das duas empresas televisivas que comprou. Ele ganha mais de 1 milhão de dólares por ano, viaja no jatinho da empresa com o imperial G estampado em todas as superfícies visíveis, tem uma predileção por vinhos Pouilly-Fuissé e ternos reluzentes de *sharkskin* (segundo um amigo: "Quando Al está de terno, é impossível distinguir entre o tubarão e o homem")[xxxiv]. Com a chegada do pupilo, Miller aos poucos foi abrindo mão de seus cargos, e Neuharth se tornou presidente, CEO e presidente do conselho diretor da companhia.

Outro ano crucial foi o de 1967. Ali, ao grupo Gannett se juntaram as grandes cadeias de jornais que, a partir de 1963, entraram na mira do mercado financeiro internacional negociando ações em Wall Street. Em 1967, a Gannett era dona de 28 jornais e tinha receitas anuais de 250 milhões de dólares.[11] Sob a direção de Neuharth, a corporação, financiada por Wall Street, passou a ser dona de 93 jornais diários, 40

---

xxxiv *Sharkskin*, "pele de tubarão", é um tecido fino usado para ternos.

semanais, 15 estações de rádio, 8 emissoras de TV, 40 mil outdoors, a empresa de pesquisas de opinião Louis Harris Public Opinion Poll, participações em produções televisivas, metade da produtora McNeil-Lehrer, canais via satélite em 36 estados e mais de 2 bilhões em receitas anuais. A empresa ganhou um histórico espetacular de relatórios trimestrais com lucros sempre em alta.

ÊNFASE NO DINHEIRO

Mais do que qualquer um no ramo dos jornais dos Estados Unidos, Neuharth transformou a imagem pública dos donos da imprensa. No passado, a maior parte dos proprietários de jornais, cujas finanças pessoais eram de conhecimento apenas dos bancos locais, apresentava-se como defensora da liberdade de imprensa sem ter um centavo no bolso. Eles se escondiam atrás da pobreza e da Primeira Emenda para se defender de acusações de truste, de empregar trabalho infantil, violar leis trabalhistas, impedir a formação de sindicatos, rejeitar as reivindicações salariais dos empregados, lidar com as reclamações dos anunciantes sobre os preços elevados e com as denúncias dos políticos sobre a constituição de monopólios. Cada falência de jornal era noticiada como uma prova do colapso iminente da indústria. Na verdade, o número de jornais diários do país permaneceu constante por 30 anos; enquanto alguns morriam, outros nasciam. A taxa de falência entre os jornais permanecia baixíssima.[12] Durante décadas, a indústria dos jornais foi uma das mais lucrativas dos Estados Unidos.

Neuharth reconheceu que a entrada das empresas jornalísticas na bolsa de valores de Nova York mudou tudo. Grandes investidores não têm interesses em empreendimentos menores à beira do colapso. Assim como os principais executivos da época, Neuharth também percebeu que não era lucrativo renegar o gigantismo. Grandes investidores procuram fluxos de caixa gigantescos. Ele, então, deixou de lado o discurso mendicante e a choradeira patética e começou a celebrar o tamanho e o poderio de uma empresa como sinônimo de eficiência, responsabilidade social — e lucros. Neuharth passou a usar a temida palavra "cadeia" em certos contextos. Ele se reunia periodicamente, assim como todos os executivos, com analistas de Wall Street atrás de informações em primeira mão sobre investimentos para clientes importantes. Durante uma reunião, perguntaram a Neuharth se a pronúncia do nome da corporação era GÃ-nnett ou Ga-NNÉTT. Neuharth sorriu e disse que a pronúncia correta era MONEY.

A Gannett (com ênfase na segunda sílaba) usou uma grande quantidade de dinheiro de Wall Street e gerou ainda mais. Durante 18 anos, de 1967 a 1985, a cada trimestre a empresa reportava um lucro maior que no anterior. Quando a média de retorno aos acionistas era de 15%, a da Gannett era de 21%.[13] Mesmo para os investidores mais ousados, a margem de lucro de alguns jornais da Gannett era impressionante — de 30% a 50% por ano.[14]

Mas em um aspecto Neuharth se revelou bem tradicional. Os proprietários de jornais fazem questão de afirmar publicamente que não existe monopólio em seu ramo.[15] A palavra "monopólio" evoca lembrança de trustes sendo desmantelados pelo governo. Faz ferver o sangue de anunciantes e comunidades que só dispõem de um jornal diário. Sendo assim, os proprietários dos jornais criaram o charmoso conceito de "vozes midiáticas", que incluía, quando necessário para fins retóricos, qualquer coisa que fosse impressa, falada, transmitida, vista ou ouvida em uma comunidade ou sobre ela. Portanto, nenhum jornal diário é um monopólio. Infelizmente, quase todos eles são exatamente isso. No ano 2000, das cidades que tinha jornal diário, 99% tinham apenas um, sem concorrentes (em 1910, mais da metade dos diários tinha concorrentes locais, entre cinco ou seis em geral).

Se de um lado os consumidores e os grupos excluídos de uma comunidade odeiam monopólios, Wall Street tem um caso de amor com eles. Otis Chandler, ex-presidente de outra gigante dos conglomerados de jornais, a Times Mirror Company — responsável pela publicação, entre outros, do *Los Angeles Times* —, declarou: "Se um jornal não tem concorrência, você pode fazer o que quiser para ser lucrativo. Pode manejar seus lucros. Pode controlar despesas e gerar receitas arbitrariamente".[16]

Neuharth, como outros proprietários de jornais, fazia questão de garantir em público que não havia monopólios, mas em conversas privadas — com investidores — afirmava justamente o contrário. Em 1979, a *Editor & Publisher*, principal revista especializada na cobertura do negócio dos jornais, publicou uma matéria sobre um discurso proferido por Neuharth com a manchete: "Neuharth diz que cidades com um só jornal não existem".[17] O exemplo usado para ilustrar seu discurso foi o jornal da Gannett na cidade de Boise, no estado de Idaho. O executivo disse à plateia (que era de outro estado) que havia nove concorrentes locais em Boise — "dez opções diferentes para o leitor". Ele se referia às publicações que chegavam à caixa postal do maior hotel de Boise, mas sem explicar que estava incluindo nessa conta publicações especializadas, como o *Wall Street Journal* e o *Christian Science Monitor*, e tabloides de supermercado, que não traziam nenhuma notícia local. O empresário também não mencionou que nenhum outro jornal era publicado na região em que seu diário circulava. De forma nada surpreendente, a publicação da Gannett em Boise tinha uma fatia de 99,5% do total de jornais diários vendidos.[18]

Em conversas privadas, o discurso de Neuharth era outro. Em 1976, ele disse para analistas de Wall Street: "Nenhum jornal da Gannett enfrenta concorrência direta [...] em nenhuma comunidade em que publicamos". O diretor de um jornal da Gannett em Wilmington, estado de Delaware, declarou à *Advertising Age* que a cadeia comprara jornais em Delaware porque "são os únicos da cidade".

Em 1986, a Gannett finalmente adquiriu um jornal de uma cidade grande com concorrentes, o *Detroit News*, com circulação parecida com a do *Free Press*, da Knight-Ridder. Logo depois, porém, os jornais pediram isenção da lei antitruste para se juntarem em uma sociedade. Mais tarde nesse mesmo ano, a Gannett comprou outro jornal com um concorrente, o *Arkansas Gazette*, que detinha uma liderança folgada de 60% do mercado, contra 40% de seu rival *Democrat*. Era um sinal de que não restavam mais muitos monopólios lucrativos disponíveis para aquisição.

Quando a cadeia começou a se expandir agressivamente, na década de 1970, a imagem da Gannett ficou ameaçada pelas acusações de arrogância monopolística, o que obrigou a companhia a se dedicar em grande forma à arte corporativa. Uma série de anúncios autoelogiosos de página inteira começou a aparecer em jornais e revistas importantes lidos por jornalistas e financistas. Os anúncios estampavam o slogan da empresa: "Gannett — Um mundo de diferentes vozes onde a liberdade se expressa".[19] Um dos anúncios proclamava: "A Gannett acredita na liberdade de informação para o povo".[20]

De tempos em tempos, os anúncios faziam referências à realidade. Alguns dos milhares de jornalistas empregados pela Gannett de fato produzem matérias admiráveis. Isso também se tornou material para os anúncios de página inteira. Porém, a maior parte de um império é composta de vastos domínios silenciosos onde as crescentes demandas por lucros cada vez maiores sufocam a capacidade de produzir bom jornalismo e impedem uma cobertura adequada das notícias de suas comunidades.

E não é desmerecer os benefícios sociais de certas políticas da Gannett observar que tais políticas lhe foram impostas.

Em 1978, a Gannett anunciou sua intenção de se fundir com a Combined Communications Corporation, naquela que, na época, seria a maior fusão de empresas de mídia do país. Era um passo fundamental para a Gannett se inserir na arena dos grandes conglomerados americanos. Neuharth descreveu a operação como um "casamento escrito nas estrelas". No entanto, algumas pessoas contrárias à união não estavam dispostas a se calar para sempre.

Um grupo de ativistas de mídia negros apontou que o histórico de contratação de mulheres e minorias pela Gannett era "abaixo da média do setor".[21] Conflitos de interesse da companhia foram explicitados: em Rochester, por exemplo, os jornais da Gannett se recusaram a noticiar relatórios da organização Urban League, que tratavam da discriminação de preços por parte de supermercados em bairros negros. Tinham medo de perder anunciantes. Argumentou-se também que os jornais da Gannett não davam a devida cobertura a temas como energia nuclear, conflitos raciais e relações humanas — provavelmente, em virtude da proximidade de Paul Miller com Richard Nixon.

A FABRICAÇÃO DE MITOS MODERNOS

A FCC, que precisaria aprovar a fusão, relatou que a companhia resultante da junção excederia o número de estações de rádio e TV permitida para qualquer empresa. E a FCC não estava inclinada a permitir que a Gannett continuasse operando sua própria emissora de TV em Rochester, onde ela já era dona dos únicos dois jornais diários.

A Gannett então recorreu à versão do século XX da mitologia grega.[22] A empresa contratou a agência de publicidade Young & Rubicam para produzir uma campanha de 1,5 milhão de dólares, a fim de criar uma imagem heroica da Gannett. Vendeu sua emissora de TV de Rochester a um grupo de empresários negros (a um preço recorde) e nomeou um editor também negro para seu jornal em Oakland, na Califórnia. O periódico havia sido comprado com relutância, como parte da operação de fusão, já que Oakland enfrentava problemas sociais sérios e tinha muitos concorrentes para os padrões da Gannett (alguns anos mais tarde, a Gannett vendeu o jornal para seu editor, negro, como parte de um programa de promoção racial da empresa). Além disso, começou a promover agressivamente mulheres a altos cargos. A FCC aprovou a fusão.

Neuharth aprimorou sua figura pública. Embora o Departamento de Justiça não se manifestasse sobre fusões de empresas jornalísticas, a imagem heroica de uma corporação ajudaria a manter o governo indiferente. Havia uma necessidade mais imediata de estabelecer uma imagem de benevolência para a Gannett, e ela dizia respeito a questões práticas. Boa parte do negócio envolvia a aquisição de outras empresas. Ao contrário da maioria das aquisições corporativas, os jornais têm atuação altamente localizada. Os anunciantes e as comunidades têm interesse em saber quem são os proprietários de seus jornais locais. Nesse tipo de operação, existe um momento exato para comunicar aos funcionários. Caso a força de trabalho rejeite a ideia de trabalhar para um novo proprietário ganancioso, as pessoas podem começar a pedir demissão e fazer cair o valor pedido originalmente. Além disso, o proprietário local precisaria continuar participando da comunidade depois da venda, e poderia ser obrigado a enfrentar a fúria dos cidadãos por ter entregue o jornal local a forasteiros exploradores. Uma imagem ruim não é boa para os negócios. Os proprietários locais, mais do que quaisquer outros, gostam de vender suas publicações por um bom preço, mas também gostam que os compradores pareçam bonzinhos. Os anúncios da Gannett foram criados para que um potencial vendedor de seu jornal sentisse que fazer negócio com a companhia era um ato patriótico. Os discursos de Neuharth enfatizavam que as grandes corporações eram capazes de defender a liberdade de imprensa de forma mais eficaz que as pequenas empresas. Em 1980, por exemplo, Neuharth afirmou que a verdadeira ameaça à imprensa não estava nas redes de rádio e TV ou nos grandes jornais. Elas estavam "em Pumpkin Center, Dakota do Sul, Paducah, Kentucky, ou Pocatello, Idaho — nas pequenas comunidades espalhadas pelo país —, onde os recursos da mídia são mais limitados e o poder da polícia, dos xerifes e dos advogados pode ser usado para silenciar certas vozes locais".[23]

Era de se supor que Gannett nunca tivesse sido tentado a "silenciar certas vozes locais". Mas em Salem, no Oregon, assim como na Troia antiga, houve um caso de sério conflito entre mito e realidade.

Em 1974, a Gannett comprou de uma família de Salem uma empresa que publicava o jornal matutino e vespertino local. Quando a aquisição foi feita, veio acompanhada do discurso padrão de que os proprietários da cadeia valorizavam cada aquisição, admiravam e respeitavam os jornais existentes na comunidade e que jamais pensariam em dizer aos editores como conduzir o noticiário daquela cidade especial e maravilhosa.

Foi isso que se disse em Salem. Porém, depois do discurso, costuma ocorrer uma série de acontecimentos silenciosos.

9. DA MITOLOGIA À TEOLOGIA

Caso os antigos proprietários tivessem dois jornais, um matinal e um vespertino, como era o caso de Salem, um dos dois diários — de forma gradual e depois de um período protocolar — discretamente era incorporado pelo outro, porque operar apenas um jornal é mais lucrativo. Além disso, caso o jornal não tivesse uma edição dominical, produzida principalmente para vender anúncios, seria criada uma, mas sem nenhum acréscimo ao volume de notícias publicado. E se os repórteres pedem demissão ou se aposentam, eles não são substituídos, o que reduz sem alarde o tamanho das redações. Serviços terceirizados pagos pelos antigos proprietários são interrompidos, e o uso de material da Gannett é incentivado.

A mudança mais importante e menos visível é a projeção financeira que a maioria das cadeias impõe a suas novas aquisições — e a Gannett com mais precisão e punições que a média. A equipe local recebe metas de lucros.[24] Esses números eram chamados de "Plano de Lucros", mas, à medida que a Gannett foi se especializando em eufemismos burocráticos, passaram a ser "Planos de Expansão". A direção do jornal local era informada do quanto de lucro deveria gerar a cada trimestre. As cotas locais eram cuidadosamente calculadas em Rochester, e não se relacionavam com as particularidades da comunidade local (a não ser para obter o máximo que era possível extrair), mas, sim, com o impacto da cadeia como um todo em Wall Street. A cada trimestre, os lucros precisavam subir. Isso manteria os preços das ações em alta, os grandes bancos continuariam a fornecer crédito para mais aquisições e os proprietários de jornais independentes se interessariam em vender suas publicações não por dinheiro, mas em troca de ações em eterna valorização da Gannett.

Os diretores e editores de jornais locais que cumpriam as metas desfrutavam de uma considerável liberdade. Os que não conseguiam eram punidos. Eles eram demitidos de seus cargos ou obrigados a entregar o controle da publicação ao escritório central ou regional da Gannett. Quando fracassavam, perdiam a chance de atingir o objetivo da maioria dos diretores ou editores de diários locais: a chance de promoção para um jornal maior ou, mais à frente, a possibilidade de fazer parte da cúpula nacional da organização. Fosse como fosse, a recompensa não tinha relação com a comunidade, com a qual a empresa tanto anunciava ter "comprometimento" em seus anúncios.

O diretor da operação em Salem recebeu uma lista com o aumento nos lucros anuais dos demais jornais da Gannett. A intenção era deixá-lo impressionado. E funcionou. Em 1975, um ano depois da aquisição feita em Salem, alguns aumentos nos lucros dos jornais da Gannett eram quase inacreditáveis: 113,6%, 90,9%, 58,8%, 45,3%, 32,8%. Cada "unidade" — jornal, estação de rádio ou emissora de TV — precisava cumprir sua cota. Salem tinha de dobrar seu lucro anterior. A qualquer custo. Portanto, depois que os ecos da cerimônia de aquisição silenciaram, mudanças foram feitas nos jornais. Antigos descontos a anunciantes preferenciais foram eliminados.[25] Em um ano, o preço dos espaços de publicidade cresceu 42%. No ano anterior à aquisição pela Gannett, o lucro da empresa havia sido de 700 mil dólares. No primeiro ano sob nova direção, subiu para 1,5 milhão, e, no segundo, para 2,1 milhões — o triplo do valor anterior.

Os anunciantes se rebelaram contra a alta nos preços de espaços publicitários no único jornal da cidade e entraram em contato com uma organização de fora para criar um jornal gratuito em que os anúncios custassem menos. A nova publicação, da Community Publications Inc., em pouco tempo abocanhou 20% do mercado publicitário de Salem.

O império da Gannett contra-atacou. Neuharth nomeou um novo diretor para o jornal com ordens para "aniquilar a Community Press". Os vendedores da Gannett passaram a ganhar um bônus para cada anunciante que tirassem do outro jornal. Os anunciantes receberam ofertas em dinheiro para abandonar a concorrência (a um deles foram oferecidos 13 mil dólares). Os que se mostravam relutantes ganhavam viagens com todas as despesas pagas para Reno e para o lago Tahoe. Contratos de longo prazo com termos mais interessantes foram propostos, sob a condição de que os anunciantes saíssem da concorrência.

Quando um grande anunciante, o K-Mart, ainda se mostrou resistente, os executivos da Gannett visitaram a cúpula nacional do K-Mart. Eles disseram que o outro jornal estava condenado e que, caso a empresa não voltasse a anunciar no diário da Gannett, quando quisesse migrar para o que seria o único jornal da cidade, ela não seria recebida com termos muito generosos. Os executivos não cederam, e a Gannett começou a insinuar coisas sobre o gerente local do K-Mart. Em um depoimento oficial, o gerente afirmou que executivos da cadeia de jornais em contato com seus superiores tentaram fazer com ele parecesse "alguém que tomava decisões por motivos absurdos, por motivos suspeitos, chegando ao ponto de me acusarem de estar recebendo propina, envolvido em casos de suborno e corrupção".

No fim, a Gannett conseguiu levar o concorrente à falência. O outro jornal entrou com um processo na Justiça. A Gannett fez um acordo judicial, em uma época em que os registros dos tribunais ficavam disponíveis ao público. Quando jornalistas começaram a consultá-los, a Gannett requisitou que o tribunal lacrasse o acesso aos autos. Cassandra Tate, uma repórter freelancer, perguntou a Allen Neuharth por que a Gannett, cujos anúncios defendiam o direito à informação e a abertura dos autos dos tribunais, tinha pedido que os registros de seus processos se tornassem inacessíveis. Ela citou um dos anúncios da corporação, que perguntava: "Você sabia que 90% dos casos judiciais terminam em acordos sigilosos? A Gannett não aceita isso".[26] Por que essa posição não se aplicava aos autos dos processos envolvendo a empresa?

Neuharth respondeu: "São negócios. Não acredito que isso tenha alguma coisa a ver com a Primeira Emenda".

LIBERDADE DE IMPRENSA?

Não era a primeira vez que a Gannett tentava se desvencilhar do que pregava em seus próprios slogans. Em 1974, executivos da corporação compareceram ao Rochester Institute of Technology (sediado no edifício Frank E. Gannett) para receber treinamento sobre formas de impedir uma possível greve de trabalhadores sindicalizados de gráficas da empresa.[27] Um jornal alternativo da cidade, o *Patriot*, mandou um fotógrafo para fazer uma imagem do evento. O fotógrafo foi expulso do recinto, com um dos executivos gritando: "Confisquem o filme dele!".

Quando a Gannett, que não lidava bem com o fato de ter concorrência, decidiu vender o *Hartford Times* nos anos 1970 por não ter o monopólio local, o novo dono processou a corporação com acusações de fraude e saiu vencedor.[28] Os executivos da cadeia de jornais tinham criado uma falsa empresa de pesquisas, que emitiu um relatório inflando os números de circulação do diário.

Em 1979, Neuharth declarou: "A diversidade de pontos de vista no noticiário e a qualidade do jornalismo cresceram muito nesta última década nas cadeias de jornais".[29] As corporações com ações negociadas nas bolsas de valores, segundo ele, "oferecem melhores produtos e serviços aos leitores". Um anúncio no *New York Times*, obviamente direcionado a investidores e proprietários interessados em vender suas publicações, perguntava: "O que acontece quando um jornal familiar passa a fazer parte da Gannett?".[30] A resposta: "Ele fica melhor".

Como provar que de fato melhorava? Neuharth achava que tinha a resposta. Em uma entrevista ao *Los Angeles Times* em 1978, ele afirmou que um jornal local que traz um noticiário sofisticado demais está "fora de compasso com sua comunidade". Os jornais das grandes cadeias, por outro lado, são mais realistas e dão aos leitores o que eles querem, o que, consequentemente, fazia crescer as vendas.[31]

Os jornais da Gannett fracassavam em seus próprios parâmetros. De 1973 a 1978, eles perderam 6% de circulação, em uma época em que diários do mesmo tamanho passaram a ter tiragens maiores.[32]

Neuharth deu como exemplo de jornais excessivamente preocupados com a qualidade e quantidade de suas matérias dois diários cujos proprietários se recusavam terminantemente a ceder à pressão das grandes cadeias — o *Riverside Press-Enterprise*, da Califórnia, e o *St. Petersburg Independent-Times*, da Flórida. Enquanto os jornais da Gannett perdiam circulação nos cinco anos anteriores à declaração de Neuharth, os diários independentes "fora de compasso" com suas comunidades viram suas tiragens crescer mais de 8%.[33] Vexames públicos como esse só faziam crescer a necessidade de mais mitologia. O volume de anúncios de página inteira cresceu. Neuharth passou a dar ainda mais discursos, que eram publicados de forma detalhada nos jornais da Gannett. Em 1977, ele afirmou que nos primeiros oito anos da década de 1970 "um total de 74 Prêmios Pulitzer foram concedidos a jornais americanos e a seus funcionários. Entre eles, 61 foram para jornais que fazem parte de grupos".[34]

Era uma informação cuidadosamente manipulada. A informação estava correta, caso entre os "jornais que fazem parte de grupos" fossem contadas publicações como o *New York Times* e o *Washington Post*, que em anos recentes vinham adquirindo diários menores. E foram esses jornais que se desenvolveram como publicações independentes que ficaram com a maior parte dos Prêmios Pulitzer: o *New York Times* ganhou oito no período citado; o *Washington Post*, outros oito; o *Boston Globe*, cinco; o *Chicago Sun-Times*, outros cinco; o *Chicago Tribune*, quatro; e assim por diante.[35] Jornais que se estabeleceram originalmente como a única publicação de determinada empresa ficaram com 77% dos Prêmios Pulitzer. Jornais outrora independentes adquiridos por cadeias ganharam apenas 23% dos prêmios, embora constituíssem a maioria dos diários americanos.

NÃO SEJA SÉRIO DEMAIS

O próprio Neuharth pode ter dado uma pista do motivo por que a Gannett não consegue fazer crescer a circulação dos jornais de seus monopólios. Em um discurso para a Sociedade Americana de Editores de Jornais em 1978, proferido em Washington, ele ridicularizou os jornais pequenos que tentavam ser sérios demais. Quando o assunto era o noticiário nacional e internacional, segundo ele em "Coffeyville, no Kansas, e em Muskogee, em Oklahoma, o povo não está nem aí; quanto menos ouvirem falar sobre Washington e Nova York, melhor".[36]

O editor do *Emporia Gazette*, cuja proprietária ainda era a família de William Allen White, estava na plateia. Coffeyville, uma cidade onde a Gannett tinha feito uma aquisição recente, fica perto de Emporia. O editor, então, escreveu: "Era minha primeira reunião, por isso fiquei com vergonha de pegar o microfone e avisar ao sr. Neuharth que Coffeyville não é uma vila de caipiras no meio do mato [...] e que seu comentário era um insulto à nova propriedade da Gannett, o *Coffeyville Journal*".[37]

O *Coffeyville Journal*, na verdade, era uma publicação altamente respeitada, cuja circulação vinha crescendo de forma constante antes de ser comprado pela Gannett.[38] O antigo proprietário, Richard Seaton, e o editor, Daniel Hamrick, tinham sido premiados por sua luta contra as tentativas da John Birch Society de assumir o controle do conselho municipal local. Depois que a Gannett comprou o diário, o noticiário foi reduzido. Quando uma matéria corretamente apurada feriu os interesses de um anunciante, a Gannett ordenou ao editor que apaziguasse os ânimos. Quando cidadãos reacionários se queixaram da linha editorial do diário, um diretor regional da Gannett deu razão aos reclamantes, e um vice-presidente da empresa se disse grato por ser informado de que o editor local estava "fracassando em seu trabalho de produzir um noticiário adequado para a comunidade". Daniel Hamrick, que estava no cargo havia anos, pediu demissão. O jornal diário de uma cidade próxima, o *Parsons Sun*, publicou em seu editorial: "A região vem observando com pesar o declínio do *Journal* nos últimos meses. Seu noticiário, sob a direção de uma cadeia, vem se tornando cada vez menor".[39]

O *Emporia Gazette* escreveu: "Um dos melhores editores do estado pediu demissão na semana passada por desentendimentos com a cadeia Gannett, que comprou o jornal".[40]

O que aconteceu em Salem, em Coffeyville e outros locais em que a Gannett atua não é algo incomum quando uma grande cadeia chega a uma cidade. O lucro fala mais alto, e a indiferença por um noticiário mais abrangente produzido localmente é a norma. Estudos sistemáticos publicados por pesquisadores ao longo dos anos deixam claro que, apesar da retórica grandiloquente, as cadeias de jornais oferecem às comunidades menos notícias sérias que as publicações independentes.

Um estudo publicado no periódico acadêmico *Journalism Quarterly* descobriu que jornais que tinham concorrências e se tornaram monopólios depois de serem adquiridos pelas cadeias passaram a ter "maior preço e menor qualidade".[41] Outro estudo, da Brookings Institution, revelou que os jornais de propriedade das cadeias cobravam 7% a mais em relação aos jornais independentes, mas, nos lugares em que as cadeias tinham concorrência, os espaços publicitários custavam 15% a menos.[42] Um estudo de 1978 da Universidade George Washington mostrou que os jornais que pertenciam a cadeias ofereciam aos leitores 8% menos notícias que os independentes.[43] Isso se confirmou em outro estudo, conduzido por Kristine Keller, que descobriu que, em termos de notícias sérias (em oposição a "amenidades"), os jornais independentes imprimiam 23% mais material que os diários que faziam parte de cadeias.[44]

As mudanças mais comuns nos jornais independentes adquiridos por grandes cadeias são o aumento nos preços dos anúncios e das assinaturas, a introdução de mudanças cosméticas na diagramação das páginas para transmitir uma impressão de modernidade e a redução silenciosa no volume de notícias sérias. Era senso comum entre os diretores de jornais das cadeias que os leitores não estão interessados em notícias "sérias". Como veremos mais tarde, isso não é verdade. A verdadeira razão por que os executivos desprezam as notícias sérias é que a apuração delas custa mais dinheiro do que a produção de amenidades. Os jornais "sérios" ridicularizados por Neuharth viram suas tiragens crescerem, enquanto os da Gannett perdiam circulação. Matérias detalhadas e abrangentes exigem repórteres experientes, dedicando um bom tempo a cada história, principalmente no caso do noticiário local. Jornalistas com tarimba precisam de salários e benefícios pagos pelo jornal e com frequência fazem parte de sindicatos. Já as "amenidades", além de atraírem anunciantes, custam barato: podem ser compradas de uma agência de distribuição de conteúdo e são entregues pelo correio ou pelo computador sem precisar pagar salários, benefícios nem lidar com sindicatos. Embora seja possível produzir um jornal medíocre empregando muita gente, não dá para fazer um bom jornal sem um número suficiente de funcionários. Infelizmente, em uma cidade onde existe monopólio, é possível obter uma boa renda com anúncios mesmo produzindo um noticiário abaixo da crítica.

Em 1966, antes de a Gannett se lançar na criação de seu império internacional, seus 26 diários e 6 jornais dominicais tinham em média 45 funcionários por publicação.[45] Em 1980, quando esse número subiu para 81 diários, 53 dominicais e 23 publicações sem periodicidade diária (como edições de sábado), a média era de 26 funcionários por jornal. Durante esse período, a tiragem média permaneceu a mesma, por volta de 44 mil exemplares.

O vigor editorial também diminui sob a direção das grandes cadeias. Um estudo publicado em 1975 na *Journalism Quarterly* afirmava que 85% dos jornais que pertencem a cadeias têm posições políticas uniformes. "Esses dados vão contra as afirmações dos porta-vozes das cadeias afirmando que as posições políticas de seus jornais são independentes da direção da empresa", segundo o relatório.

A cadeia Cox, que chegou a ser a nona maior em circulação, em determinada eleição ordenou que todos os seus jornais apoiassem os mesmos candidatos em nível nacional.[46] A Scripps-Howard, que chegou a ser a sétima maior do país, fazia a mesma coisa e adotava anualmente uma postura uniformizada em relação aos principais temas de discussão. A Panax demitiu editores que se recusaram a publicar o proselitismo político produzido pela empresa como se fossem notícias.[47] A Copley Newspapers, com diários em Illinois e na Califórnia, em certa ocasião, publicou anúncios de abrangência nacional proclamando sua posição editorial em defesa do "nascimento de Jesus Cristo, o único e verdadeiro filho de Deus" contra "a polêmica levantada por alguns teólogos".[48] Aparentemente, era uma posição que os leitores dos jornais da empresa, mesmo que não se interessassem por polêmicas fundamentalistas ou fossem judeus, muçulmanos ou membros de outras fés, eram obrigados a engolir no único jornal de sua cidade. A Freedom Newspapers, uma cadeia de tamanho considerável, passou anos promovendo a filosofia libertária de seu criador, a favor da dissolução de quase todos os empreendimentos governamentais em benefício da iniciativa privada.[49] Quando um ramo da família proprietária resolveu moderar a abordagem doutrinária, os jornais passaram a ser bem mais lucrativos e populares. Porém, a direção da empresa foi processada pela outra ala da família, que não gostou de ver os jornais se afastando do libertarianismo para adotar uma postura próxima do conservadorismo padrão.

As cadeias de jornais não são homogêneas em suas posições políticas. Cada uma segue a doutrina determinada por quem a preside — como no caso da Freedom e de outras que impõem visões políticas centralizadas — ou se autocensura para evitar controvérsias. Editoriais que assumem posições podem incomodar anunciantes ou determinados grupos dentro de uma comunidade. Em geral, quando uma empresa com muitas ramificações é administrada de forma remota, ela tende a preferir a previsibilidade e a uniformidade burocráticas. Outro estudo publicado na *Journalism Quarterly* analisou editoriais de um período de 15 anos e descobriu que depois que um jornal independente é comprado por uma grande cadeia, em geral, "não é produtivo para leitores que procuram orientação em questões locais recorrerem à página de opinião de seus jornais diários".[50]

As grandes cadeias tendem a contratar jornalistas menos qualificados. Em um estudo conduzido entre correspondentes em Washington, Stephen Hess descobriu que, apesar de controlarem 75% da circulação diária de jornais nos Estados Unidos, as cadeias empregavam apenas 29% dos correspondentes na capital, e seus repórteres tinham uma formação muito inferior à dos que trabalhavam para publicações independentes.[51]

NADA DE CONTROLE — BASTA DEMITIR O EDITOR

Quase não existe interferência periódica e sistemática das grandes cadeias no noticiário diário. Em razão do grande número de decisões urgentes tomadas a cada hora em uma redação, tal interferência seria impossível. Em vez disso, as grandes cadeias têm suas políticas e são responsáveis pela contratação e demissão dos editores e diretores dos jornais — o mecanismo de controle mais eficiente possível. As corporações controlam também o orçamento dos jornais, outra influência das mais persuasivas. A Gannett criou ainda uma outra maneira de controlar as finanças dos jornais das cidades em que atuava: em 1979, anunciou que o dinheiro depositado na conta corrente dos jornais que ultrapassasse o mínimo necessário para as operações diárias seria transferido todas as noites para Rochester — cerca de 4 milhões de dólares por dia, uma perda nada desprezível para a economia das comunidades.[52]

Havia outras medidas que permitiam à Gannett declarar publicamente a independência dos jornais locais e seu comprometimento com os leitores e, ao mesmo tempo, extrair cada centavo possível das comunidades. As opções sobre ações permitiam aos executivos comprar ações da Gannett a um preço artificialmente baixo. Elevando os lucros ao máximo, eles poderiam fazer subir o preço das ações e ganhar fortunas no futuro.

Em 1981, uma executiva da Gannett disse a analistas de Wall Street que os diretores regionais da empresa ganhavam opções sobre ações para estarem sempre motivados a fazer crescer os lucros e, de acordo com as palavras dela, para "apertar as algemas de ouro".[53] O mais intrigante era que se tratava da vice-presidente de recursos humanos da Gannett, um título que certamente arrancaria aplausos dos especialistas em mitologia corporativa.

De todos os encantamentos homéricos das grandes cadeias, o mais retumbante é o folclore da Autonomia Local. Trata-se da peça central de cada discurso, release de imprensa e cerimonial de compra de um jornal local.

Três temas são obrigatórios no discurso ritual: o novo jornal adquirido é uma publicação notável e a companhia não tem a menor intenção de modificá-lo; a grande cadeia comprou o jornal para, com seus recursos mais abundantes, oferecer um serviço ainda melhor à comunidade; e os novos proprietários acreditam, de forma absoluta e sem reservas, na Autonomia Local. Essa é a tríade profana dos discursos de aquisição de jornais. E o maior destaque é dado justamente à Autonomia Local.

As cerimônias da Gannett seguem estritamente o protocolo.

Tucson, no Arizona, dezembro de 1976: "Pela longa convivência com os altos executivos da Gannett, sei que são homens de princípios [...]. Eles acreditam na autonomia local".[54]

Três semanas depois, em Reno, estado de Nevada, no anúncio de mais uma aquisição da Gannett: "Ambas as empresas sempre tiveram uma política de autonomia local. Isso garante que as decisões editoriais a respeito do noticiário vão continuar a ser tomadas pelos editores e pela diretoria do jornal".[55]

Nashville, estado do Tennessee, julho de 1979: "Mantendo a política oficial da Gannett de promover a autonomia local [o atual diretor] vai ser o único responsável por todas as decisões editoriais relativas ao noticiário".[56]

Allen Neuharth, em 1978, sobre seus jornais: "Acreditamos plenamente no conceito de autonomia local".[57]

Infelizmente, porém, de tempos em tempos, as algemas de ouro cumprem sua função e as promessas de serviço às comunidades locais vêm abaixo.

Na manhã de 27 de fevereiro de 1976, os hierarcas do jornalismo conduziram seu ritual da Autonomia Local em Santa Fé, no Novo México. A Gannett comprara o jornal que detinha o monopólio local, o *New Mexican*, fundado em 1849 e dirigido desde 1949 pelo proprietário Robert McKinney. Tratava-se de um sujeito durão e irascível, que vendera o diário à Gannett com um contrato bem amarrado para assegurar a Autonomia Local. De acordo com as cláusulas do documento, McKinney continuaria com o controle total da publicação por vários anos, durante os quais seria presidente, CEO, diretor e editor-chefe do jornal. O contrato especificava inclusive que McKinney, que sofria de problemas cardíacos, passaria a maior parte do tempo fora de Santa Fé, cidade a mais de 2 mil metros acima do nível do mar. Mesmo assim, ele seria o chefe, e seu braço direito, Stephen E. Watkins, estaria no comando do jornal, ocupando o papel de presidente e CEO em sua ausência.

Naquela manhã de fevereiro em Santa Fé, Paul Miller, então presidente do conselho diretor da Gannett, conduziu o cerimonial: "O *New Mexican* vai acrescentar a nosso grupo um dos mais respeitados jornais do país, e o mais antigo do Oeste. [...] Trata-se reconhecidamente de uma das publicações mais minuciosas, bem impressas e bem geridas do país".

Allen Neuharth também deu sua bênção: "O sr. McKinney desenvolveu um jornal esplêndido, com uma influência positiva e benéfica sobre toda a região. Ele estabeleceu as fundações para um crescimento ainda maior, e contamos com sua liderança no futuro".[58] Quando a cerimônia foi concluída e as palavras sagradas foram reproduzidas como de costume na página de opinião do jornal recém-comprado, a cortina se fechou e o palco foi ocultado. Nos bastidores, o clima não era exatamente pacífico. Watkins recebeu suas ordens de Rochester, que incluíam a meta detalhada de lucros.[59] Ele ficou impressionadíssimo quando tomou conhecimento dos lucros dos outros jornais da Gannett e fez seu melhor para cumprir a meta. Um ano depois da aquisição pela Gannett, Watkins tinha produzido a 16ª maior alta nos lucros de toda a cadeia. O noticiário local foi reduzido, como sempre, e substituído por amenidades criadas por agências de notícias bem distantes dali. As notícias da comunidade hispânica, que têm grande peso no Novo México, quase desapareceram. O cartunista Bill Mauldin, que morou em Santa Fé por muitos anos, comentou sobre o *New Mexican* sob o comando da Gannett: "Poderia ser um jornal de Hutchinson, Kansas, ou de Amarillo ou Pecos, no Texas. Fundamentalmente, falta personalidade. Em especial, a personalidade do local onde ele é impresso".[60]

Dentro da Gannett, memorandos eram emitidos, reuniões eram conduzidas, e os executivos procuravam uma forma de se desvencilhar das exigências contratuais do durão McKinney para produzir um jornal padrão da empresa.

O vice-presidente regional da Gannett instruiu assim seu gerente local: "Veja só, o contrato é que manda, então seja gentil com o velhote e só conte o que fizer depois de já ter feito. Mande ainda limpar a sala vazia dele para o caso de resolver aparecer de vez em quando".[61]

Quando McKinney pediu um editorial apoiando a candidatura de Bruce King, do Partido Democrata, para governador do Novo México em junho de 1978, o representante da Gannett aceitou com relutância e, contrariando a ordem inicial, criticou King no próprio texto que manifestava o apoio do jornal ao candidato.

Pouco depois, a Gannett demitiu Watkins, o homem forte de McKinney em Santa Fé. O substituto de Watkins era chamado de "o espião de Quinn no local". John C. Quinn era o vice-presidente sênior de jornalismo da Gannett.

No fim, McKinney processou a empresa por fraude e quebra de contrato. O julgamento durou 14 semanas, o mais longo da história do Novo México até então. O júri considerou a Gannett culpada por quebra de contrato. O juiz Santiago E. Campos ordenou que o jornal fosse devolvido a McKinney. A sentença oficial não foi nada amena. O magistrado comentou que Watkins fora pressionado a conseguir os lucros gordos que a Gannett exigia de seus outros jornais. Um diário de Bellingham, em Washington, tinha reportado lucros anuais de 50%, e outro, de Olympia, também em Washington, falava em 36%. O juiz escreveu:

> Isso deixou Watkins preocupado. Um aumento considerável nos lucros, ele considerou, prejudicaria a qualidade do jornal e, no longo prazo, levaria a publicação à falência. Watkins decidiu resistir à pressão da busca por lucro. Isso fez com que os executivos da Gannett se convencessem de que ele estava atrapalhando o caminho do progresso. [...]

A Gannett já tinha dado início, e continua a fazê-lo diariamente, a uma dilapidação inescrupulosa e maliciosa dos direitos pertencentes a McKinney [...] o direito de controlar a política editorial do único jornal da capital do estado do Novo México. [...]

Uma das fontes de maior espanto para mim neste julgamento foi a postura de alguns homens da Gannett quando questionados sobre o direito de McKinney ao "controle completo" e "autoridade total" [...]. Eles tentaram exprimir sua impressão sincera de que as cláusulas contratuais não tinham o sentido que claramente afirmam. [...] Sua tentativa fracassou. Neuharth, por exemplo, arrogantemente descreveu os direitos contratuais sólidos e substanciais ao "controle completo" e à "autoridade total" como "mera perfumaria". [...] McKinney não teria feito negócio se imaginasse que a Gannett não cumpriria sua parte do acordo. [...] Ele se deixou atrair pela Gannett por causa da política de "autonomia local" da empresa.[62]

Em 27 de junho de 1980, o júri reunido no tribunal no Novo México considerou que a Gannett havia violado os termos do contrato que concediam autonomia a McKinney. Quatro meses depois, em um movimento digno dos revisionistas soviéticos, a Gannett publicou anúncios de página inteira retratando dois homens sérios, determinados, confiantes e imponentes diante de suas máquinas de escrever, como dois gigantes morais. O título era: "Diferentes vozes da liberdade". E o texto, inspirador:

Cada jornal da Gannett tem suas próprias opiniões editoriais. Ninguém diz aos editores locais o que pensar.

Cada editor da Gannett dança de acordo com sua própria música, e eles são tão diferentes quanto as diversas comunidades em que atuam. É por isso que os jornais, as emissoras e os demais veículos de mídia da Gannett são "um mundo de diferentes vozes onde a liberdade se expressa".[63]

10.
"CARO SR. PRESIDENTE..."

As pessoas são subornadas mais pelo próprio dinheiro do que pelo dinheiro dos outros.
JONATHAN DANIELS[1]

"Caro sr. presidente", começava a carta — até aí, nada de mais em um país em que todos os dias centenas de cidadãos escrevem para seu presidente. Mas aquela não era uma correspondência qualquer. Seu destinatário naquele julho de 1969 era Richard Nixon. O remetente era Richard E. Berlin. Os nomes de Berlin e de seis outros homens, cuja causa representava, podiam não significar muita coisa para o grande público, mas eram importantíssimos para Nixon. E, na equação simbiótica do poder, o nome de Richard Nixon era importantíssimo para eles.

Berlin queria que o presidente usasse sua influência para livrá-lo, junto com seus amigos, de uma lei federal que em anos anteriores mandara executivos de corporações para a prisão.[2] Era para isso que precisavam do presidente. O motivo pelo qual o presidente precisava deles era quase tão óbvio quanto.

Richard Berlin, conforme citado em seu papel timbrado, era presidente e CEO da Hearst Corporation de Nova York. Na época, a Hearst era dona de nove jornais, dez estações de rádio e TV, 26 revistas e uma editora de livros.[3] Berlin falava por sua corporação e seis outras, portanto sua carta representava um enorme complexo de comunicações sociais — dezenas de jornais, revistas de circulação nacional, canais a cabo, emissoras de rádio e TV, editoras de livros e a segunda maior agência de notícias do país. Era a mídia que produzia as notícias e informações que ajudavam a criar a percepção do público a respeito do mundo em geral e do presidente Richard Nixon em particular.

Político nenhum gosta de perder a simpatia de um dono de jornal ou emissora de rádio que seja. Para um chefe de Estado, perder o apoio de boa parte da mídia americana pode representar um desastre político. Richard Nixon não precisava ser avisado sobre isso, mas Berlin não era conhecido pela sutileza. No caso improvável de o presidente não entender o que estava em jogo, Berlin fez questão de assinalar que, se Nixon não cedesse ao favor pedido, os figurões da mídia se lembrariam disso quando ele tentasse a reeleição em 1972.

O executivo da Hearst e seus colegas das empresas de mídia não estavam pisando em terreno desconhecido. Pela natureza de suas posições, eram homens familiarizados com o poder: muitas corporações fazem *lobby* em busca de favorecimento do governo, mas apenas as empresas de mídia controlam o acesso à mente dos americanos. Quanto maior o poder de mídia de uma corporação, mais motivos teria um chefe de governo para não querer desagradá-la.

Poucas dessas empresas são capazes de negar que têm poder, mas afirmam que jamais usariam esse poder em benefício próprio. Corporação nenhuma, no entanto, seja na mídia ou em outro setor, irá se abster de usar seu poder diante de uma ameaça a seu futuro ou seus lucros. A ameaça pode vir na forma de uma política nacional indesejada, como o New Deal parecia ser para a maioria dos donos de jornais durante a Grande Depressão. Ou na forma de ameaça aos lucros, o que estimula tentativas de criar brechas na legislação, caso do Newspaper Preservation Act.

Qualquer que seja a razão, quando um executivo de uma empresa de mídia pede um favor ou faz uma ameaça a um político, sem dúvida as duas partes entendem que a situação é séria.

Lionel van Deerlin, um ex-jornalista, foi presidente do Subcomitê de Comunicações do Congresso. Segundo ele, todos os membros do Congresso têm ciência do poder especial de que dispõem os donos de jornais e de emissoras de rádio e TV. Van Deerlin descreveu esse poder em termos bem simples: "Eles podem consagrar ou derrubar você".[4]

Frank Leeming, que foi diretor do *Kingsport Times-News*, do Tennessee, comentou as ocasiões que acionou seus representantes para obter algum favor: "Quando olham para *Kingsport*, me veem como homem de negócios e também como a pessoa que controla a política editorial do jornal".

A falecida Katharine Graham, quando chefiava o império de mídia do *Washington Post*, no papel de presidente da American Newspaper Publishers Association, fez *lobby* para que fossem impostas restrições legais que impedissem a AT&T de concorrer com os jornais. Trata-se de uma atividade corriqueira para presidentes de uma organização patronal.

Ela também conversou com os editorialistas e repórteres que cobriam o assunto para o *Washington Post*, o que também é comum quando uma associação patronal precisa de apoio do público. O que não é normal é que a lobista em busca do apoio da mídia seja ao mesmo tempo a empregadora dos jornalistas envolvidos.

Joseph Costello chegou a ser dono de cinco estações de rádio em Louisville. Quando foi a Washington fazer *lobby* pela desregulamentação do rádio, disse a respeito de cada um dos membros do Congresso dos distritos cobertos por suas emissoras: "Ele sabe que terá de comprar anúncio na minha rádio, então vai me escutar. Somos nós que o mantemos vivo lá na região, e é por isso que o pessoal dos jornais, do rádio e da TV é o mais eficiente para fazer *lobby*".

A National Association of Broadcasters, que já em 1969 tinha um orçamento de 7 milhões de dólares e 6 mil membros, faz *lobby* em Washington para os proprietários de emissoras. A associação concentra suas ações em membros do Congresso que, por meio de seus comitês, têm influência sobre a legislação do setor. Ela usa sua rede de contatos para mobilizar em peso as emissoras a fim de pressionar os membros do Senado e da Câmara em suas comunidades. A organização afirma que utiliza o *lobby* para "preservar as emissoras à moda americana", o que para Jonathan Miller, do *TV Guide*, na verdade significa "preservar sua hegemonia sobre os olhos e ouvidos dos Estados Unidos".[5]

Os resultados ao longo dos anos têm sido impressionantes. Os jornais obtiveram isenções especiais para a lei que previne o trabalho infantil e para obter tarifas especiais nos correios. Outra consequência foi a queda dos impostos de importação do papel e taxação favorável à atividade de mídia. As emissoras de rádio e TV conseguiram adiar a transmissão via cabo por mais de dez anos, conquistaram a desregulamentação do rádio e deram início à desregulamentação da televisão.

BLECAUTE DA TV NA TV

Causas importantes podem ser promovidas pela mídia, mas, quando convêm, também podem ser ignoradas. Em 29 de março de 1979, Van Deerlin fez um anúncio histórico: uma proposta de alteração significativa na lei das comunicações pela primeira vez em 45 anos. A mudança daria às emissoras o que pediam — posse semipermanente de suas licenças de transmissão, cancelamento da exigência de oferecer acesso igualitário a candidatos políticos e fim da necessidade de discutir assuntos comunitários, ou de fazê-lo de forma equilibrada. Era proposta uma alteração fundamental na lei que controlava a experiência mais presente na vida americana — as sete horas e meia em que os aparelhos de TV ficavam ligados dentro dos lares dos Estados Unidos. Quando Van Deerlin anunciou a sugestão, havia 200 pessoas presentes na coletiva, inclusive representantes das redes de TV. Naquela noite, nenhuma emissora do país mencionou o evento.[6]

Uma matéria equilibrada sobre a proposta de Van Deerlin deveria dizer que a emissora a que os espectadores estavam assistindo, e todas as demais, poderiam deixar de operar de acordo com o interesse público, sem a necessidade de serem justas em suas apresentações de assuntos e candidatos ou de oferecer direitos de resposta.

Corporações gigantescas com controle sobre vários veículos de mídia podem usá-los para fortalecer outro. E, às vezes, valer-se de seu poder de manipular o noticiário com o objetivo de amedrontar governos. A United Press (atual United Press International), assim como a Associated Press, além de produzir o noticiário, vendem seus serviços a sistemas de notícias que, em muitos países, comercializam esses produtos com governos. Colin Miller foi o consultor que ajudou a criar aquela que foi a coluna política mais popular do continente — "Washington Merry-Go-Round", de Drew Pearson e Robert Allen. Miller, Pearson e Allen queriam uma coluna que fizesse nos jornais latino-americanos o mesmo que faziam nos Estados Unidos — expor as mazelas políticas do lugar. A coluna era distribuída pela agência United Features, uma propriedade da United Press International. Miller deu o seguinte testemunho diante de um comitê do Senado:

> Quando a ideia chegou à cúpula da United Press, tivemos que abandoná-la. Eles ficaram com medo de que algo que Pearson e Allen pudessem expor sobre Lima, Assunção ou Rio de Janeiro criasse um mal-estar com os governos locais, e, por meio deles, com os jornais para os quais a United Press vendia seus serviços.[7]

Em 1981, dois editores da Canadian Press, agência de notícias do Canadá, afirmaram diante de um comitê do governo local que a agência editava seu noticiário sobre a mídia de modo a agradar as principais empresas do setor.[8] O serviço de notícias da agência era comprado por 110 jornais, 40 dos quais pertencentes à cadeia Thomson. Os dois informaram que a notícia de uma greve em um jornal da Thomson foi deliberadamente reduzida a três parágrafos, e que um discurso do presidente da Federação Trabalhista de Ontário, criticando a corporação, foi cortado. Quando o governo canadense foi investigar se uma série de gestações problemáticas envolvendo funcionárias da Thomson seria causada pelos terminais eletrônicos usados nas gráficas de um jornal, a agência de notícias segurou a matéria por 12 horas até se certificar de que o próprio jornal envolvido a noticiaria.

A Time Inc. era proprietária de editoras de livros, revistas de circulação nacional e clubes de leitura, além de outras propriedades de mídia. A revista *Time* era vista como clara apoiadora das políticas de Henry Kissinger. A editora Little, Brown, da Time Inc., publicou a autobiografia em dois volumes de Kissinger, contendo suas ideias a respeito de política externa. A revista *Time* publicou trechos significativos dos livros e pôs uma foto de Kissinger em sua capa. Os livros de Kissinger também foram selecionados pelo maior clube de leitura do país, o Book-of-the-Month-Club, propriedade da Time Inc. Essas ações coordenadas de promoção dos livros de Kissinger podem ter sido fruto de coincidência, mas se trata de uma coincidência raríssima para autores e editoras que não contam com tantos veículos de mídia ao seu dispor.

As grandes corporações têm seus próprios comitês de ação política para financiar candidaturas ou, o que se torna cada vez mais comum, para derrotar candidatos que não o favoreçam. Algumas empresas de mídia, inclusive, têm outros tipos de empreendimentos capazes de se beneficiar da atuação de determinados candidatos.

A Time Inc., proprietária das revistas *Time, Life, Fortune, Sports Illustrated, People* e *Money*, tinha um comitê de ação política operando em seu nome. Os candidatos que recebiam doações de um comitê político da Time Inc. sabiam que se tornariam beneficiários privilegiados de um império de mídia, cuja cobertura pode ser vital para suas carreiras políticas. Em 1986, depois que a General Electric comprou a NBC, o novo presidente da rede, oriundo da GE, informou aos funcionários da nova unidade de rádio e TV da empresa que eles deveriam apoiar os empreendimentos políticos da General Electric. Deles fazia parte um comitê de ação política destinado a influenciar na redação de legislações. O diretor do departamento de jornalismo avisou que seus funcionários estariam isentos dessa responsabilidade. O restante da NBC aparentemente seria obrigado a apoiar as políticas impostas pela corporação.

Nem todo representante do mundo corporativo americano tem tanta facilidade para marcar encontros com o presidente dos Estados Unidos e, como Richard Berlin, a certeza de que suas cartas serão lidas pelo chefe de governo e que providências serão tomadas. A carta de Berlin provocou sérias mudanças dentro do governo Nixon, embora o favor requerido dissesse respeito a apenas um jornal da Hearst, o *San Francisco Examiner*. Os outros dirigentes de empresas de mídia cujos nomes foram evocados não tinham muito envolvimento na história. A Cox só tinha um jornal afetado, assim como a Knight, a Worrell e a Block; a Newhouse tinha dois; e a Scripps-Howard, sete (embora Berlin tenha citado todas as grandes cadeias, nada indica que as demais participaram da confecção da carta ao presidente, embora também estivessem pressionando ativamente pela mudança solicitada). Mas, conforme mencionado, Berlin e seus colegas falavam em nome de 14 jornais, embora contando com a força de 74. Além da soma de todos os seus jornais, eles se ancoravam no poder de mídia e na influência sobre a opinião pública de revistas, livros e emissoras de rádio e TV. A maioria das empresas de mídia não seria afetada pela legislação requerida, porém todas podiam ser usadas para influenciar o presidente.

Berlin queria que Nixon trabalhasse para criar uma isenção para um grupo de jornais da lei antimonopólio, que proibia empresas concorrentes de promover uma prática geralmente descrita nas manchetes como "manipulação de preços" — a combinação em segredo de uma política de preços entre empresas que apenas mantém a aparência de concorrerem entre si.[9] É uma prática contrária à retórica de livre iniciativa com a qual os mesmos grupos de mídia bombardeiam o público. Apenas de forma ocasional, a desagradável realidade vem à tona, como em 1961, quando executivos de algumas das mais conhecidas corporações do país foram presos por conspiração para fixar o preço de aparelhos elétricos. Quase uma década depois, alguns jornais enfrentavam o mesmo problema.

Em 22 cidades americanas, jornais que aparentemente eram concorrentes vinham ao longo dos anos se tornando parceiros comerciais, fixando preços e dividindo lucros, embora mantivessem redações e operações separadas. Em 1965, um tribunal regional considerou isso uma violação da lei antitruste. Os jornais apelaram contra a decisão e deram início a um *lobby* para obter uma isenção especial à lei para o caso de jornais que estivessem dando prejuízo. O pedido foi rejeitado pelos governos de Lyndon Johnson, do Partido Democrata, e de Richard Nixon, do Partido Republicano, em 1967, 1968 e em meados de 1969, por ser uma política prejudicial à nação. Caso as empresas jornalísticas tivessem permissão para ignorar leis antitruste, outros tipos de negócios também exigiriam o mesmo tipo de isenção.

Em 1969, a Suprema Corte dos EUA tomou conhecimento de que 48 jornais estavam violando a lei. As empresas sentiram a presença de uma crise iminente. Diante da assustadora perspectiva de se tornarem concorrentes em um mercado aberto, os executivos ficaram desesperados. Richard Berlin, falando em nome dos mais poderosos, tornou-se uma figura central do caso.

"CORDIALMENTE, DICK..."

Berlin tomou o cuidado de mandar duas cartas. A destinada ao presidente era em parte uma atitude de um Uriah

Heep[xxxv] proclamando sua lealdade diante da autoridade do presidente. A carta terminava com uma assinatura pré-impressa com a saudação "Sinceramente". Mas Berlin, que presumivelmente não hesitaria em pedir a uma secretária que datilografasse uma carta ao presidente dos Estados Unidos, rasurou a saudação impressa e escreveu à mão com letras graúdas: "Cordialmente, Dick".

Mesmo na carta enviada a Nixon, Berlin se permitiu uma demonstração de poder.

> Tomo aqui a liberdade de abordar um assunto de mútuo interesse, meu e do senhor. [...] Muitas outras empresas importantes e favoráveis ao seu governo (entre elas a Scripps-Howard, que está envolvida em sete desses arranjos) estão em situação similar. Todos nós pedimos sua ajuda.

Ao mesmo tempo, porém, Berlin escreveu um outro tipo de carta ao encarregado da lei antitruste na procuradoria-geral do governo Nixon, Richard W. McLaren. E o tom era diferente. Era uma exigência dura, como uma ameaça:

> Aqueles entre nós que apoiaram com firmeza o atual governo na última eleição são os mais seriamente preocupados e ameaçados caso o Newspaper Preservation Act não seja adotado [...] o fato é que um grupo de apoio quase unânime do governo entre as empresas jornalísticas é o proponente do Newspaper Preservation Act. Portanto, parece-me que esses jornais devem, no mínimo, receber um tratamento mais amigável.

[xxxv] Uriah Heep é o nome de um personagem do romance *David Copperfield*, de Charles Dickens. No romance, ele é o sócio perverso e fraudulento de Mr. Wickfield (o sogro de David), que acaba descoberto e preso.

Berlin deixou claro que se tratava de uma ameaça a Nixon e ao Partido Republicano.

Nós [...] agora descobrimos que, ao apoiar a pessoa e o partido que considerávamos que melhor representavam esses ideais, tornamo-nos vítimas e alvos de um conceito econômico de natureza estreita e tortuosa, implementado e defendido justamente pelos depositários de nossa maior confiança.

Berlin mandou uma cópia dessa carta ao presidente Nixon. O "conceito econômico de natureza estreita e tortuosa" era a Lei Sherman, em vigor desde 1890, que apenas formalizava o dogma supostamente sagrado do capitalismo evocado a todo o tempo pela maioria dos jornais, das revistas, das emissoras de rádio e TV e estúdios de cinema — o de que a competição é vital para o comércio, e que a livre concorrência exige que o mercado determine quem vai sobreviver.

A isso se seguiu um estranho minueto no governo Nixon. Em junho de 1969, antes da chegada da carta daquele ano, McLaren, o assistente da procuradoria-geral, falando em nome do governo, deu um parecer contrário ao projeto de lei idealizado pelas empresas jornalísticas. O presidente do comitê responsável por analisar a proposta, o falecido senador Philip A. Hart, do estado de Michigan, respondeu:

Quero parabenizar você e o governo Nixon pela posição assumida [...]. Sei que seria mais fácil para todos nós, ocupantes de cargos públicos, ceder favores especiais aos jornais porque eles nos acompanham tão de perto no dia a dia.[10]

DECISÃO REVERTIDA

Mas os cumprimentos do senador Hart se revelaram prematuros. Semanas depois, quando as cartas de Berlin já tinham sido lidas, o governo Nixon mudou de posição e se anunciou favorável à proposta de lei. As empresas jornalísticas conseguiram seu Newspaper Preservation Act, e Nixon ficou com a recompensa política, o apoio das maiores organizações de mídia.

Em sua carta ao presidente, Berlin citou que "muitas empresas importantes" queriam a lei. Ele estava se referindo a sete grandes cadeias, que tinham alguns diários envolvidos em parcerias secretas com seus concorrentes locais. As cadeias eram proprietárias de apenas 14 dos 44 jornais envolvidos no Newspaper Preservation Act. Mas não era preciso que um anjo descesse do céu para avisar Richard Nixon que, quando um executivo da Hearst fazia uma ameaça, ele não falava apenas em nome de seu jornal. Nixon sabia que estava lidando com sete grandes cadeias, proprietárias de 74 jornais diários com circulação de 40 milhões de exemplares — no mínimo 80 milhões de leitores — em 26 estados, incluindo os mais populosos, cujos votos eram imprescindíveis para um candidato presidencial se eleger.

Essas corporações ainda contavam com outras formas de influenciar o público. A Hearst era proprietária de revistas, emissoras de rádio e TV e editoras de livros. A Scripps-Howard era dona de 16 jornais, da United Press International e da United Features, uma grande distribuidora de colunas sobre política. A Cox, além de ser uma cadeia de jornais, tinha braços no ramo da edição de livros e da distribuição de filmes.

Alguns jornais eram contrários à isenção especial, temendo — com razão, como os acontecimentos posteriores mostraram — que ela permitisse um controle sobre os preços, o que dificultava a existência de concorrentes independentes.

No entanto, uma circulação somada de 40 milhões de exemplares e outras propriedades de mídia têm mais poder de persuasão do que a tiragem diária de 35 mil unidades de um diário de cidade pequena.

A participação dos jornais americanos na eleição presidencial de 1972 foi bizarra. Por quatro anos, o governo Nixon atacara não só a imprensa como também seus direitos constitucionais. Nixon enviara seu vice-presidente a uma cruzada contra os jornais que criticavam a Casa Branca ou publicavam matérias negativas — obrigação de qualquer noticiário. No caso dos Papéis do Pentágono, o governo Nixon conseguiu a primeira liminar na história do país proibindo a publicação de um fato. No início do segundo semestre de 1972, meses antes da eleição, as primeiras histórias do caso Watergate começaram a revelar a corrupção enraizada dentro da Casa Branca. Porém, no início de outubro, diretores da American Newspaper Publishers Association se revelaram "cautelosos em tomar qualquer medida que fosse entendida como uma crítica às políticas do presidente".[11] Na época em que as primeiras matérias sobre o caso Watergate mais teriam valor para os eleitores, a reação, fora a de um pequeno círculo de jornais, foi estranha. Um estudo sobre os principais jornais do país — diários que totalizavam um quarto da circulação nacional, que incluíam publicações das cadeias Hearst, Scripps-Howard e Cox — revelou que, nos meses anteriores à eleição, "jornais pró-Nixon demonstraram uma tendência muito maior em suprimir notícias negativas do caso Watergate do que publicações que não declararam apoio ao candidato". Entre esses estavam os jornais que obtiveram sua isenção da lei antitruste com Nixon.[12]

Em 1972, Richard Nixon recebeu a maior porcentagem de apoios editoriais de um candidato presidencial na história moderna.

Entre os principais responsáveis pelo apoio maciço ao homem que mais ameaçava a liberdade jornalística estavam as cadeias cujos nomes Berlin invocou em suas cartas. Nas eleições anteriores — ao contrário da afirmação de Berlin de que houve um "apoio quase unânime ao governo" —, um terço dos jornais da Hearst declarou apoio ao candidato do Partido Democrata, assim como um terço dos jornais da Cox e metade dos jornais da Scripps-Howard. Em 1972, depois da aprovação do Newspaper Preservation Act, todos os jornais da Hearst, da Cox e da Scripps-Howard apoiaram Nixon. A Scripps-Howard ordenou a publicação de um editorial pró-Nixon padronizado em todos os seus diários. A Cox instruiu os editores a apoiar a candidatura de Nixon (o que levou um deles a pedir demissão, em protesto).[13]

É possível que Nixon tivesse saído vencedor na eleição de 1972 mesmo sem essa mudança de rumo editorial e sem a relutância na divulgação de notícias do caso Watergate antes da votação. No entanto, não muito tempo depois, quando as matérias sobre Watergate enfim romperam a barreira de proteção das empresas de mídia, o poder do presidente começou a desmoronar. Estudos realizados ao longo dos anos mostram que a tendência do noticiário é a de seguir a posição expressa nos editoriais.

Sem as grandes cadeias, cujos jornais locais se beneficiaram da mudança de postura da Casa Branca em relação ao Newspaper Preservation Act, Richard Nixon teria, com exceção de Barry Goldwater em 1964, o menor número de apoios editoriais de um candidato do Partido Republicano desde a Segunda Guerra Mundial. Em vez disso, obteve o maior apoio editorial de jornais da história das eleições americanas. Sem esse gigantesco apoio da imprensa, Richard Nixon e seus auxiliares teriam sido menos ousados em suas atividades ilegais.

A retórica das corporações de mídia tem sua consistência: ela não interfere na seleção de conteúdo de jornais, revistas, emissoras de rádio e TV, editoras de livros e estúdios cinematográficos. Este livro mostra que isso tecnicamente vale para a maioria das operações do dia a dia, porém é menos verdadeiro para assuntos maiores, em que os interesses das corporações estão envolvidos. No caso do Newspaper Preservation Act, três executivos da mídia, com uma canetada, ordenaram a seus profissionais que apoiassem para a presidência um homem que tinha atacado suas liberdades constitucionais, mas que, recentemente, concedera um favor às corporações. E, por causa do alto grau de concentração do controle sobre a mídia de massa, as sete grandes cadeias que se beneficiaram da mudança de postura de Nixon eram donas dos jornais lidos pela maioria das pessoas.

A proteção da independência na apuração e disseminação de notícias e outras informações públicas depende de mais coisas do que declarações retóricas de liberdade de expressão.

Os ataques de Richard Nixon à liberdade de imprensa foram os mais graves desde as Leis sobre Estrangeiros e Sedição, de 1798. Dez anos após Nixon deixar o cargo, mergulhado em desgraça, o impulso a que ele deu início já tinha se transformado em uma crise crônica. Porém, os jornais dominantes se revelaram dispostos a apoiar um perseguidor da liberdade de imprensa em troca de um favor para as corporações. O favor de Nixon não era fundamental para a sobrevivência das três corporações que ordenaram que seus jornais o apoiassem. Seus nove diários locais não foram salvos da extinção, apenas da concorrência. A Hearst, a Cox e a Scripps-Howard tinham 65 outros jornais em boa saúde financeira, além de um catálogo lucrativo de propriedades de mídia. Em troca de um favor tão pequeno, as corporações se dispuseram a ordenar que todos os seus jornais — não só

10. "CARO SR. PRESIDENTE..."

aqueles nove — apoiassem um governo corrupto e hostil à ideia de imprensa livre. Não é nada animador pensar no que aconteceria com a integridade do noticiário nacional caso as corporações de mídia dominantes nos Estados Unidos sentissem seu poderio ameaçado.

11.
APENAS OS RICOS INTERESSAM

Não fazemos nenhum esforço para vender ao populacho.

DANIEL NIZEN, vice-presidente sênior do *New York Times*[1]

Nada na história da imprensa americana se aproxima das lucrativas heresias cometidas pela revista *The New Yorker* na década de 1960. Em uma época em que os editores enchem suas capas de manchetes chamativas e imagens fortes para sobreviver, as da *New Yorker* mostram ilustrações de aquarela de paisagens idílicas. Enquanto as outras revistas acham que os americanos não gostam de ler, a *New Yorker* publica matérias incrivelmente longas e detalhadas. Os cartuns da revista ridicularizam muitos de seus leitores, em especial os sofisticados moradores do Upper East Side, retratados em suas coberturas falando num linguajar moldado em universidades de elite. Se a orientação editorial em outras revistas é de frases curtas e diretas, a *New Yorker* é quase o último reduto do estilo e do tom de Henry David Thoreau e Matthew Arnold, com suas colunas que exalam a serenidade dos ensaios do século XIX.

Os anúncios da *New Yorker* ainda são um mundo à parte. Eles celebram a ostentação do *jet set*. No Natal, oferecem relógios de ouro incrustrados de diamantes sem oferecer o preço, deixando claro que, se precisa saber quanto custa, você não é o público-alvo deles. Um anúncio da Jaeger-LeCoultre avisa que o relógio pode ser virado no pulso "para revelar [...] o brasão da família". Uma peça publicitária dos relógios Audemars Piguet sugere dar logo três modelos de uma vez para impressionar uma mulher, e outra sugere um preço, murmurado em letras minúsculas, "a partir de 10.500 dólares".

Há produtos mais convencionais também, como um utilitário da marca Jeep. Mas é mostrado com um campo de polo ao fundo e redimido por outros anúncios como um em que um casal em roupas de gala se abraça na cabine de um jatinho. Mesmo em anúncios de produtos que custam menos de 5 mil dólares, as pessoas retratadas parecem vir de um mundo de abotoaduras de 675 dólares, brincos de 3.500, pulseiras de 6 mil e broches de 14 mil. Um anúncio do perfume Jean Patou não se presta à vulgaridade de estampar o preço e afirma em letras graúdas o espírito que todos os anúncios da *New Yorker* parecem proclamar: "Tão raro... e disponível para tão poucos".

Apesar de violar as convenções mais disseminadas do que faz uma revista vender, a *New Yorke*r tem sido uma das líderes de mercado durante décadas.

Ao longo dos anos, a publicação despertou a inveja da indústria editorial por aquilo que é a medida padrão do sucesso financeiro: o número de páginas de anúncios vendidas anualmente. Ano após ano, a *New Yorker* ficava em primeiro ou segundo lugar, com uma reputação tão conhecida que outras revistas, para mostrar seu patamar, informavam a potenciais anunciantes que elas eram a primeira ou a segunda publicação (em número de anunciantes) "atrás da *New Yorker*", uma admissão de que, assim como acontecia com os New York Yankees no beisebol na década de 1950, o posto de número um era inacessível.

Isso valeu até 1967. O ano anterior havia sido de recorde para a *New Yorker*. A maioria da indústria acreditava que, em 1966, a revista havia vendido o maior número de anúncios de uma publicação em toda a história. Em 1966, foram publicadas 6.100 páginas de anúncios. A tiragem permanecia no nível habitual, de aproximadamente 480 mil exemplares.[2]

Em 1967, uma estranha doença atingiu a publicação. A circulação da *New Yorker* permanecia a mesma, mas o número de anúncios vendidos caiu catastroficamente. Em poucos anos, 2.500 anúncios desapareceram, uma queda de 40%. O lucro líquido da revista caiu de 3 milhões de dólares em 1966 para menos de 1 milhão. Os dividendos por ação, no valor de 10,93 dólares em 1966, caíram para 3,69 dólares em 1970.

A perda desastrosa de anunciantes ocorreu apesar da circulação se manter alta, o que, para um observador leigo, poderia parecer a única estatística necessária para garantir o sucesso de uma revista. A crença popular é a de que, se uma publicação ou um programa de TV tiver grande número de leitores ou espectadores, haverá filas de anunciantes batendo em suas portas. Claramente não era o caso da *New Yorker* naquele momento.

O ALTO PREÇO DA VERDADE

A origem da doença da *New Yorker* pode ser localizada no dia 15 de julho de 1967. Na edição lançada nessa data, havia uma matéria tipicamente longa com o sugestivo título de "Repórter à deriva". Era a manchete típica de textos da revista que tratavam em profundidade de temas diversos como a história das laranjas, a socialização dos ratos e a cultura de um *saloon* irlandês. Mas dessa vez o tema era o vilarejo de Ben Suc, no Vietnã.[3]

O autor era Jonathan Schell, um recém-graduado em Harvard que, depois da formatura, foi visitar seu irmão Orville em Taiwan, onde ele estudava chinês. Uma vez em Taiwan, Jonathan resolveu fazer uma viagem ao Vietnã, onde, de acordo com a grande imprensa, a guerra dos americanos contra a guerrilha vietcongue ia muito bem. Em Saigon, Schell caiu nas graças dos coronéis e foi "adotado" por eles, talvez por ter as conexões certas: levava uma credencial de imprensa vencida do *Harvard Crimson* (jornal diário da universidade) e seu pai era um advogado de sucesso em Manhattan. Os militares lhe dispensaram um tratamento normalmente reservado a correspondentes de guerra famosos e simpáticos à causa. Além de acompanhar as reuniões diárias com a imprensa em Saigon, a base para a maioria dos relatos que chegavam aos Estados Unidos, Schell também foi levado para ver ataques de helicóptero e bombardeios, além de ser transportado para zonas de batalha por via terrestre.

Seus anfitriões imaginavam estar diante de um garoto simpático de Harvard, que ficaria impressionado com o poderio e os objetivos da missão americana. Mas Schell ficou atordoado. A guerra para ele não pareceu uma mera defesa contra a agressão soviético-chinesa propagandeada nos Estados Unidos. Nem uma tentativa dos humanitários americanos de salvar os vietnamitas-amantes-da-democracia da barbárie da guerrilha vietcongue. Os americanos bombardeavam, metralhavam e desalojavam civis em campanhas de grandes proporções, que resultavam na desintegração das estruturas sociais vietnamitas. E os americanos não estavam vencendo a guerra.

Schell voltou aos Estados Unidos perturbado com suas descobertas e fez uma visita a um amigo da família, William Shawn, o silencioso e excêntrico editor da *New Yorker*. Ele conhecia os irmãos Schell desde que eram crianças. Shawn escutou a história do rapaz e pediu que ele tentasse escrever sobre a experiência. Schell produziu o que Shawn costumava descrever como "um exemplo perfeito de matéria da *New Yorker*". O texto, publicado em 15 de julho de 1967, contava em detalhes claríssimos o que o ataque a um vilarejo significava para os moradores e para os soldados americanos.

Shawn dizia ter sérias dúvidas a respeito da guerra antes de Schell aparecer, "mas passei a ver tudo de outra forma depois de falar com ele e ler o que escreveu. Foi quando me convenci de que não deveríamos estar lá, e que a guerra era um erro".

Depois disso, vieram edições atrás de edições da *New Yorker* promovendo uma visão claramente contrária à guerra. Não foi a primeira publicação a assumir essa postura, mas, na época, a grande mídia vinha seguindo a linha oficial de que a guerra era necessária para deter o comunismo internacional e salvar os vietnamitas. Além disso, os Estados Unidos estavam à beira da vitória. A maior parte dos jornais, inclusive dois dos diários mais influentes do país, o *New York Times* e o *Washington Post*, apoiava a guerra em seus editoriais. Os protestos populares cresciam, mas as grandes manifestações ainda estavam por vir. O massacre de My Lai[xxxvi] e a Ofensiva Tet[xxxvii] ainda não tinham aconteceu-tecido, e a exposição dos Papéis do Pentágono, que relatavam um longo histórico de mentiras do governo em relação à Indochina, só surgiria dali a quatro anos.

A *New Yorker* era a voz da elite, um reduto de anúncios para os ricos hedonistas, de ensaios poéticos sobre o primeiro dia da primavera, de perfis moderados de diversos estetas, de um humor tão sofisticado que parecia destinado apenas aos graduados nas melhores universidades. O *Wall Street Journal* certa vez se referiu à publicação como "Urbanity Inc."[xxxviii]. Que tal revista tenha se manifestado claramente contra a guerra foi um choque, um evento muito significativo. Quando ela, uma publicação apolítica da elite, afirmava que a Guerra do Vietnã era moralmente errada, fazia isso se dirigindo diretamente ao establishment do país.

A GAROTADA ESTÁ LENDO...

Nessa época, a revista começou a se comunicar com um público bem diferente. Um membro da redação da *New Yorker* declarou que em 1967 "nossos repórteres voltavam de palestras

---

[xxxvi] No dia 16 de março de 1968, uma unidade do Exército norte-americano massacrou a população civil de duas pequenas aldeias (uma delas conhecida como My Lai). Mulheres foram vítimas de estupros coletivos e depois mutiladas e desfiguradas. Cerca de 500 pessoas foram mortas, sendo que nenhuma delas era combatente, e a maior parte, mulheres e crianças. Apesar de algumas informações sobre o caso terem vazado para a grande imprensa, ninguém se dispôs a publicar nada. Até que um repórter freelance, Seymor Hersh, resolveu investigar o caso em outubro do ano seguinte. O impacto das reportagens de Hersh foi imenso e fez crescer o movimento contra a Guerra do Vietnã.

[xxxvii] Ofensiva militar norte-vietnamita iniciada em 30 de janeiro de 1968.

[xxxviii] Urbanidade ("urbanity") no sentido de civilidade.

em universidades dizendo que a garotada estava lendo a *New Yorker* em voz alta nos alojamentos estudantis".

Em geral, isso costuma ser um acontecimento feliz na história de uma revista. Sempre existe a necessidade de conquistar novos leitores para quando os assinantes mais velhos morrerem a publicação não morrer junto. Os anunciantes, porém, se concentram no presente. Durante a crise iniciada em 1967, o público leitor da *New Yorker*, na verdade, cresceu. Mas, se em 1966 a faixa etária dos leitores era de 48,7 anos — a idade de executivos no auge de seu poder aquisitivo —, em 1974, a média de idade dos assinantes da revista era de 34 anos, um número puxado para baixo pela entrada de universitários de idade entre 18 e 24 anos.[4] Muitos universitários de hoje vão fazer parte da elite endinheirada de amanhã, mas nesse momento da vida eles não compram relógios de 10.500 dólares e broches de 14 mil. Só estavam lendo a revista por causa de sua postura clara e inequívoca da guerra e de suas matérias detalhadas e equilibradas sobre o assunto.

Foi então que as páginas de anúncios começaram a desaparecer de maneira drástica. Uma explicação fácil para isso seria que as corporações conservadoras deixaram de anunciar como uma forma de protesto político. Algumas de fato fizeram isso, mas a maioria das perdas ocorreu em razão de um processo bem mais impessoal, de profunda importância para o caráter atual da mídia de massa americana. A *New Yorker* tinha começado a atrair "o tipo errado" de leitor. As tiragens permaneciam as mesmas, mas a revista se tornou vítima, da mesma forma como antes era beneficiária, de uma regra implacável da mídia sustentada por anunciantes: não importa se sua publicação tem muitos leitores (ou se seu programa tem muitos ouvintes) se eles não forem "o tipo certo" de gente.

O "tipo certo" em geral são consumidores entre 18 e 49 anos, o auge da vida de consumo, com renda familiar acima da média. Os diretores de jornais, revistas e emissoras de rádio e TV costumam se gabar do tamanho de seu público, que sem dúvida é um fator importante. Mas, quando se sentam à mesa com grandes anunciantes, não apresentam apenas números, mas, sim, pilhas de papéis mostrando as características de seu público — renda, idade, sexo, estado civil, origem étnica, hábitos sociais, local de residência, estrutura familiar, profissão e padrões de consumo. Esses são os componentes principais de um elemento crucial na mídia moderna: a demografia, ou o estudo das características de uma população humana.

A solução padrão para "problemas demográficos" em jornais, revistas, rádios e TVs é bem simples: mudar o conteúdo. Basta encher a publicação ou a programação de material atrativo para o tipo de gente que os anunciantes querem atingir. O diretor administrativo da *Rolling Stone* disse isso claramente quando a revista resolveu atrair anunciantes de mais alto calibre: "Precisamos oferecer um leitor de maior qualidade aos anunciantes. A única maneira de conseguir outro tipo de leitor é uma mudança na política editorial". Se um editor recusa ou não consegue promover essa mudança, vai para o olho da rua.[5]

A *New Yorker* se viu diante desse problema, mas não demitiu seu editor nem promoveu uma "mudança na política editorial". É quase certo que, em uma cultura corporativa convencional, a "cura" seria administrada de forma rápida e implacável. William Shawn teria que fazer uma "mudança na política editorial", o que significaria abandonar as matérias sobre o Vietnã e publicar comentários menos controversos a respeito do conflito. Isso atrairia de volta os leitores ricos com alto poder de compra e aplacaria a raiva das corporações que não aprovavam a posição da revista sobre a guerra.

Mas, na época, a *New Yorker* não era propriedade de um conglomerado. Mais tarde, em 1986, a revista seria vendida ao grupo Newhouse/Advance[xxxix]. O novo proprietário alterou as políticas de anúncios e promoção da publicação, mas não mexeu no conteúdo editorial. Depois de um ano, porém, a corporação substituiu William Shawn, o editor da revista.

Shawn, um homem discreto em seus modos e em sua fala, fica vermelho de raiva quando lhe perguntam se, durante o período crítico de 1967 a 1974, a chefia administrativa da revista mencionou que seu conteúdo editorial vinha atraindo o tipo errado de leitores.

O INIMAGINÁVEL SE TORNA POSSÍVEL

Seria inimaginável que o pessoal da publicidade e da administração me dissesse isso [...]. Não ouvi falar a respeito até o início dos anos 1970. [...] Aos poucos, fui me dando conta de que a *New Yorker* estava sendo lida por gente mais jovem. Eu não tinha nenhuma informação formal a respeito. Não quero nem saber quem são os leitores. Editamos a revista para nós mesmos, na esperança de que existam pessoas como nós, que gostem de nossos autores e considerem os textos interessantes e dignos de serem lidos.

As palavras de Shawn são a retórica padrão de editores e diretores de publicações quando questionados a respeito da separação entre independência editorial e interesses comerciais. Em geral, o discurso tem pouquíssima relação com a realidade. Cada vez mais, o conteúdo editorial da imprensa escrita e falada é ditado pelas planilhas entregues às

---

[xxxix] Que também é dono da editora Condé Nast (das revistas *Vogue*, *Vanity Fair*, *Wired* e outras), à qual a *New Yorker* foi incorporada.

agências de publicidade, e não o contrário. Quando existe um conflito entre as planilhas e um editor, os números saem vencedores. Não fosse o comportamento irredutível da *New Yorker* durante a Guerra do Vietnã, seria difícil não associar as palavras de Shawn à mera retórica padrão.

"Nós nunca falamos sobre 'os leitores'", declarou Shawn. "Eu não permito isso — de forma arrogante, até. Não quero falar sobre nossos leitores como um 'mercado'. Não quero que sintam que são apenas consumidores para nós. Considero isso um absurdo."

Os anúncios de página inteira de jornais, revistas e emissoras de rádio e TV no *New York Times* e no *Wall Street Journal* muitas vezes são incompreensíveis para o público leigo. Eles não parecem feitos para atrair mais leitores ou mais audiência. Parecem trazer apenas estatísticas de pouco interesse para potenciais assinantes e espectadores. A intenção é mostrar aos anunciantes que o público-alvo da publicação ou emissora é o "correto", que sua audiência é formada não por um recorte da população em geral, mas por pessoas com a idade e a faixa de renda "certas".

Por fim, durante o período entre 1967 e 1974, Shawn acabou ouvindo o que descreveu como "burburinho":

> Havia um burburinho de fundo sobre três coisas: a revista estava ficando séria demais, a revista estava envolvida demais com política e as matérias estavam longas demais. Minha reação foi não fazer nada a respeito. Qualquer que tenha sido a mudança ocorrida, aconteceu de forma gradual e espontânea, de acordo com nossa visão de mundo [...]. Só existia uma maneira de abordar a questão: nós achamos que era a coisa certa a fazer? Assumimos a postura certa em termos editoriais? [...] Ficar em silêncio quando está acontecendo uma coisa errada é covardia. Publicamos informações que achamos que as pessoas deveriam ter e afirmamos

aquilo em que acreditamos. Se a revista estava séria, era porque nós éramos sérios. Se havia muita coisa sobre política, era porque a política ganhou mais importância e ocupava nossos pensamentos [...]. Queria que fosse possível manter distância da política, mas não dá [...]. Eu apreciaria muito mais a vida se pudéssemos só ser divertidos, o que eu adoro [...] mas a *New Yorker* foi mudando pouco a pouco, assim como o mundo.

Shawn lembrou que impérios como Time-Life e Reader's Digest só conseguiram se estabelecer porque foram fundados por homens que defendiam seus princípios independentemente de questões mercadológicas e, assim, estabeleceram uma identidade que fundamentou um sucesso de longo prazo.

Hoje a ideia é que as publicações são editadas para um mercado, e, se possível, com uma revista feita sob medida para essa mentalidade. Hoje as revistas não são criadas com o desejo de expressar algo em que se acredita. Acho essa tendência muito destrutiva e infrutífera em termos de jornalismo, uma coisa muito preocupante. Jovens editores e jornalistas são criados nessa atmosfera. "Queremos editar uma revista que dê ao público aquilo que ele deseja. O que podemos oferecer?"

Existe uma falácia nesse cálculo [...]. A falácia é que, se você editar dessa maneira, para dar aos leitores o que eles pensam que querem, nunca vai lhes mostrar algo novo, que ainda não conheçam. Você fica estagnado. É sempre a mesma coisa, e você acaba como as redes de TV e os filmes. A coisa toda se torna circular. Criatividade, originalidade e espontaneidade desaparecem. A nova tendência sufoca o processo criativo e acaba com a originalidade.

Às vezes, publicamos textos que infelizmente pouco mais de uma centena de leitores vão querer ler. Talvez sejam difíceis e obscuros demais. Porém, é importante publicar. É assim que as pessoas aprendem e crescem. Esse outro jeito de fazer as coisas é ruim para a sociedade como um todo, e estamos sofrendo por isso em quase todas as formas de comunicação.

Não sei se alguém que tentasse criar uma revista como a *New Yorker* hoje teria algum apoio.

"ACONTECE COM FREQUÊNCIA"

Um executivo da indústria de revistas foi questionado se uma publicação de propriedade de uma corporação teria mantido Shawn no cargo no tempo das vacas magras. "Está brincando? Num ano ruim, como o que a *New Yorker* teve em 1967, a política editorial seria mudada ou o editor iria para a rua. Isso acontece com frequência."

Na década de 1980, a *New Yorker* voltara a estar economicamente saudável. Em 1980, sua circulação estava na casa dos 500 mil exemplares, e eram vendidas 4.220 páginas de anúncios por ano, o quarto maior número entre todas as revistas americanas. Os lucros estavam de novo acima dos 3 milhões de dólares.[6] A história da revista parece ser uma animadora lição de moral sobre a recompensa oferecida pela integridade. Porém, alguns anos depois, até mesmo a *New Yorker* se tornou propriedade de um conglomerado. Os jornais e as revistas não querem apenas leitores; querem leitores com dinheiro. Emissoras de rádio e TV não querem apenas ouvintes e espectadores; querem a atenção dos ricos. Aqueles que não vão comprar algo não estão convidados a ler, ouvir ou assistir.

Os executivos de mídia não dizem ao público em geral que apenas os ricos interessam. Mas, assim como às vezes as verdades escapam em uma bebedeira, as verdades podem escapar no calor da competição por espaço. Quando as empresas de mídia começam a lutar por novos negócios, com uma tentando roubar anunciantes das outras, a verdade nua e crua aparece por trás do verniz da retórica. Em 1978, a American Broadcasting Company se estabeleceu como a rede de televisão líder de audiência. As outras redes tentaram manter suas receitas publicitárias depreciando a "qualidade" do público da ABC. Paul Klein, na época diretor de programação de TV da NBC, declarou que a audiência da ABC podia ser maior, porém era composta de "crianças e idiotas".

Quando confrontado com o fato de que a ABC tinha maior audiência "entre famílias com renda superior a 20 mil dólares", Klein rebateu:

> Ora, são as crianças da casa que assistem e, ocasionalmente, os adultos. [...] Gostaríamos de ficar com esses adultos e deixar a ABC para as crianças [...]. A ABC ainda teria uma grande audiência, mas uma audiência sem nenhum valor.

A *Broadcasting Magazine* publicou:

> Mais especificamente, o sr. Klein definiu seu público-alvo como mulheres de 18 a 49 anos com situação financeira relativamente estável — "as mulheres com condições de comprar um produto e a necessidade de comprá-lo". Como a regra básica da demografia dita que as pessoas querem se ver retratadas nos programas, o sr. Klein enche seu horário nobre de mulheres [...]. Obras de ficção orientadas pelo gênero também estão se tornando cada vez mais importantes.[7]

Em resposta, a ABC distribuiu um livreto para potenciais anunciantes. Uma das seções do material tinha como título: "Algumas pessoas são mais valiosas que outras". Quando isso se tornou do conhecimento de pessoas de fora do mercado publicitário, a rede, por não querer assumir publicamente uma postura não igualitária, retirou o material de circulação — mas continuou se vangloriando de sua "demografia".[8]

As emissoras podem fazer esse tipo de comunicação em publicações especializadas, lidas apenas pelo mercado publicitário. A *Broadcast Magazine*, por exemplo, publica bastante material corporativo direcionado a anunciantes. Um dos anúncios trazia em letras garrafais, sobre uma foto de Mike Douglas, apresentador de *talk show*:

Mulheres de 18-49: Mike tem seu número!

O *Mike Douglas Show* tem a maior audiência feminina entre 18-49 [...] um percentual mais alto que o *John Davidson Show*.[9]

Esse tipo de anúncio é fundamental também para revistas que circulam em setores restritos do mundo dos negócios. Uma edição do *Public Relations Journal* trazia um anúncio de página inteira com o seguinte texto:

Procuram-se: 77 milhões de pessoas que façam a diferença

Elas têm curso superior? São profissionais de nível técnico ou gerencial? Sua renda familiar é de 20 mil dólares ou mais? De 40 mil dólares ou mais? Seus seguros profissionais são de 20 mil dólares ou mais? Elas têm papel importante em questões locais de utilidade pública? Escreveram para autoridades ou publicações em tempos recentes? Escreveram livros ou artigos? Compareceram a discussões públicas ou se filiaram a algum partido político?

Apenas 77,1 milhões de adultos americanos podem responder sim a uma ou mais dessas perguntas [...] eles são grandes leitores de revistas e não muito interessados em televisão [...]. Leve isso em consideração quando avaliar o equilíbrio de poder entre a televisão e as revistas em seu plano de mídia [...].

Revistas. O equilíbrio do poder.[10]

Os primeiros veículos de comunicação de massa, os jornais, em seus primórdios, tinham a publicidade como uma receita secundária. No final do século XIX, porém, a fabricação em massa de produtos expandiu o mercado consumidor. Na época, os anunciantes gastavam em média 28,39 dólares anuais por família tentando convencer as pessoas a adquirir mercadorias e produtos.[11] Em 1980, esse valor tinha subido para 691 dólares por núcleo familiar, um aumento muito superior à inflação, com 29% do dinheiro dos anúncios indo para jornais, 21% para a televisão, 7% para o rádio e 6% para as revistas. Na virada do século, os jornais tinham 80% de suas receitas provenientes de anúncios; as revistas para o grande público, 50%, e as emissoras de rádio e TV, quase 100%.

Com mais de 247 bilhões gastos na mídia em 2001, os anunciantes querem que sua comunicação seja muito bem direcionada. As pesquisas e planilhas tornam possível descrever com alguma precisão a renda, a formação educacional, a profissão e os hábitos de consumo de assinantes de jornais e revistas e espectadores e ouvintes de rádio e TV, embora os veículos demonstrem uma tendência de superestimar a "qualidade" de seu público. Os dirigentes das empresas de mídia temem atrair "o tipo errado" de público — jovem ou velho demais, ou sem dinheiro. Quanto maior a pressão sobre jornais, revistas, rádios e TVs para aumentar os lucros, mais cresce a procura por um público não mais numeroso, mas, sim, de melhor qualidade. Dessa maneira, os veículos de mídia podem afirmar aos anunciantes que dispõem da audiência mais qualificada.

Com bilhões em publicidade e ainda mais dinheiro de vendas em jogo, os anunciantes não se deixam levar por retórica e especulação quando o assunto são as características demográficas do público dos veículos de mídia. Eles exigem estatísticas de assinaturas auditadas, além de dados sobre audiência obtidos cientificamente, com sofisticadas análises computadorizadas sobre o indivíduo exposto a um determinado anúncio. Além disso, estão cada vez mais interessados no contexto em que seus anúncios aparecem — as matérias nas páginas de jornais e revistas e o tipo de programa em que seus comerciais são inseridos. Um anúncio de casaco de pele ao lado de uma matéria sobre a fome no mundo não produz a melhor das associações para concretizar uma venda.

Portanto, tanto a "qualidade" do público como o conteúdo não publicitário que cerca o anúncio se tornaram aspectos dominantes na mentalidade dos principais anunciantes. De modo nada surpreendente, esses fatores se tornaram dominantes também na mentalidade de proprietários de jornais, revistas e emissoras de rádio e TV.

O presidente do Harte-Hanks Century Newspaper Group[XL], proprietário de 28 jornais diários nos Estados Unidos, afirmou em 1980 que os editores da companhia estavam perdendo o que ele definia como "preconceito" — a separação entre noticiário e desejo dos anunciantes. "A visão tradicional sempre foi de que os editores devem se concentrar nos números totais de circulação. Hoje vemos mais editores concentrados na qualidade dessa circulação."[12]

A Gannett, maior cadeia de jornais do país, tem 94 diários.[XLI] Um estudo sobre a empresa conduzido por William B. Blankenburg, da Universidade de Wisconsin, concluiu que o objetivo da cadeia é ter menos assinantes, porém mais

---

[XL] Em 1994, a Harte-Hanks vendeu sua divisão de jornais para a Community Newspaper Company (do grupo Fidelity), que, por sua vez, foi adquirida pela GateHouse Media em 2006.

[XLI] Em 2018, esse número aumentou para mais de 100 jornais diários e cerca de mil jornais semanais.

ricos: "A perda de assinantes, caso sejam mais pobres [...] não interfere em seus planos de marketing".[13]

Otis Chandler, que dirigia a Times Mirror, quarta maior cadeia de jornais do país e proprietária do *Los Angeles Times*, declarou: "O público-alvo do *Times* é [...] a classe média e [...] a classe alta. [...] Não estamos interessados em uma circulação de massa, e sim em uma circulação de qualidade".[14] Em outra ocasião, ele revelou: "Cortamos deliberadamente parte de nossa circulação entre o público de baixa renda. [...] O aspecto econômico da publicação de jornais nos Estados Unidos tem como base os anúncios, não a circulação".[15]

CAIXAS DE VINHOS

Anos depois da doença quase fatal que atingiu a *New Yorker*, quando a recuperação se consolidou, o departamento de marketing da revista encomendou uma pesquisa a respeito de seus assinantes.[16] Em busca de potenciais anunciantes para a *New Yorker*, a equipe de vendas da publicação tinha à disposição 134 páginas de tabelas, revelando que 58,5% dos leitores eram homens; 63,8% eram casados (6,6% viúvos, 8,1% separados ou divorciados); 94% tinham curso superior ou de pós-graduação (21,8% com doutorado); 71% eram do mundo dos negócios, da indústria ou profissionais liberais; 19,3% ocupavam altos cargos gerenciais; 16,6% eram membros de conselhos diretores de corporações; 40,1% colecionavam obras de arte originais; 26,1% compravam caixas de vinho, não apenas garrafas; 59,3% tinham investimentos em ações, com valor médio de 70.500 dólares (embora uma nota de rodapé a esse respeito escrupulosamente afirmasse: "Para não distorcer a média [...] um assinante que declarou investimentos de 25 milhões de dólares foi excluído do cálculo");

e a média de idade era 48,4 anos. Em outras palavras, esse público de elite era "o tipo certo" para anúncios de produtos de luxo.

Em 1981, a *New Yorker* já havia recuperado seu perfil demográfico de alta qualidade, a ponto de atrair um anúncio de página inteira pago pela Magazine Publishers Association. O anúncio argumentava que as revistas são mais interessantes para os anunciantes porque não fazem esforço para atrair gente que não consome. O título da peça publicitária era: "Uma revista não desperdiça palavras com quem só olha as vitrines".[17]

O mesmo vale para jornais e emissoras de rádio e TV, cujas principais receitas vêm da publicidade.

12.
O DR. BRANDRETH FOI ESTUDAR EM HARVARD

Pode me chamar de tolo ou caipira,
mas prefiro ser o sujeito que compra a Ponte
do Brooklyn a ser aquele que a vende.
WILL ROGERS

James Gordon Bennett, fundador do *New York Herald*, foi um dos "bad boys" do jornalismo americano. Em agosto de 1835, sua gráfica na Ann Street sofreu um incêndio desastroso, mas 17 dias depois o *Herald* estava de volta às ruas com o seguinte pronunciamento:

> Estamos de novo na ativa [...] mais independentes do que nunca. O incidente na Ann Street consumiu tipos, prensas, manuscritos, papel, versos ruins de poesia e livros — toda a parte material do *Herald*, mas sua alma está salva.[1]

O *Herald* estava "de novo na ativa", porém não "mais independente do que nunca". Depois do incêndio, Bennett foi salvo por um grande contrato publicitário com um certo "dr. Brandreth", um vigarista que vendia remédios fajutos para curar qualquer doença. Depois que o jornal voltou a circular, os anúncios de Brandreth começaram a aparecer em profusão, acompanhados de um grande número de "notícias" que apareciam em meio ao noticiário "mais independente do que nunca", relatando as curas heroicas obtidas por ninguém menos que o dr. Brandreth e seus comprimidos. Quando outros fabricantes de remédios reclamaram que Brandreth estava ganhando destaque em notícias de primeira página, além de anúncios, Bennett respondeu em sua coluna:

> Mandem mais anúncios que o dr. Brandreth. Paguem mais que ele. E nós liquidamos o dr. Brandreth — ou, pelo menos, eliminamos seu espaço. Negócios são negócios. Dinheiro é dinheiro. E o dr. Brandreth não significa nada para nós além de um cifrão.[2]

Nove meses depois, quando o dr. Brandreth cancelou seu contrato de publicidade, Bennett escreveu que o bom médico era um "charlatão despudorado" que "enganava e mentia".

De acordo com os padrões de dignidade com que o jornalismo americano atual se reveste, esse tipo de corrupção do noticiário é coisa do passado, que ocorreu somente nos primórdios da indústria, antes da virada do século XX. A mídia moderna, segundo esse discurso, é imune, dada sua ética profissional, a permitir que os anunciantes interfiram no conteúdo editorial.

Os noticiários e os produtos de entretenimento contemporâneos são, para usar a expressão de Bennett, "mais independentes do que nunca". Os jornais obtêm 80% de suas receitas com anúncios e dedicam cerca de 65% de seu espaço à publicidade. As revistas, igualmente virtuosas, faturam quase metade de seu dinheiro com anúncios, um número que já foi maior, e, em geral, fazem questão de afirmar que o departamento de publicidade jamais influencia os artigos, as matérias e as colunas que seus profissionais produzem. As emissoras de rádio e TV, os veículos de mídia mais presentes no cotidiano dos americanos, oferecem um variado conteúdo não relacionado a anúncios, como *game shows*, comédias, seriados policiais, noticiários, *talk shows*, documentários e programas musicais. As emissoras apresentam níveis variados de separação entre os comerciais e os programas. Em alguns casos, não satisfeitas em mostrar a marca de um anunciante em segundo plano em uma cena, as emissoras integram o comercial ao próprio conteúdo do programa. A ideia é burlar a estratégia dos espectadores de tirar o volume da televisão quando entram os intervalos comerciais. Essa técnica insidiosa recebeu o nome de "merchandising" nos meios de comunicação. Combina bem com "infotenimento", um termo repulsivo que, segundo alguns, é uma palavra de verdade.[3]

Em resumo, os anunciantes que no século XIX foram convidados a entrar no templo agora podem discursar no altar.

Os equivalentes contemporâneos do dr. Brandreth se valem de outro tipo de técnica. O mesmo acontece com os Bennett. O anunciante, hoje, não bate na porta dizendo: "Eu sou o dr. Brandreth. Dou dinheiro para esta rede de TV (jornal, revista, estação de rádio) e por isso tenho o prazer de anunciar o produtor (repórter, editor, articulista) que, com os poderes investidos pela sociedade no jornalismo independente, vai proclamar as maravilhas feitas por meus remédios". Não mais usada, a não ser por empresas de mídia mais toscas, essa tática é primitiva demais para o século XXI.

O dr. Brandreth de hoje faz sua aparição da maneira mais apropriada possível em seu anúncio. Depois disso, sai educadamente pela porta da frente, dá a volta, entra pela porta dos fundos do estúdio televisivo (emissora de rádio, redação de jornal ou revista), veste a fantasia de profissional confiável (repórter, editor, articulista) e declara: "Com base em pesquisas sérias e análises críticas, é minha opinião independente que os remédios, a posição política, a ideologia e a atividade econômica do dr. Brandreth são a salvação da pátria".

A CORRUPÇÃO SUTIL

A corrupção moderna é mais sutil. Hoje em dia, e em tempos recentes, os anunciantes conseguiram com sucesso inserir as seguintes ideias no material que cercam seus anúncios:

Todos os homens de negócios são bons e, caso algum não o seja, é sempre condenado pelos outros homens de negócios. Todas as guerras são humanitárias. O status quo é maravilhoso. Supermercados, padarias, farmácias, restaurantes e lavanderias também são maravilhosos. Pessoas religiosas, em especial aquelas do clero, são perfeitas. Todos os fumantes são gentis, graciosos, saudáveis e joviais. Na verdade, todos os que consomem produtos com tabaco são heróis. Ninguém comete suicídio tomando comprimidos. Todas as instituições financeiras estão em ótima situação. O modo de vida americano está acima de qualquer crítica.

As mensagens anteriores, para citar apenas algumas, não foram inferências vagas. Os grandes anunciantes requisitaram que essas ideias fossem expressas não em espaços publicitários, mas no noticiário pretensamente "independente", em editoriais ou programas de entretenimento. Os leitores, ouvintes e espectadores não sabiam que as mensagens haviam sido plantadas pelos anunciantes. Eles não devem saber disso. Eles devem pensar que essas ideias são fruto do trabalho independente de jornalistas e escritores profissionais, que não se guiam por demandas comerciais. Caso o público soubesse que essas ideias representam demandas explícitas de empresas que bancam anúncios, as mensagens perderiam seu impacto.

No entanto, por muito tempo, a ausência de críticas ao sistema empresarial contemporâneo, com sua atuação sutil, foi quase tão unânime na grande mídia americana quanto a ausência de críticas ao comunismo no sistema de comunicações soviético. A postura acrítica diante um sistema de livre iniciativa que sofreu baques tão espetaculares como as derrocadas da Enron, da Tyco e de outras gigantes em 2001 pode ser bem explicada considerando as demandas inflexíveis obedecidas pela mídia. Exemplos disso são a Procter & Gamble e, é claro, a indústria do tabaco.

É possível examinar desde a origem a entrada de ideias pró-corporações no noticiário e no entretenimento. A Procter & Gamble está há mais de cem anos entre as cinco maiores empresas anunciantes do mundo, quase sempre em primeiro lugar. A empresa sempre esteve entre as principais criadoras de material publicitário em todas as formas de mídia, inclusive comerciais inseridos em programas de TV, e sempre entendeu o poder dos anúncios. A companhia foi criada em 1837, produzindo um sabão que se chamava simplesmente White Soap[XLII].[4] Em 1879, porém, Harley Procter, herdeiro do fundador, leu no Salmo 45: "Mirra e aloés perfumam tuas vestes. Nos palácios de marfim, o som das cordas te alegra". Nascia então o Sabão Marfim, lançado com o primeiro anúncio de página inteira dedicado a um produto. Em uma década, a Procter & Gamble estava vendendo 30 milhões de barras de

---

[XLII] Sabão branco em inglês.

sabão por dia. Desde então, a companhia se mantém espetacularmente bem-sucedida, com uma combinação de sabão, detergente, cristianismo, patriotismo e lucro. Depois da Segunda Guerra Mundial, ela passou a levar suas ideias para os programas de televisão, na forma de publicidade.

A maior parte dos anunciantes não se limita a comprar um certo número de inserções comerciais, entregar as gravações às redes e emissoras locais e esperar que os anúncios sejam transmitidos. Alguns comerciais de rádio e TV são comprados dessa forma, mas, em geral, não os dos grandes anunciantes. Estes querem saber a que hora do dia seus comerciais vão ser exibidos, já que isso ajuda a definir o perfil e o tamanho da audiência a que estão se dirigindo. E eles querem saber a natureza do programa em que seus comerciais serão inseridos.

Nos primórdios da televisão, os anunciantes patrocinavam e produziam seus próprios noticiários e programas de entretenimento. Isso dava às empresas o controle direto do conteúdo, que era inserido ou removido de acordo com seus interesses comerciais e ideológicos. O noticiário da NBC, no início da década de 1950, se chamava *Camel News Caravan* por causa de seu anunciante — a marca de cigarros Camel, que proibia a exibição de qualquer filmagem em que aparecesse a imagem de uma placa de "Proibido fumar".[5]

A partir da década de 1960, as redes começaram a produzir seus próprios programas, e os anunciantes compravam espaços comerciais de duração variada, que eram inseridos durante a programação. Os anúncios dispunham de 5 minutos, depois 12 e, então, um número ilimitado de minutos por hora no horário nobre e períodos ainda mais longos em outras partes do dia. Porém, nenhuma rede produz um programa sem levar em conta se os anunciantes vão gostar. Programas pilotos são discutidos com os grandes anunciantes, que analisam os projetos, rejeitam, aprovam ou sugerem mudanças.

Grandes anunciantes como a Procter & Gamble nunca deixam de se fazer ouvir.

GUERRAS SEM HORROR

A Comissão Federal de Comunicações (Federal Communications Commission) promoveu audiências em 1965 a fim de descobrir a extensão da influência de anunciantes sobre o conteúdo vinculado na televisão e no rádio. Albert N. Halverstadt, gerente-geral de publicidade da Procter & Gamble, afirmou em depoimento que a empresa estabelecia diretrizes para os programas nos quais compraria comerciais. Essas políticas obedeciam a critérios de "decência e bom senso. [...] Eu não diria que constituem um controle".[6] Em seguida, ele forneceu à FCC as exigências formais para os programas de TV, entregues na forma de memorandos de instruções à agência de publicidade que representava a empresa:

> Sempre que possível, os personagens em obras de ficção patrocinadas pela Procter & Gamble devem expressar, em seus pensamentos e atitudes, o reconhecimento e a aceitação da situação do mundo. No que diz respeito à guerra, nossos roteiristas devem minimizar os aspectos "horrorizantes". Os roteiristas devem se guiar pelo fato de que qualquer cena que contribua negativamente para o moral do público é inaceitável. Policiais e militares não devem ser retratados como vilões ou se envolverem com alguma atividade criminosa.[7]

A Procter & Gamble tinha um interesse particular na imagem do mundo dos negócios e das pessoas nele envolvidas nos programas de TV:

> Não pode haver em nossos programas nenhum material que retrate o mundo dos negócios como frio, implacável e sem sentimento ou motivação espiritual.
>
> Se um homem de negócios é retratado no papel de vilão, deve ficar claro que não se trata de um caso típico, mas, sim, de um tipo desprezado por outros homens de negócios, assim como pela sociedade em geral.
>
> É preciso dar atenção especial a qualquer menção, por mais inócua que pareça, a supermercados e drogarias, assim como a qualquer outro grupo de clientes da companhia. Isso inclui os usuários industriais de produtos da companhia, como padarias, restaurantes e lavanderias.

A visão da companhia sobre religião e patriotismo também estava inserida nos programas. Se em uma obra de ficção ou documental alguém atacasse o que o memorando descrevia como "algum conceito elementar do modo de vida americano", era preciso acrescentar uma resposta "completa e convincente em alguma outra parte da mesma transmissão".

O mesmo valia para aquilo que a Procter & Gamble definia como "forças sociais positivas": "pastores, sacerdotes e representantes equivalentes de forças sociais positivas não devem ser retratados como vilões nem apresentados se envolvendo em crimes ou atitudes antissociais".

O memorando é bem específico: "Caso haja alguma dúvida a respeito em determinado material, ele deve ser apagado".

Segundo o depoimento de Halverstadt, essas políticas se aplicavam tanto aos programas de entretenimento em que os comerciais da Procter & Gamble eram exibidos como a noticiários e documentários sobre assuntos de interesse público.[8]

A ideologia corporativa foi incorporada a programas de entretenimento e informativos que o público imagina serem produzidos de forma independente dos comerciais de 30 ou 60 segundos exibidos nos intervalos. É preocupante que essas exigências sejam feitas a um tipo de mídia que ocupa 100 milhões de lares por sete horas e meia por dia.

No entanto, a inserção de ideologia corporativa e temas de interesse comercial na programação televisiva não era exclusividade da Procter & Gamble. Um executivo da Brown & Williamson Tobacco Corporation revelou à FCC a política da companhia em relação aos programas em que apareciam seus comerciais de cigarros, que tiveram validade até a proibição desse tipo de anúncio na televisão, em 1970:

> Os produtos com tabaco não devem ser usados de forma depreciativa ou prejudicial. Não devem ser mostrados gestos de nojo, insatisfação ou rejeição relacionados a eles. Por exemplo: os cigarros não devem ser apagados com violência em cinzeiros ou pisoteados no chão.
>
> Quando cigarros são usados por antagonistas ou personagens de caráter questionável, devem ser de tamanho normal, sem filtro e impossíveis de identificar.
>
> Porém, nenhum cigarro deve ser usado como elemento definidor de um personagem indesejável. Os cigarros usados por personagens positivos devem ser das marcas da Brown & Williamson, identificáveis ou não.

Um vice-presidente de um anunciante de remédios para dor de cabeça, Whitehall Laboratories, revelou à FCC que a empresa exigia das redes que "se uma cena retratava uma pessoa cometendo suicídio tomando um frasco de comprimidos, nós não queremos que isso vá ao ar".

Um vice-presidente da Prudential Insurance Company[XLIII], que patrocinava programas de interesse público, declarou que uma imagem positiva do mundo dos negócios e das finanças era essencial para que a empresa continuasse a apoiá-los. A Prudential rejeitou um projeto de um programa sobre feriados bancários decretados durante a Depressão porque "isso lança uma certa dúvida sobre todas as instituições financeiras".

Todos os grandes anunciantes, ao que parece, concordavam com um pronunciamento feito por um dos vice-presidentes da Procter & Gamble em 1979: "Participamos da programação, em primeiro lugar, para garantir um bom ambiente para nossos anúncios".[9]

As exigências corporativas em programas televisivos estão por trás do que muitos consideram os maiores defeitos da TV americana: superficialidade, materialismo, inocuidade e escapismo. A indústria da televisão invariavelmente afirma que suas redes apenas oferecem ao público o que ele deseja. Porém, não é o público que diz o que quer. São os anunciantes.

A MELHOR ATMOSFERA PARA VENDER

Em certa ocasião, a Bell & Howell Company[XLIV] tentou quebrar o padrão de escapismo e superficialidade dos programas do horário nobre patrocinando uma série de documentários.[10] O presidente da companhia revelou à FCC que se tratou de uma tentativa de contrabalançar os padrões aplicados pela maioria dos outros anunciantes, cujas exigências ele descreveu da seguinte forma:

[XLIII] Uma das maiores companhias de seguro dos Estados Unidos.

[XLIV] Empresa fabricante de câmeras, projetores e produtos eletrônicos.

É preciso evitar envolvimento em controvérsias; é preciso buscar a maior audiência possível; é preciso se lembrar de que a segurança está nos números; é preciso sempre ter em mente que comédia, aventura e escapismo proporcionam a melhor atmosfera para vender.

Mesmo que um programa não escapista se torne um sucesso comercial, é provável que seja cancelado pelas redes ou pelas principais emissoras locais. Nos primórdios da televisão, havia vários programas sérios, inclusive peças de ficção originais apresentadas ao vivo: *Kraft Television Theatre, Goodyear Playhouse, Studio One, Robert Montgomery Presents, The United States Steel Hour, Matinee Theater* e *Playhouse 90*. Era uma época de grandes peças televisivas escritas por dramaturgos como Paddy Chayefsky, que afirmou ter descoberto "o mundo maravilhoso" do drama observando a vida das pessoas comuns.

Erik Barnouw, falecido historiador de rádio e TV, escreveu em sua obra definitiva sobre a história da televisão americana:

> Que esse "mundo maravilhoso" tenha fascinado milhões de pessoas fica bem claro nas estatísticas. Essas peças — com parentesco com as pinturas de gênero — tinham audiência sempre alta. Mas havia um grupo que as detestava: a indústria da publicidade [...]. A maioria dos anunciantes vendia magia. Seus comerciais propunham os mesmos problemas apresentados nos dramas de Chayefsky: pessoas que temiam o fracasso no amor e nos negócios. Porém, nos comerciais sempre havia uma solução mágica disponível em um piscar de olhos. O problema podia ser resolvido com um novo produto, como comprimidos, desodorantes, cremes dentais, xampus, loções pós-barba, tônicos capilares, carros, cintas, cafés, bolinhos ou ceras para pisos.[11]

Isso foi na geração passada. O público de hoje é mais calejado e sofisticado, então os comerciais são mais insidiosos e espertos. Usam o humor, a autodepreciação e até mesmo a sátira com o próprio produto para arrancar do espectador um sorriso de identificação que fica associado à marca promovida.

Existe outra razão para a resistência das redes e das agências de publicidade aos programas não escapistas. As redes de TV faturam a maior parte de suas receitas entre as 20 e as 23 horas — o horário nobre. Elas querem manter a audiência interessada no próximo segmento de 30 minuto e preferem que o "clima propício para o consumo" seja mantido. Um programa sério, mesmo com alta audiência, seria questionado por interromper o fluxo de leveza e fantasia. Nesse sentido, a noite inteira precisa ser um bloco único em termos de atmosfera. Uma atmosfera para vender.

Programas como *Raízes*, sobre as origens da escravização de africanos nos Estados Unidos, geraram audiências altíssimas, mas sem um faturamento comercial compatível com o tamanho de seu público. O sequestro de homens e mulheres no oeste africano e o transporte deles em navios negreiros pelo Atlântico, com os doentes sendo jogados ao mar, não criavam um "clima propício para o consumo".

A mídia impressa também não escapou da pressão, ou do desejo, de moldar seu conteúdo a fim de fornecer uma atmosfera propícia ao consumo dos produtos e, às vezes, até da ideologia dos anunciantes. As revistas foram os primeiros veículos de mídia a publicar anúncios artísticos e sofisticados.[12] Sua capacidade de reprodução gráfica era superior à dos jornais, com melhor impressão e ilustrações coloridas (a primeira revista de circulação nacional bem-sucedida, a *Godey's Lady's Book*, fundada em 1830, empregava 150 mulheres que pintavam à mão as ilustrações publicadas). Até o fim do século XIX, os anúncios eram uma receita marginal das revistas, mas, à medida que o mercado se massificava, a mídia foi se adaptando. Em 1900, a *Harper's*, por exemplo, publicou mais anúncios em um ano do que nos últimos 20 anos anteriores somados.

"PREPARAR AS PÁGINAS EDITORIAIS PARA FISGAR..."

Antes do surgimento da televisão, ocorrido na década de 1950, as revistas de sucesso eram responsáveis por 65% dos anúncios veiculados na mídia. Nessa época, a maior parte das publicações era projetada para fins publicitários e não editoriais. A filosofia de Condé Nast tinha triunfado. Nast, o criador das revistas *Vogue*, *Vanity Fair*, *Glamour*, *Mademoiselle* e *House and Garden*, considerava sua missão "preparar as páginas editoriais para fisgar entre os milhões de americanos apenas algumas centenas de milhares de pessoas cultas que possam comprar produtos de qualidade".[13]

O papel da maioria das revistas, para seus proprietários, era agir como um dispositivo de mediação entre os consumidores e vendedores de produtos. Havia, e ainda há, uma grande diferença entre as revistas em termos de disposição de vender seu público para os anunciantes. Mas a influência dos anunciantes sobre o conteúdo das revistas continua.

Em 1940, uma matéria da *Esquire* afirmava que o violão é um instrumento melhor para acompanhar a voz do que o piano. Alguns meses depois, a revista publicou uma retratação: "Perdemos todos os nossos anúncios de pianos [...]. Só nos resta implorar o perdão dos fabricantes de pianos". A essa altura, os inquietos donos da revista já tinham sido domados. Dois anos antes eles haviam criado a *Ken*, uma revista de ideias progressistas com início promissor. Os anunciantes não gostaram do conteúdo das matérias e, além de se recusarem a anunciar na nova publicação, ameaçaram deixar de comprar espaço na *Esquire*. Os proprietários da revista então encerraram a *Ken*, apesar dos bons números de circulação.[14]

Em 1962, Paul Willis, presidente da Grocery Manufacturers Association, avisou as televisões que queria mais programas exaltando a qualidade da indústria alimentícia. Segundo ele, um alerta similar tinha sido bem recebido pelas grandes revistas de circulação nacional.

> Sugerimos às editoras que havia chegado a hora dos departamentos editorial e comercial começarem a entender melhor a relação de interdependência entre eles [...] já que suas operações afetam os anunciantes — que garantem o sustento das editoras.[15]

Ao periódico *Advertising Age*, Willis "mostrou com orgulho" as matérias favoráveis à indústria alimentícia publicadas nas revistas *"Look, Reader's Digest, American Weekly, This Week, Saturday Evening Post, Good Housekeeping, Ladies' Home Journal, Family Circle* e *Woman's Day*, entre outras".

Se o *Herald* de Bennett serve como um indicativo de como as coisas funcionavam no passado, não há muito motivo para alento a esse respeito em anos mais recentes. Condé Nast criou a *Vogue* em 1909 com a ideia de usar suas matérias para fisgar "pessoas cultas que possam comprar produtos de qualidade". Em 1972, com a *Vogue* sob nova direção (da S. I. Newhouse, a cadeia de jornais que comprou a Condé Nast em 1959), a prerrogativa parecia ser a mesma. Richard Shortway, diretor da *Vogue*, 63 anos depois do depoimento sincero de Nast, resolveu dar seu próprio depoimento sincero: "A verdade nua e crua sobre o mercado de revistas é que só quem anuncia ganha acesso à cobertura editorial".[16]

As revistas sempre foram o calcanhar de Aquiles de empresas que também são proprietárias de editoras de livros.

A New York Times Company é uma corporação com revistas, livros e estações de rádio e TV, além de jornais. Em 1976, o *New York Times* publicou uma série de artigos sobre erros médicos.[17] As matérias enfureceram a indústria da saúde, inclusive as empresas farmacêuticas. Elas não tinham como empreender uma retaliação efetiva contra o *New York Times*, que não veicula muitos anúncios relacionados à área. No entanto, os anunciantes de produtos e serviços médicos eram fundamentais para revistas publicadas pela New York Times Company, entre elas um periódico chamado *Modern Medicine*. As empresas farmacêuticas ameaçaram deixar de comprar 260 páginas de anúncios na *Modern Medicine*, o que geraria um prejuízo de 500 mil dólares. A Times Company então vendeu suas publicações da área médica para a Harcourt Brace Jovanovich.

AS MENTIRAS PERMISSÍVEIS

A Reader's Digest Association é dona da revista *Reader's Digest* e da editora de livros Funk & Wagnalls.[18] Em 1968, a Funk & Wagnalls programou a publicação de um livro, *The Permissible Lie* [A mentira permissível], que criticava a indústria da publicidade. Um mês antes do lançamento, a Reader's Digest ordenou à sua subsidiária que cancelasse a publicação. As receitas da empresa com a revista, na época, eram de 50 milhões de dólares. Provavelmente, os executivos temiam a perda de faturamento com anúncios caso a editora de livros ofendesse a indústria da publicidade.

Os jornais são considerados os mais escrupulosos entre os veículos de mídia sustentados pela publicidade. Na ética oficial dos jornais, a separação entre Igreja e Estado — entre a redação e o departamento comercial — é sagrada e reafirmada sempre que isso é posto em questão. Trata-se de uma mudança relativamente recente. Algumas décadas atrás, era comum que jornais se recusassem a publicar notícias incômodas a seus anunciantes mais importantes. Incêndios em lojas de departamentos, violações a normas de segurança no comércio, medidas de saúde pública contra restaurantes e processos judiciais contra concessionárias de veículos raramente apareciam no noticiário impresso. Os jornais só publicavam notícias sobre anunciantes ou potenciais compradores de espaços publicitários caso servissem como propaganda positiva. Uma seção fixa em quase todos os jornais eram as matérias encomendadas pelo departamento comercial para agradar determinado anunciante.

Ao longo dos anos, na maioria dos jornais — mas não em todos — os casos mais gritantes de corrupção do noticiário diminuíram. Porém, a censura de informações prejudiciais aos anunciantes continua. Matérias que possam ser incômodas a um anunciante precisam ser mais bem apuradas e veiculadas com mais cautela que as demais. À medida que outros jornais se tornam propriedade de grandes conglomerados de mídia com níveis de lucratividade determinados por Wall Street e CEOs sediados em locais distantes, aumenta a pressão para sufocar notícias que possam incomodar anunciantes de peso. Cada vez mais comum nos jornais contemporâneos é a grande quantidade de matérias que não são notícias de fato e que só servem como conteúdo para promover os interesses dos anunciantes.

Um estudo de 1978 do Center for Study of Responsive Law[XLV] descobriu que:

[XLV] Organização criada em 1968 por Ralph Nader.

A maioria dos cadernos de imóveis dos jornais está a serviço do setor imobiliário, e não dos consumidores e leitores em geral [...]. Textos que aparecem como "notícias", muitas vezes, são peças promocionais de incorporadoras, imobiliárias ou associações do ramo.[19]

Entre os exemplos citados pelo estudo estão os seguintes: o jornal *Birmingham News*, do Alabama, publicou quatro releases comerciais com apenas mudanças superficiais na primeira página de seu caderno de imóveis; uma edição do *Sacramento Union* tinha mais de uma dezena de matérias para promover novos loteamentos; releases de imprensa foram publicados como matérias em jornais como *Baltimore Sun*, *Boston Herald American*, *New York Post*, *Philadelphia Evening Bulletin* e *Washington Star*.

Os jornais maiores, inclusive alguns dos mais prestigiados do país, muitas vezes publicavam mais propaganda imobiliária disfarçada de notícias que os menores. Segundo o relatório:

Ficamos surpresos ao descobrir um punhado de jornais menores [...] que tinham pequenos mas respeitáveis cadernos de imóveis. Eles se esforçavam para apresentar notícias relacionadas ao mercado imobiliário de forma muito mais objetiva e informativa do que vários grandes jornais.

Esses jornais menores eram *Indianapolis Star*, *New Orleans Times-Picayune*, *Memphis Commercial Appeal* e *St. Petersburg Times*.

O estudo aparentemente não teve grande repercussão. Um ano depois, alguns jornais não só continuaram publicando uma enxurrada de material promocional disfarçado de notícia como chegaram ao ponto de tirar a cobertura do mercado imobiliário das mãos dos repórteres e entregá-la nas mãos do departamento de publicidade. Entre esses jornais estão *Van Nuys Valley News, Los Angeles Herald Examiner, Houston Chronicle* e *Dallas Morning News*. Como muitos leitores de jornais têm o costume de viajar pelo mundo a lazer e a negócios, algumas notas de realismo ainda podem ser encontradas nos cadernos de turismo. Uma descrição de uma praia tropical paradisíaca pode ter um alerta: "Não se esqueça de levar o repelente para se livrar dos insetos".

A maior parte do material promocional publicado como "notícia" nos jornais está nessas seções especiais. Os cadernos de moda, por exemplo, são quase sempre reproduções de releases de estilistas e grifes ou textos escritos por gente que comparece aos eventos de moda com todas as despesas pagas pelas grifes. O resultado é uma enxurrada anual de promoção descarada de peças exóticas disfarçada de notícia. A contaminação, com o tempo, só piora. Em 1980, John Brooks, diretor de comunicações do *Toronto Star*, declarou que quando o caderno de moda foi criado no jornal:

> todas as pesquisas de mercado foram entregues ao departamento editorial para que o conteúdo fosse adequado aos desejos e às necessidades de leitores e potenciais leitores. O editor da seção de Família, à qual o caderno de moda seria subordinado, passou um bom tempo no departamento de publicidade, em reunião com anunciantes.[20]

O mesmo vale para os cadernos de turismo e gastronomia. Uma pesquisa de 1977 revelou que 94% dos editores de gastronomia publicavam receitas tiradas de material promocional da indústria alimentícia, e 38% compareceram a eventos promovidos por empresas de alimentos. Isso também não mudou no século XXI.[21]

NADA CONTROVERSO

O crescimento da tendência entre os jornais de entregar partes do noticiário para o departamento de publicidade, em geral produz textos que não são veiculados como anúncios, mas que, de fato, não passam de material promocional disfarçado de notícia. O departamento de publicidade do *Houston Chronicle*, por exemplo, fornecia todas as "notícias" aos seguintes assuntos cobertos pelo jornal: casas, apartamentos, viagens, tecnologia, criação de animais e piscinas. O vice-presidente de vendas e marketing do *Chronicle* declarou: "Não fazemos nada controverso. Não produzimos reportagens investigativas. Nossa única preocupação é fornecer suporte editorial para nossos anunciantes".[22]

Uma das necessidades mais prementes dos leitores em meio ao surto inflacionário da década de 1970 era a de informações confiáveis sobre consumo consciente, um dos grandes pontos fracos dos jornais americanos. As informações cruciais para as famílias dizem respeito a setores da economia que controlam as receitas com anúncios dos jornais — alimentos, transportes e vestuário. Um tipo de matéria que sempre foi muito bem recebida, apesar de raramente ser publicada, é a pesquisa da cesta básica. De tempos em tempos, um repórter faz uma compra com os itens da lista consumidos por uma família e escreve uma matéria sobre as diferenças de preços nos grandes supermercados. Não é o tipo de reportagem que os comerciantes apreciam, por isso ela quase desapareceu dos jornais americanos. Mesmo quando a pesquisa da cesta básica é feita por entidades independentes, como a Universidade Purdue, a maioria dos jornais se recusa a publicar os resultados. Uma publicação admitiu que existe pressão dos anunciantes nesse sentido.[23]

Em 1980, o *Washington Star* anunciou uma série de cinco reportagens pesando os pontos positivos e negativos dos cupons de compras publicados nos jornais. A série, entretanto, foi cancelada depois que a primeira matéria saiu. O motivo foi o medo de que os anunciantes deixassem de publicar seus cupons de compras no jornal.[24]

Diante da avidez com que os jornais protegem seus principais anunciantes, é compreensível que as grandes empresas esperem que, quando seus interesses entrarem em conflito com os do leitor, a balança dos jornais penderá para o lado dos anunciantes.

Em 1981, um vice-presidente sênior da MGM disse a executivos de empresas jornalísticas que estava vendo muitas resenhas negativas de filmes e avisou que os 500 milhões de dólares anuais em anúncios da indústria cinematográfica

> não são um presente, e vocês precisam fazer com que seus departamentos editoriais saibam disso [...]. Hoje, os jornais nem sempre criam um clima favorável à indústria cinematográfica [...]. Resenhas gratuitas e raivosas ameaçam azedar a boa relação entre a indústria cinematográfica e os jornais.[25]

MORTE À VENDA

A conspiração mais vergonhosa da história da imprensa americana com um grande anunciante foi a cumplicidade prolongada do noticiário com a publicidade na supressão ou neutralização das evidências irrefutáveis de que fumar cigarros mata. De acordo com o periódico britânico de medicina *Lancet*, na década de 1990, 21 milhões de pessoas nos Estados Unidos, na Europa, no Canadá, no Japão, na Austrália e na Nova Zelândia morreram de doenças relacionadas ao tabaco, em geral depois de um processo doloroso e sofrido. A Organização Mundial de Saúde estimava que mais de 7 milhões de pessoas morriam todos os anos por causa do consumo de tabaco.[26]

Durante décadas, os jornais, com raras exceções, mantinham as mortes provocadas pelo fumo fora do noticiário, mesmo depois que um estudo definitivo de 1927, realizado na Inglaterra, comprovou cientificamente o fato. Apenas 14 anos depois de revelada a pesquisa, as autoridades de saúde dos Estados Unidos mencionaram os sérios riscos à saúde trazidos pelo tabagismo. Sete anos após o alerta de que mesmo os fumantes passivos poderiam sofrer de câncer no pulmão, 64 milhões de americanos, obviamente viciados, ainda fumavam uma média de 26 cigarros por dia.[27]

Por muitos anos os jornais (em que os fabricantes de cigarros estavam entre os três ou quatro maiores anunciantes) reproduziram credulamente os relatórios da operação de relações públicas da indústria do tabaco, o Tobacco Institute, segundo os quais não havia efeito comprovado de causa e efeito entre o hábito de fumar e o câncer. Ao que parecia, a ciência da epidemiologia, que resolvera o problema da peste bubônica, da febre tifoide e de várias outras doenças mortais aos seres humanos, não se aplicava ao tabaco. Talvez, mesmo depois que os cromossomos das células cancerígenas formassem o nome "Brown & Williamson" sob o microscópio, é possível que o Tobacco Institute ainda dissesse que "mais pesquisas eram necessárias", e a grande mídia, obedientemente, reproduzisse o relatório com a maior cara lavada.

A insistência dos jornais era ainda pior porque havia condições de fornecer notícias inquestionáveis sobre um número elevado de mortes baseado em provas científicas. Em 1971, os comerciais de cigarros foram proibidos na televisão — no caso, as redes de TV os baniram "voluntariamente" quando ficou claro que a nova lei das comunicações os proibiria. Portanto, a televisão mais tarde se revelou muito mais inclinada a destacar as pesquisas antifumo do que a imprensa escrita.[28]

Se existe uma data que parece marcar a supressão voluntária e obstinada do vínculo entre o tabagismo e um grande número de mortes, é o ano de 1954. Em 1953, quando a Associação Médica Americana baniu os anúncios de cigarros em todas as suas publicações, o *New York Times Index*, refletindo talvez a melhor cobertura da imprensa escrita sobre o vínculo entre tabagismo e câncer, mostrou 248 entradas com as palavras "câncer", "fumo" e "tabaco". Entre elas, 92% não vinculavam uma coisa à outra. Nos 8% dos textos em que isso acontecia, apenas 2% eram matérias sobre as doenças provocadas pelo tabagismo; os demais 6% eram, em sua maior parte, negações produzidas pela indústria do cigarro. Em 1954, ano em que saiu o estudo da American Cancer Society, o *New York Times Index* mostrava 302 entradas com os mesmos termos. Das matérias que tratavam do vínculo entre o tabagismo e a doença, 32% eram negações da indústria do cigarro, e apenas 20% tratavam das evidências científicas.

Em 1980, 16 anos depois, ainda havia mais matérias na imprensa escrita sobre as causas da gripe, da pólio e da tuberculose do que sobre a causa de uma em cada sete mortes nos Estados Unidos.

UMA DOENÇA DA MÍDIA

Começaram então as suspeitas de uma doença que atingia especificamente a mídia: uma estranha paralisia quando evidências sérias apontavam o tabaco como uma causa inquestionável de doenças e mortes. Durante anos, as provas médicas que vinculam o tabaco a problemas de saúde foram tratadas de forma diferente dos demais agentes causadores de doenças que não são anunciantes. A imprensa escrita e a falada costumam cobrir com estardalhaço qualquer artigo de pesquisador novato sobre alguma doença rara. Mas, no caso das 300 mil mortes anuais relacionadas ao tabaco, a mídia não noticia ou trata o assunto como um tema controverso, a ser rebatido pela indústria do cigarro.

Trata-se de uma história repleta de acontecimentos curiosos. Em 1963, por exemplo, a Hudson Vitamin Products produziu o Smokurb, um substituto para os cigarros. A empresa encontrou dificuldades para anunciar seu produto em jornais, revistas e emissoras de rádio e TV. Eli Schonberger, presidente da agência de publicidade da Hudson, declarou: "Não criamos essa campanha para arrumar briga com ninguém, mas alguns veículos de mídia estão nos evitando, na esperança de que acabemos desistindo".[29]

Obviamente, era um comportamento estranho para os veículos de mídia, sempre ansiosos para obter o maior número de anúncios possível. Uma grande revista disse à empresa que seu produto era "inaceitável".

Em determinada época, a indústria do cigarro gastava 4 dólares anuais por habitante dos Estados Unidos em anúncios de seu produto. Nesse mesmo período, a principal agência do governo na educação do público contra os malefícios do cigarro, o Departamento de Saúde e Serviços Humanos, gastava um terço de centavo por cidadão anualmente.

As publicações de circulação nacional, principalmente as revistas de notícias, notabilizaram-se por publicar matérias dramáticas sobre doenças e questões de saúde pública. A *Time* e a *Newsweek* tinham manchetes de capa sobre câncer. A *Newsweek*, por exemplo, estampou em sua capa uma chamada perguntando "O que causa o câncer?", na edição de 26 de janeiro de 1978. A matéria tinha seis páginas. Na terceira, havia uma insinuação sobre a principal causa — uma frase dizendo que o tabaco era o principal entre "todos os cancerígenos". A notícia não comentava mais nada a respeito das estatísticas e das descobertas médicas sobre o vínculo entre tabaco e câncer, a não ser em uma tabela, que listava os dez maiores suspeitos de serem agentes cancerígenos. Ela vinha em ordem alfabética, colocando o tabaco quase no fim. Uma semana depois, a *Time*, em um caso comum de repetição de temas nas revistas concorrentes, publicou uma matéria de duas colunas sobre as causas do câncer. A única referência ao tabaco foi uma frase informando que "fumar e consumir bebidas alcoólicas são hábitos vinculados ao câncer". Algumas semanas depois, a *Time* publicou um artigo exortando os fumantes a se organizarem para derrubar uma proposta de legislação antifumo.

Em uma pesquisa que estudou sete anos de conteúdo publicado em revistas depois de 1970, ano da proibição dos comerciais de cigarros na TV, R. C. Smith, da *Columbia Journalism Review*, revelou que:

> Nas revistas que aceitavam anúncios de cigarros, não consegui encontrar uma única matéria, em vários anos de publicação, que oferecesse aos leitores uma noção clara da natureza e da extensão dos estragos à saúde e à sociedade causados pelo hábito de fumar.[30]

As poucas revistas que recusavam anúncios de cigarros fizeram um trabalho muito melhor nesse sentido, segundo o pesquisador. (As mais importantes eram a *Reader's Digest* e a *New Yorker*.) As que publicavam notícias com informações corretas sobre o vínculo do tabagismo com problemas de saúde sofreram retaliações. Em julho de 1957, a *Reader's Digest* publicou uma matéria com provas científicas inequívocas contra o tabaco. Nesse mesmo mês, a agência de publicidade que a revista usava havia 28 anos anunciou que não queria mais a *Digest* como cliente. A Batten, Barton, Durstine and Osborn faturava 1,3 milhão de dólares por ano com a revista. Outro de seus clientes, a American Tobacco Company, que garantia 22 milhões de dólares anuais à agência, exigiu que ela escolhesse entre sua conta e a da *Reader's Digest*.

Em 1980, uma revista progressista de esquerda, a *Mother Jones*, publicou uma série de matérias sobre o vínculo entre tabaco, câncer e doenças cardíacas. Depois disso, os fabricantes de cigarros cancelaram todos seus anúncios na publicação.[31]

A já falecida epidemiologista Elizabeth Whelan, à época, relatou: "Eu escrevi muitas vezes matérias sobre saúde para revistas femininas, e os editores sempre me diziam para não tocar na questão do cigarro".[32] Em uma campanha contra esse silêncio, Whelan trabalhou com o Conselho Americano de Ciência e Saúde para tentar emplacar nas dez maiores revistas femininas matérias sobre a incidência cada vez maior de doenças relacionadas ao fumo em mulheres. Algo parecido havia sido feito para promover a Emenda dos Direitos Iguais. Nenhuma das dez revistas — *Cosmopolitan, Harper's Bazaar, Ladies' Home Journal, Mademoiselle, Ms., McCall's, Redbook, Seventeen, Vogue* e *Working Woman* — aceitou publicar a notícia.

OS SETE DEPOENTES

A televisão, confrontada com a pressão da FCC para veicular comerciais antifumo, numa tentativa de contrabalançar o que a comissão considerava a propaganda enganosa de cigarros, exibiu alguns documentários, a maioria enfatizando a incerteza sobre o vínculo entre o tabaco e as doenças. O melhor entre eles foi o da CBS, transmitido em 1965. Howard K. Smith, da ABC, falando em um debate público sobre a televisão, expressou a opinião que muitos tinham sobre o tratamento da relação entre o tabaco e problemas de saúde:

> Para mim, esse documentário foi um exemplo clássico de como o equilíbrio esvazia de significado um tema controverso. No programa havia médicos com todas as razões do mundo para serem objetivos e afirmarem que os cigarros têm uma relação causal com o câncer. Do outro lado estavam os representantes da indústria do tabaco, sem nenhuma razão para serem objetivos, afirmando convincentemente o oposto. O público ficou com uma impressão difusa de que a verdade estava em algum lugar entre as duas posições, mas, que eu saiba, temos todas as evidências de que o fumo tem relação causal com o câncer.[33]

Enquanto as revistas e emissoras de TV faziam de tudo para esconder uma praga nacional, os jornais não se saíam muito melhor. De acordo com médicos e pesquisadores, além dos próprios editores que a produziram, a única matéria que tratava com profundidade o tema da relação entre o tabagismo e problemas de saúde em um jornal diário americano foi publicada no *Charlotte Observer*, da Carolina do Norte, em 25 de março de 1979.

A explicação para isso é meramente estatística: os cigarros eram os produtos mais anunciados no mercado publicitário dos Estados Unidos, e por uma boa razão. Como o periódico do setor *Printer's Ink* publicou em 1937: "O crescimento no consumo dos cigarros [...] se deveu em grande parte ao investimento em anúncios". Em 1954 — ano em que desapareceu a dúvida sobre o vínculo entre tabagismo e doença —, a publicação especializada no ramo dos jornais, *Editor & Publisher*, em uma crítica à American Cancer Society e ao relatório oficial das autoridades de saúde americanas, descreveu como "destinada a promover o pânico" uma notícia que custou "muito espaço e muito dinheiro para aqueles cujo negócio é promover a venda de cigarros por meio de anúncios — jornais e agências de publicidade".[34]

Não foi surpresa nenhuma quando, em 1980, pesquisas dos institutos Gallup, Roper e Chilton revelaram que 30% do público não tinha noção da relação entre o hábito de fumar e doenças cardíacas; 50% das mulheres não sabiam que fumar durante a gravidez aumenta o risco de aborto e morte prematura do feto; 40% da população adulta não tinha ideia de que o cigarro causa 80% das 98 mil mortes anuais por câncer de pulmão; e 50% dos adolescentes não sabiam que o cigarro provoca dependência.[35]

Em 1994, um pesquisador do campus de São Francisco da Universidade da Califórnia, dr. Stan Glance, revelou documentos internos da Brown & Williamson sobre nicotina. Addison Yeaman, membro da diretoria da empresa, assinalou em um memorando confidencial para seus superiores: "A nicotina provoca dependência. Portanto, estamos no ramo da comercialização da nicotina, uma droga viciante".[36]

Houve também, claro, a famosa fotografia e cena na televisão dos sete presidentes dos fabricantes de cigarros diante do deputado Henry Waxman, da Califórnia, testemunhando em um comitê sobre o caráter viciante da nicotina. Os executivos, com seus ternos impecáveis, assumiram o lugar no banco das testemunhas e, com a mão direita erguida, declararam sob juramento que "a nicotina não causa dependência". No juramento, eles se comprometeram a dizer a verdade "com a ajuda de Deus".

Apesar de terem pedido a ajuda de uma deidade, Ele ou Ela devia estar acompanhando a programação de outro canal.

POSFÁCIO
PARAÍSO PERDIDO OU RECONQUISTADO?
JUSTIÇA SOCIAL NA DEMOCRACIA

Houve um tempo em que as novas tecnologias da comunicação foram a promessa de uma abertura para a diversidade nunca vista nos Estados Unidos. Finalmente, haveria canais suficientes para escoar o conteúdo de entretenimento, educação e utilidade pública a serviço de uma democracia mais participativa.

O cabo de fibra ótica é capaz de transmitir centenas de canais por um único fio. Os cabos de cobre existentes na maioria das casas foram adaptados para transmitir diversos canais simultaneamente. Os serviços básicos de TV por assinatura, em muitos locais, oferecem também centenas de canais.

Esses serviços, além dos canais convencionais, hoje controlados por grandes conglomerados, poderiam transmitir outras dezenas de canais livres de comerciais. Eles seriam dedicados a telespectadores de todas as idades com programação educativa, profissionalizante e entretenimento sem fins comerciais. Cada cidade teria um determinado número de canais reservados para a programação local de sua escolha.

Nos anos 1960, quando essas novas tecnologias estavam despontando, houve uma grande discussão baseada na suposição de que toda essa nova capacidade de transmissão seria usada para o benefício do público. Conferências com tecnólogos, cientistas sociais, economistas e jornalistas debateram a melhor maneira de usá-la. Grandes fundações publicaram pesquisas sobre possibilidades estudadas a fundo com o intuito de prover um amplo espectro de programas sem fins comerciais. Livros foram escritos para anunciar o advento de um novo mundo. Todos acreditavam que os Estados Unidos adaptariam as novas tecnologias às necessidades especiais geradas por sua ampla diversidade geográfica e populacional. O país enfim teria um sistema parecido com o de outras democracias modernas, talvez até melhor.

Mas não foi isso que aconteceu. Não houve nenhum uso das novas tecnologias para transmitir programas de utilidade pública sem fins lucrativos. As grandes corporações de mídia logo estabeleceram seu controle sobre todos os veículos importantes, inclusive jornais e revistas. O futuro das comunicações era discutido na imprensa e nas publicações especializadas. Mas, à medida que os conglomerados cresceram e foram adquirindo as maiores empresas jornalísticas, a ideia do uso não comercial foi desaparecendo.

Os conglomerados se esforçaram para eleger governantes e legisladores que não ousaram desafiá-los com a criação de um sistema de comunicações público, que roubaria audiência dos canais comerciais. A grande mídia foi ruidosa em seu clamor pela desregulamentação de tudo quanto era possível. A mídia comercial soube usar seu poder político.

O fracasso do plano de ampliar os canais públicos é recheado de ironias.

A maioria das novas tecnologias de comunicações foi desenvolvida com dinheiro público. Assim como a internet, a transmissão via satélite não existiria sem a criação de satélites de comunicação por agências governamentais, com subsídios pagos pelos contribuintes. A licença para transmitir ondas pelo ar também é propriedade pública. Na prática, as ondas foram expropriadas pelas corporações gigantes de mídia.

Quando os Estados Unidos derrotaram o Japão na Segunda Guerra Mundial e estabeleceram uma administração americana no país para reconstruir o antigo governo imperial, os japoneses foram obrigados a criar um sistema não comercial e não politizado de rádio e TV, que não dependeria de dotações orçamentárias anuais dos parlamentares. O país criou um sistema público de comunicações porque as forças de ocupação americanas declararam que, sem ele, uma democracia moderna seria inviável. Só por isso o Japão tem a NHK, o sistema público de rádio e TV mais competente, diversificado e variado do mundo, seguido de perto pela BBC britânica.[1] Ambas são financiadas por um imposto fixo sobre os aparelhos receptores presentes em cada casa, como os impostos sobre automóveis, existentes em outras partes do mundo. Tanto japoneses como britânicos estão satisfeitos com esse arranjo, tanto que o mantêm há mais de meio século.

Hoje há também no Japão emissoras comerciais na TV e no rádio. E a Grã-Bretanha possui os canais privados da ITV, além dos da BBC.

O minúsculo sistema público dos Estados Unidos depende das dotações orçamentárias do Congresso. O sistema público de comunicações permanece pequeno porque os grandes conglomerados comerciais contam com o poder do *lobby* e das doações de campanha para garantir que os congressistas não vão sugerir a criação de uma NHK nos Estados Unidos, embora essa tenha sido uma exigência dos americanos aos japoneses.

Os grandes conglomerados não querem um ambiente de maior diversidade política e social porque isso diluiria sua audiência e os obrigaria a baixar o preço cobrado pelos comerciais, que garantem seus lucros exorbitantes. As corporações derrotaram todas as iniciativas do Congresso e das agências governamentais de modificar suas políticas restritivas. Além disso, usaram seu poder para criar novas leis que limitam ainda mais a entrada de novos veículos de mídia no cenário nacional. Elas foram uma das forças mais determinantes para a guinada à direita dos Estados Unidos.

Esse controle artificial sobre o espectro político do país ficou demonstrado nos protestos de grande escala contra a invasão do Iraque pelos Estados Unidos, em 2001. As manifestações foram organizadas quase exclusivamente pela internet, o único meio de comunicação importante ainda não controlado pelos monopólios de mídia. A princípio, os veículos de imprensa controlados pelos conglomerados simplesmente subestimaram a quantidade de pessoas que saíram às ruas do país e do mundo. Apenas depois que as agências de notícias internacionais reportaram os números com maior precisão — aos quais muitos americanos tiveram acesso pela internet — os veículos dos conglomerados corrigiram suas informações iniciais.

Essa limitação imposta pela grande mídia vai além da política. As grandes corporações, livres para fazer o que bem entendem, sempre arrumam uma forma de rebaixar ainda mais os parâmetros culturais do país. Os *reality shows* do horário nobre glorificam alguns dos sentimentos mais repulsivos da psique humana — trapaça, cinismo sexual, ganância, exploração, humilhação e incitação de colapsos emocionais diante das câmeras. O controle de quase tudo que o público americano lê, vê e ouve não é meramente um fenômeno tecnológico nem um aspecto secundário da economia nacional. É um fenômeno que atinge o coração da democracia americana e a própria psique nacional.

A grande mídia socializa todas as gerações de americanos. Estejam conscientes disso ou não, todos os espectadores e ouvintes estão sendo "educados" de acordo com seus parâmetros em termos de comportamento social e visão de mundo, além de sua opinião sobre milhões de outros concidadãos. Uma das definições do termo "socializar" é "estabelecer companheirismo com outros; criar atitudes ou posturas sociáveis". O impacto da mídia de massa na socialização não é uma simples teoria que existe apenas nos livros. O fato de a violência na TV fazer crescer a violência real na sociedade vem sendo estudado e confirmado há mais de 30 anos. Cerca de mil estudos, incluindo um relatório especial das autoridades de saúde de 1972 e outro do Instituto Nacional de Saúde Mental de dez anos depois, mostraram que a violência na televisão tem relação direta com a agressividade infantil, em especial entre crianças com menos de oito anos. Quando um adolescente americano completa 18 anos, ele ou ela já viu 16 mil simulações de assassinato e 200 mil atos de violência.[2]

Conforme mencionado anteriormente, a maioria do noticiário local da TV é composta de acidentes e crimes sangrentos. "If it bleeds, it leads" ("se sangra, lidera") é uma regra famosa dos estúdios de TV.

A violência está presente na televisão em muitos países, mas em poucos com a mesma extensão e profusão que na americana. A tela é a babá mais usada do país. A programação entregue às corporações e um Congresso omisso permitiram que essa babá se tornasse uma pregadora do caos e da violência. Não é uma surpresa que estudos revelem que, embora a criminalidade tenha caído nos Estados Unidos, o medo do crime e da violência só cresceu. Isso também tem relação com a atuação de uma indústria que, por lei, deveria ter suas licenças regulamentadas com base no "interesse público".

Nas décadas de 1950 e 1960, o senador John O. Pastore, do Partido Democrata de Rhode Island e presidente do subcomitê de comunicações do Senado, convocava com frequência os dirigentes das grandes corporações de mídia para repreendê-los pela exibição gratuita de sexo e violência ao público. O mesmo era feito por outros membros do Congresso, como o deputado Edward Markey, de Massachusetts, e o senador Fritz Hollings, da Carolina do Sul. Isso não trouxe nenhuma mudança permanente. Porém, durante seus mandatos, eles criaram uma pressão palpável sobre as grandes redes, que precisavam lidar com o que os congressistas consideravam os limites para a permissividade. Quando esses limites chegaram ao fim, com a abolição da Doutrina da Imparcialidade, na década de 1980, as restrições impostas sobre a grande mídia também arrefeceram.

O estrago feito vai além dos valores culturais. O poder dos conglomerados é usado para disseminar mitos sobre a política nacional, que produziram um caos e uma crise crescentes em cidades e estados espalhados pelo país. A grande mídia insistiu durante décadas no mito de que os americanos são achacados pela maior carga tributária entre as democracias modernas. Na verdade, o que ocorre é o contrário disso. Entre os países desenvolvidos, os cidadãos dos Estados Unidos pagam 29,7% do produto interno bruto em impostos, enquanto a média dos outros 24 países da OCDE é de 38,7%. No Reino Unido, por exemplo, a carga tributária é de 33,6%, no Canadá de 35,6%, na Alemanha de 39% e na Suécia de 49,9%.[3]

Para tornar a distorção ainda pior, os Estados Unidos cobram a menor porcentagem de imposto de renda de seus cidadãos mais ricos. A taxação máxima sobre milionários já chegou a 91%. Em 2014, aqueles que fazem parte dos 1% mais ricos pagaram 24,7% de impostos.[XLVI]

Ninguém gosta de pagar impostos. Os eleitores dos países mencionados poderiam votar contra os candidatos que defendem uma maior taxação, mas raramente fazem isso. Eles toleram a carga tributária mais alta porque valorizam o que recebem em troca na forma de assistência médica, salário mínimo, política habitacional e outros programas que ou não existem nos Estados Unidos ou são uma bagunça, dependendo da cidade ou do estado em que esses americanos residam. Mesmo assim, a grande mídia americana serve como porta--voz de todo político ou dirigente de corporação que queira se queixar a respeito dos "impostos confiscatórios".

Obviamente, existe um remédio. De fato, poder de mídia é poder político. Mas o poder do povo também é poder político. Se prevaleceu no passado, pode prevalecer no presente. A mídia de massa contemporânea não foi gerada por um passe de mágica de uma deidade inatacável. Os conglomerados surgiram por causa das ações do Congresso e dos presidentes. Eles nomearam os chefes das agências, obrigadas por lei a regulamentar a mídia falada, em especial a FCC, encarregada de fiscalizar as emissoras de rádio e TV. Nos primeiros anos do século XXI, a maioria conservadora de três para um derrubou todas as barreiras e deixou a população à mercê da vontade das corporações. Houve muitos protestos. Os congressistas do Partido Democrata, em

---

[XLVI] Dados disponíveis em: <https://americansfortaxfairness.org/tax-fairness-briefing-booklet/fact-sheet-taxing-wealthy-americans/>.

minoria, organizaram assembleias em cidades que exigiam serem ouvidas. Eles ouviram enxurradas de queixas de espectadores e ouvintes indignados.

A imprensa escrita é protegida pela Primeira Emenda da Constituição dos Estados Unidos. No entanto, os proprietários de um número muito grande de jornais não são isentos da lei antitruste, que proíbe, principalmente, o que se tornou no país um grande conluio entre empresas jornalísticas para comprar e vender jornais entre si, formando enormes grupos regionais que sufocam as publicações menores na concorrência por leitores e anunciantes. Não é surpresa que os principais veículos impressos tenham se mantido silenciosos diante do abuso do "interesse público" por parte das empresas de imprensa falada dos grupos dos quais fazem parte. Os mesmo cinco grandes conglomerados controlam também a maior parte das produtoras que criam o conteúdo veiculado por suas redes de televisão. Eles são donos de 80% dos canais de TV a cabo e usam suas demais propriedades para promover seus programas.[4]

À medida que o século XXI avança, o mesmo acontece com as possibilidades de crescimento dos veículos de mídia. Os presidentes Theodore Roosevelt, do Partido Republicano, e Franklin Roosevelt, do Partido Democrata, demonstraram que os conglomerados e monopólios causam prejuízo ao bem comum e não são imunes ao alcance da lei. Da mesma forma, não são imunes aos eleitores americanos. Cada vez mais eles sentem que alguma coisa está errada na distribuição desigual da riqueza do país, na dificuldade crescente em discutir programas habitacionais para famílias de classe média e de baixa renda, e na ação quase nula da Junta Nacional de Relações Trabalhistas (NLRB, na sigla em inglês), que em outros tempos conseguiu banir as retaliações às organizações sindicais que tentaram estabelecer um salário mínimo para os trabalhadores. Existem inúmeros casos em que repórteres de jornais foram demitidos ilegalmente por uma atividade sindical que não interferia em seu desempenho profissional; seus apelos à NLRB vão levar — segundo estimativas da agência — de três a cinco anos para serem julgados. Enquanto isso, as empresas jornalísticas seguem investindo na contratação de escritórios de advocacia caríssimos, cuja especialidade é desbaratar sindicatos.

Não é tarde demais para tomar as rédeas da enorme capacidade da tecnologia de comunicações e usar o poder das medidas antitruste para diminuir o controle da mídia por alguns poucos conglomerados, que eliminaram da imprensa falada e escrita a voz daqueles que pedem justiça social.

A força avassaladora das grandes corporações combinada com os conglomerados de mídia vêm gerando protestos na internet e na imprensa alternativa. Cada vez mais jovens — que já tiveram o menor percentual de eleitores em todas as faixas etárias — vêm se tornando ativistas, mobilizando protestos, petições e votos. O remédio, no fim das contas, vai surgir das urnas.

Mais e mais pessoas, de todas as idades, parecem dispostas a levar cada vez mais a sério o privilégio concedido pela Constituição dos Estados Unidos, que permite que todos os cidadãos com mais de 18 anos, homens e mulheres, votem para eleger presidentes, vice-presidentes e membros do Congresso.

Eles se tornaram as novas vozes da esperança.

NOTAS

As citações do *New York Times* são referentes à edição nacional; as citações do *Wall Street Journal* são referentes à edição da Costa Oeste.

INTRODUÇÃO

1 U.S. Census Bureau, Current Population Reports, "Money Income in the United States: 2001", tabela A-2.

1. UMA MÍDIA COMUM EM UM PAÍS INCOMUM

1 *New York Times*, 24 mar. 2003, p. 15.

2 W. A. Swanberg. *Luce and His Empire*. Scribner's Sons: Nova York, 1972; *CNN MONEY*, 10 jan. 2000; *Washington Post*, 16 set. 2003, p. A2.

3 http://media.guardian.co.uk/news/story/0,7541,941565,00.html

4 *The New Yorker*, 9 nov. 1998, p. 34.

5 *Opensecrets.org, Center for Responsive Politics*, for 2000.

6 *Fortune 500*, 2002; *Fortune Global 500*, 2002; www.fortune.com

7 Harvey Swados (org.). *Years of Conscience: The Muckrakers*. Cleveland: Meridian Books, 1962.

8 Mark Hertsgaard. *On Bended Knee*. Nova York: Farrar Straus Giroux, 1988.

9 *Vanity Fair*, jul. 2003, p. 14.

10 *Index of Free Expression*. www.indexonline.org/news/20030319_unitedstates.shtml

11 S. Rendall; J. Naureckas; J. Cohen. *The Way Things Aren't: Rush Limbaugh's Reign of Error*. Nova York: New Press, 1995.

12 *New York Times*, 8 dez. 2002, cad. 4, 7.

13 *National Journal Technology Daily*, 19 set. 2002.

14 *Statistical Abstract of the United States*, 2001, 121ª. ed. Washington: U.S. Census Bureau, 2001, tabela 1.121.

15 Ben H. Bagdikian. *The Media Monopoly*. 1ª. ed. Boston: Beacon Press, 1983.

16 www.dsmarketing.com/usgov_ampl1.htm

17 www.thisnation.com/question/028.html; www.historylearningsite.co.uk/finance.htm

18 American Enterprise Institute. "Vital Statistics on Congress". Ed. 1984–85. Washington: American Enterprise Institute, 1985, pp. 67, 74, tabelas 3-7 e 3-5.

19 Center for Responsive Politics. http://opensecrets.org/overs/blio.aspCycle=2000

20 *New York Times*, 6 set. 2002.

21 Ibid; www.nydailynews.com/news/story/18669p-17595c.html

22 www.forbes.com

23 *Wall Street Journal*, 13 out. 2003.

[24] Ibid.; www.forbes.com

[25] www.forbes.com

[26] http://slate.msn.com/id/1862

[27] Ibid.

2. AS BIG FIVE

[1] www.oldtimecooking.com/Fads/stuff_booths.html

[2] *Statistical Abstract of the United States*, 2001, tabelas 1.126, 1.128, 1.131, 1.132, 1.133 e 1.137.

[3] Ibid., tabelas 1.121 e 1.271.

[4] *Plunkett's Entertainment & Media Industry Almanac, 2002–2003*. Houston: Plunkett Research Ltd., 2002, p. 7.

[5] *Columbia Journalism Review*. www.cjr.org/owners/aoltimewarner.asp

[6] *New York Times*, 23 jan. 2003, p. 1. *New York Times*, 21 abr. 2003, p. C1.

[7] *Fortune Magazine*, 15 abr. 2000. www.fortune.com/home_channel/ fortune500

[8] http://disney.go.com/vault/read/walt/index.html

[9] http://disney.go.com/disneyaloz/head/Walt

[10] www.kitzenwadl.com/site/p183.htm

[11] http://disney.go.com/disneyatoz/waltdisney/maincollection/waltstoryepisode15.html

[12] www.achievement.org/autodoc/eisObio-1; www.cjr.org/year/95/6/ovitz.asp

[13] www.latimes.com

[14] http://archive.salon.com/books/log/1999/08/13/eisner

[15] *Wall Street Journal*, 1 dez. 2003, p. 1.

[16] William Shawcross. *Murdoch*. Nova York: Simon & Schuster, 1992, pp. 165-67.

[17] www.motherjones.com/mother_jones/MJ95/murdoch.html

[18] *New York Times*, 8 out. 2003, cad. 3, p. 1.

[19] www.cjr.org/owners/newscorp.asp

[20] *New York Times*, 12 ago. 2003, p. A17.

[21] www.iht.com/articles/89505.htm

[22] Rod Holmgren; Alma Holmgren. *Outrageous Fortune*. Carmel: Jackson Press, 2001, p. 39.

[23] *The Nation*, 7-14 jan. 2002.

[24] Erik Barnouw. *The Golden Web*. Nova York: Oxford University Press, 1968, v. 2, pp. 56-57.

[25] A. M. Sperber. *Murrow and His Life and Times*. Nova York: Bantam Books, 1986.

[26] *Executive Enterprise Briefing Book*, out. 1986, p. 20-21. http://ccs.mit.edu/ebb/prs/iokey.html

[27] http://www.museum.tv/archives/etv/M/htmlM/mergersanda/mergersanda.htm. *Business Week Online*, 8 maio 1989, p. 119.

28 www.ketupa.net/viacom2.htm

29 www.businessweek.com/1999/99_14/b3623001.htm?scriptFramed

30 www.cjr.org/owners/bertelsmann.asp

31 www.thenation.com/issue/981228fisch.htm

32 *Wall Street Journal*, 1 dez. 2003, p. 1.

33 *Henrique IV*, parte II, ato III.

34 *Broadcasting & Cable*, 13 maio 2002, p. 42.

35 http://media.guardian.co.uk

36 http://archives.cjr.org/year/03/2/lists.asp

37 Ibid.

38 Ibid.

39 Ibid.

40 *Encyclopedia Britannica*, 14ª. ed., v. 20, p. 826.

41 *Encyclopedia Britannica*, 11ª. ed., v. 14, p. 996.

3. A INTERNET

1 http://ei.cs.vt.edu/≠history/Internet.History.2.html

2 http://ftp.arl.army.mil/≠mike/comphist/eniac-story.html

3 Ibid.

4 http://ftp.arl.net/2/mike/comphistory/eniac-stor7.html

5 http://cyberatlas.internet.com/big_picture/geographics/print/0,,5911_969541,00.html

6 *San Francisco Chronicle*, 21 abr. 2003, p. E3.

7 *Webster's New World Dictionary of Computer Terms*, 6ª. ed. Nova York: Simon & Schuster, 1997.

8 www.tu-chemnitz.de/phil/english/chairs/linguist/real/independent/llc/Conference1998/Papers/Nesi.htm

9 *Statistical Abstract of the United States*, 2001, tabela 1.118.

11 *New York Times*, 6 jan. 2003, p. 1.

11 *New York Times*, 17 abr. 2003, p. F1.

12 Ibid.

13 *Columbia Journalism Review*, nov./dez. 2002, p. 33.

14 *New York Times*, 4 abr. 2003, p. E7.

15 www.uta.edu/english/V/students/collab4/lori.htm

16 www.alternet.org/story.html?StoryID=11854

17 *New York Times*, 20 jul. 2003, p. WK3.

18 *New York Times*, 13 mar. 2003, p. C1.

19 *New York Times*, 23 abr. 2003, p. A10.

20 *San Francisco Chronicle*, 28 abr. 2002, p. E1.

21 *New York Times*, 22 abr. 2003, p. C1.

22 *Wall Street Journal*, 7 maio 2003, p. 1.

23 *New York Times*, 18 jun. 2003, p. C1.

24 Constituição dos EUA, artigo 1, seção 8, provisão 8.

25 www.clwbar.org/resipsa/jan99/copyright.html

26 www.cnn.com

4. (NEM) TODAS AS NOTÍCIAS QUE MERECEM SER IMPRESSAS

1 www.newline.com/sites/wagthedog/Story/index.html

2 Departamento de Trabalho dos EUA, Escritório de Estatísticas Trabalhistas, 30 jan. 2001, conforme reproduzido em "Nation's Unemployment Rises," *New York Times*, 5 jan. 2002, p. C1.

3 *San Francisco Chronicle*, 13 abr. 2001.

4 *New York Times*, 14 abr. 2001, p. 1.

5 www.wsws.org/articles/2002/dec2002/lott-d24.shtml

6 Discurso sobre o Estado da União, 28 jan. 2003, conforme divulgado pela Casa Branca em 28 jan. 2003.

7 *New York Times*, 10 jul. 2003, p. A10.

8 www.waxman.house.gov/news_files/news_articles_jackpot_cabinet_2_24_01.htm

9 *National Journal*, 15 abr. 2003, p. 1.

10 http://byrd.senate.gov/byrd_newsoct2002/rls_oct2002/rls_oct2002_2.html

11 *New York Times*, 7 set. 2002, p. 1.

12 Sam Tanenhaus, "Bush's Brain Trust", *Vanity Fair*, jul. 2003, p. 114.

13 Senador Hiram Johnson argumentando contra a entrada dos EUA na Primeira Guerra Mundial. Discurso ao Senado dos EUA, 1917, reproduzido em *MacMillan Dictionary of Quotations*, Arquivo do Congresso, 1918, p. 59.

14 A. M. Sperber. *Murrow: His Life and Times*. Nova York: Bantam Books, 1986, p. 418.

15 Entrevista do autor com William Shawn, editor da *New Yorker*, 14 maio 1981.

16 Leo Nikolaevich Tolstoy. *War and Peace*, trad. Rosemary Edmonds. Londres: Penguin Books, 1978.

17 Page Smith. *A New Age Begins: A People's History of the American Revolution*. Nova York: McGraw-Hill, 1976, v. 2.

18 *The Oxford History of the American People*, ed. Samuel Eliot Morrison. Nova York: Oxford University Press, 1965.

19 W. A. Swanberg. *Citizen Hearst*. Nova York: Charles Scribner's Sons, 1961.

5. TODAS AS NOTÍCIAS SÃO PERTINENTES?

1 Henry Treece. *The Crusades*. Nova York: New American Library, 1962.

2 http://archive.salon.com/tech/feature/2001/09/25/arabs_media/ print.html

3 Abraham Lincoln, Discurso sobre o Estado da União ao Congresso, 1 dez. 1862.

4 *World News, Inter Press Service*. www.oneworld.netexternal/?url=http%3A%2 F%2Fwww.oneworldorg%2Fips2%2Fjul98%2F23_13_097.html

5 *The Nation*, 1 jul. 1989, p. 4.

6 M. Moscowitz; M. Katz; R. Levering. *Everybody's Business*. São Francisco: Harper & Row, 1980, p. 78 ff.

7 *The Columbia Encyclopedia*, 5ª. ed. Nova York: Columbia University Press; Boston: Houghton Mifflin, 1993.

8 Ibid.

9 Ibid.

10 *New York Times*, 8 jun. 1951, p. 1.

11 *New York Times*, 6 dez. 1975, p. 12.

12 *New York Times*, 13 set. 1973, p. 1.

13 *New York Times*, 30 ago. 2002, p. A4.

14 www.fair.org/articles/suharto-itt.html

15 *San Francisco Chronicle*, 24 abr. 2003, p. B5.

16 Charles Rappleye, "Cracking the Church-State Wall," *Columbia Journalism Review*, jan./fev. 1998, p. 20; *American Journalism Review*, out. 1997, p. 13.

17 Ibid., pp. 20-24.

18 www.google.com/search?hl=en&ie=ISO-8859-1&q=Jay+Harris%2C+*former+ publisher+San+Jose+Mercury&btnG=Google+Search*

19 www.alternet.org.by Jeff@democraticmedia.org

20 Charles Layton, "Ignoring the Alarm", *American Journalism Review*, mar. 2003, p. 21.

21 *Statistical Abstract of the United States*, 2002, tabela 947; Housing Related Expenditures, National Low-Income Housing Coalition, ago. 2002, p. 2.

22 *Business Week*, 5 out. 1998.

23 *Statistical Abstract of the United States*, 2001, tabela 54; pesquisa de mercado do Investment Company Institute, www.ici/org/ici_frameset.html

24 Relatório 149, 2001 relatório de Americans for Democratic Action, "The Housing Crisis," Washington, www.adaction.org/pubs/149housingcrisis.html

25 www.americanfreepress.net/RFA_Articles/Tax_Expert_Says_Sleeping_IRS_G/ tax_expert_says_sleeping_irs_g.html

26 Trudy Lieberman, "Lifting the Veil", *Columbia Journalism Review*, jan./fev. 2001, p. 57.

6. O PAPEL NA ERA DIGITAL

1 Roy Kurzweil. *Spiritual Media*. Nova York: Viking, 1999; www.planetebook.com/ mainpage.asp?webpageid=110

2 www.time.com/time/time100/artists/profile/lucy.html

3 "Circulation of U.S. Daily Newspapers by Population Group", *Editor & Publisher Yearbook International*, 2002, 82ª. ed. Nova York: Editor & Publisher, 2002, p. vii.

4 Ibid., ix.

5 Ben H. Bagdikian. *Reports of an Exaggerated Death*. Berkeley: Markle Foundation, 1970.

6 *Plunkett's Entertainment & Media Industry Almanac, 2002–2003*. Houston: Plunket Research, 2002, p. 33.

7 Ben H. Bagdikian. *The Information Machines*. Nova York: Harper & Row, 1971, p. 8.

8 "Newspapers Published in Foreign Countries", *Editor & Publisher Yearbook International, 2002*, seções 3, 4, 16, 77.

9 "U.S. and Canadian Daily Newspapers", Newspaper Association of America and Audit Bureau of Circulation, 2001; *Editor & Publisher Yearbook International, 2002*, seções 1, 5, 6, 9, 3, 7.

10 *Plunkett's Entertainment & Media Industry Almanac, 2002–2003*, p. 27.

11 Audit Bureau of Circulation; *Plunkett's Entertainment & Media Industry Almanac, 2002–2003*.

12 *Plunkett's Entertainment & Media Industry Almanac, 2002–2003*, p. 27.

13 Ibid.

14 *Statistical Abstract of the United States, 2001*, tabela 1.134.

15 *The Nation*, 17 fev. 2003, p. 7.

16 *Wall Street Journal Online*, 24 jan. 2003.

17 www.hmco.com/news/release_123102.html

18 *New York Times*, 27 jan. 2003, p. A6.

19 Bagdikian, *The Information Machines*, p. xx.

20 *New York Times*, 1 mar. 2003, p. A19.

21 www.hoovers.com/ndustry/snapshot/10,2204, 3400.html

22 *Statistical Abstract of the United States*, 2001, tabela 852.

7. REBELIÕES E CORREÇÕES DE ROTA

1 *The Media Monopoly*, 1ª. ed. Boston: Beacon Press, 1983, p. 38.

2 http://talkshows.about.com/library/weekly/as012902.htm; S. Rendall; J. Naureckas; J. Cohen. *The Way Things Aren't: Rush Limbaugh's Reign of Error*. Nova York: New Press, 1995.

3 http://www.tvrundown.com/views/talkrad2.html

4 www.usdoj.gov/atr/public/guidelines/12576.htm

5 *Les Brown's Encyclopedia of Television*, 3ª. ed. Detroit: Gale Research, 1992, p. 180.

6 *Journalism Quarterly*, outono 1985, p. 497.

7 *American Journalism Review*, jun. 1998, p. 46.

8 www.requestline.com/archives/May 96/pirate

9 Terrence Smith. *The Lehrer News Hour*, 8 jan. 2003.

10 *Washington Post*, 2 jul. 2002, p. A13.

11 www.ketupa.net/elsevier2.htm

12 *Publishers Weekly Online*, 16 mar. 1998.

14 www.wiley.com/WileyCDA/Section/id-146.html

15 www.earlham.edu/~peters/writing/acrl.htm

16 www.arl.org/sparc; Scholarly Publishing & Academic Resources Coalition, Washington, D.C.

17 *New York Times*, 8 dez. 1998, p. D2.

18 www.arl.org/scomm/mergers/MergerRelease-530.pdf

19 Ibid.

20 http://creativecommons.org/faq

21 http://en.wikipedia.org/

22 *New York Times*, 19 maio 2003, p. C4

23 *New York Times*. 13 jan. 2003, p. C4.

24 www.youthvote2000.org/info/factsheet.htm

25 www.freespeech.org

26 *Zine Yearbook, Vol #6*, www.bookfinder.com/.../0966482948/-6k

27 Edmund Morris. *Theodore Rex*. Nova York: Modern Library, 2001, p. 73.

28 Carta a W.T. Berry, 4 ago. 1822, extraído de *Letters and Other Writings of James Madison*, publicado por Order of Congress, 4 v., ed. R. Fendell. Filadélfia: Lippincott, 1865, v. 3, p. 276.

8. "ELES NUNCA VÃO APRENDER?"

1 Kenneth A. Randall, presidente do Conference Board, citado no *Los Angeles Times*, 3 dez. 1980, p. 1. O Conference Board, um grupo de estudos de políticas corporativas, tem o apoio de grandes corporações.

2 Don Carlos Seitz. *Joseph Pulitzer*. Nova York: Simon & Schuster, 1924, p. 35. O espólio de Pulitzer não salvou o *New York World*. O jornal continuou a ter prestígio e influência por causa de seus jornalistas, entre eles, Walter Lippmann, Heywood Broun, Alexander Woollcott, Frank Cobb, Herbert Bayard Swope e Franklin P. Adams. Mas o testamento de Pulitzer, de 1904, permitia aos seus herdeiros que sucedessem os administradores originais do espólio, e os membros da família tinham outros planos para o jornal. Depois de anos de lucros elevados e mais alguns de ganhos não tão generosos, os herdeiros acabaram com o mais famoso dos jornais, o *World* matutino, depois encerraram o *Sunday World* e, por fim, venderam o *World* vespertino para seu concorrente em Nova York, o *Telegram*, da Scripps-Howard, que então se tornou o *World Telegram*.

3 Oliver S. Owen. *Natural Resource Conservation.* 2ª. ed. Nova York: Macmillan, 1975; dados sobre lixo industrial perigoso em *Time*, 22 set. 1980, p. 58.

4 Grant McConnell. *Private Power and American Democracy.* Nova York: Knopf, 1966.

5 *Harvard Business Review*, jan./fev. 1977, p. 57.

6 *Business Week*, 31 jan. 1977, p. 107.

7 *San Francisco Chronicle*, 17 jul. 1979, p. 40.

8 Departamento de Justiça, *Illegal Corporate Behavior*, out. 1979.

9 Gregory C. Staple, "Free-Market Cram Course for Judges", *The Nation*, 26 jan. 1980, pp. 78-81.

10 Ovid Demaris. *Dirty Business.* Nova York: Harper's Magazine Press, 1974, p. 10.

11 *New York Times*, 15 jul. 1979, p. 1.

12 Dados fornecidos pelo IRS ao autor.

13 *The Nation*, 11-18 ago. 1979, p. 101.

14 G. William Domhoff. *The Powers That Be.* Nova York: Random House, 1978, p. 44.

15 Comitê do Senado sobre Operações do Governo, *Advisory Committees*, 1970.

16 Mark Green; Andrew Buchsbaum. *The Corporate Lobbies.* Washington: Public Citizen, fev. 1980.

17 Sheila Harty. *Hucksters in the Classroom.* Washington: Center for the Study of Responsive Law, 1979.

18 Todos os anos uma pesquisa nacional seleciona os assuntos mais importantes que não foram mencionados ou tiveram cobertura insuficiente da grande mídia. A pesquisa é conduzida pelo Departamento de Sociologia da Universidade Estadual de Sonoma, da Califórnia.

19 James North, "The Effect: The Growth of the Special Interests", *Washington Monthly*, out. 1978.

20 *Wall Street Journal*, 27 jul. 1977, p. 1.

21 *Dun's Review*, maio 1977, p. 76.

22 *Broadcasting*, 27 abr. 1981, p. 76.

23 Subcomitê do Senado sobre Práticas e Procedimentos Administrativos, *Sourcebook on Corporate Image and Corporate Advocacy Advertising*, 1978, p. 882.

24 *Editor & Publisher*, 8 dez. 1979, p. 10.

25 *Editor & Publisher*, 24 nov. 1979, p. 15.

26 Stephen Hess. *The Washington Reporters.* Washington: Brookings Institution, 1981.

27 *Wall Street Journal*, 4 ago. 1976, p. 32.

28 John Brooks, "Profile," *The New Yorker*, 5 jan. 1981, p. 41.

29 Bureau of the Census. *Statistical Abstract of the United States, 1980.* Washington, 1981, pp. 487, 481.

30 David Finn. *The Business-Media Relationship.* Nova York: American Management Association, 1981, p. 50.

31 *Dun's Review*, maio 1977, p. 81.

32 Extraído de *Mother Jones*, fev./mar. 1980, p. 32.

33 Subcomitê do Senado sobre Práticas e Procedimentos Administrativos, *Sourcebook on Corporate Image and Corporate Advocacy Advertising*, 1978, p. 78.

34 Comitê do Senado sobre o Judiciário, *Sourcebook*, p. 581.

35 Michael Gerrard, "This Man Was Made Possible by a Grant from Mobil Oil", *Esquire*, jan. 1979, p. 62.

36 *Broadcasting*, 29 set. 1980, p. 46.

37 *The Nation*, 24 maio 1980, p. 609.

38 *Broadcasting*, 12 maio 1980, p. 30.

39 *Columbia Journalism Review*, set./out. 1981, p. 26. O anúncio da Mobil citava um projeto de economia de energia das irmãs beneditinas em Erie, na Pensilvânia. A Mobil pediu permissão às freiras para usar seus projetos em anúncios publicitários. As irmãs recusaram. A Mobil usou o projeto das religiosas mesmo assim em um anúncio publicado em dez grandes jornais. Quando a madre superiora escreveu para os jornais para desvincular as freiras do anúncio, apenas o *Los Angeles Times* publicou a resposta. Os jornais que não publicaram foram *Wall Street Journal*, *Denver Post*, *Chicago Tribune*, *Washington Post*, *New York Times*, *Boston Globe*, *Dallas Times Herald*, *Houston Post* e *Christian Science Monitor*.

40 Gerrard, "This Man Was Made Possible...".

41 "The Big Oil Shuffle," *New West*, 16 jul. 1979, p. 24.

42 Ibid.

43 Gerrard, "This Man Was Made Possible..."; Milton Moskowitz; Michael Katz; Robert Levering (orgs.). *Everybody's Business Almanac*. Nova York: Harper & Row, p. 1980, pp. 513-17.

44 Departamento de Energia, Sistema de Relatórios Financeiros, *Performance Profiles of Major Energy Producers*, 1979, jul. 1981.

45 Edward F. Roby, UPI Story A262, 5 jun. 1981.

46 O anúncio foi publicado em 11 grandes jornais, entre eles o *New York Times*, em 18 jun. 1981.

47 Comitê do Congresso sobre Usos e Maneiras, *Recommendations of the Task Force on Foreign Source Income*, 8 mar. 1977; Comitê do Congresso sobre Operações de Governo, *Foreign Tax Credits Claimed by the U.S. Petroleum Companies*, 24º relatório, 1978; *The Foreign Tax Credit and U.S. Energy Policy: Report to the United States Congress by the Comptroller General*. Washington: 10 set. 1980, em especial i e ii.

48 Testemunho de Jack A. Blum, conselheiro do Conselho Independente de Comerciantes de Gasolina, diante do Comitê do Congresso sobre Operações de Governo, 13 mar. 1979. Ver também Hobart Rowen, "Chinese Shuffle Trade Policy to Accommodate U.S.", *Washington Post*, 24 dez. 1978.

49 Edward F. Roby, UPI Story A221, 6 jul. 1981; UPI Story A271, transmitida em 7 jul. 1981 para uso em 11 jul. 1981. A notícia de que algumas grandes petroleiras escreveram ao secretário Watt para solicitar uma diminuição da área dos leilões também apareceu em matérias escritas por outros repórteres para grandes jornais: Andy Pasztor, "Offshore Energy Leasing Plans Trimmed as Interior's Watt Retreats Amid Criticism", *Wall Street Journal*, 6 jul. 1981; Charles R. Babcock, "Watt Defies Critics of Oil Plan for Oil Leases", *Washington Post*, 7 jul. 1981. Matérias similares apareceram em publicações especializadas, como a *Oil Daily*, 9 jun. 1981. Mas apenas Roby e a UPI foram mencionados no contra-ataque da Exxon e das agências de relações públicas das petroleiras.

50 Teletipo do serviço nacional de comunicações da Exxon: "Para departamento de negócios, PRW3/Press Relations Wire Wash 347-5155. Para publicação imediata 10/07/81. EXXON USA APOIA MUDANÇAS NO PROGRAMA DE LEILÕES OFFSHORE. Várias matérias recentes na imprensa reportaram de forma errônea a posição da Exxon sobre as mudanças propostas pelo Departamento do Interior nos programas de leilões offshore [...] A UPI distribuiu em 8 jul. 81 uma matéria para publicação no fim de semana [...] de Edward Roby". A mesma mensagem foi enviada de forma impressa para editores de todo o país: "Notícia, Exxon Company USA [...] 10 jul. 1981. EXXON USA APOIA MUDANÇAS NO PROGRAMA DE LEILÕES OFFSHORE. Houston — Várias matérias recentes na imprensa [...] ". Roby foi igualmente citado.

51 Release de imprensa do American Petroleum Institute, Washington, 28 jul. 1981: "NOTA AOS EDITORES: O depoimento anexo de Charles J. DiBona, presidente do American Petroleum Institute, é oferecido em resposta a questionamentos da imprensa sobre as propostas para leilões offshores do secretário do Interior James G. Watt".

52 Reproduzido em *Editor & Publisher*, 4 jul. 1981.

9. DA MITOLOGIA À TEOLOGIA

1 Neuharth, "Newspapers: Dominating Their Markets; Gannett: Never a Down Quarter", discurso para a New York Society of Security Analysts, 11 mar. 1976.

2 Frank Luther Mott. *American Journalism: A History, 1690–1960*. Nova York: Macmillan, 1972, p. 649; Carl Lindstrom. *The Fading American Newspaper*. Nova York: Doubleday, 1960.

3 Lindstrom, *The Fading American Newspaper*, p. 90.

4 Alfred McClung Lee. *The Daily Newspaper in America*. Nova York: Macmillan, 1937, p. 196.

5 *The First Freedom*. Carbondale: Southern Illinois University Press, 1968, pp. 21-22.

6 Lee, *Daily Newspaper in America*, p. 112.

7 *Editor & Publisher*, 16 fev. 1963.

8 White, citado em George Seldes. *Lords of the Press*. Nova York: Julian Messner, 1938, p. 274.

9 William Allen White. *The Autobiography of William Allen White*. Nova York: Macmillan, 1964, p. 629.

10 Observações pessoais do autor e *Los Angeles Times*, 7 set. 1978, p. 1.

11 *Broadcasting*, 25 maio 1981, p. 65; Editor & Publisher, 8 ago. 1981, p. 10; 19 set. 1981, p. 27.

12 Ben H. Bagdikian. *Reports of an Exaggerated Death*. Berkeley: Markle Foundation, 1970.

13 "Notice of Special Meeting and Joint Proxy Statement", Gannett Co., Inc., Rochester, N.Y., 25 jan. 1979.

14 De memorandos da Gannett a jornais locais disponibilizados ao autor.

15 Lee, *Daily Newspaper in America*; Federal Trade Commission, Bureau of Competition, *Proceedings of the Symposium on Media Concentration*, v. 1, pp. 14-15, dez. 1978; *Editor & Publisher Yearbooks*; *Yale Law Journal*, v. 74, 1965, p. 1.339.

16 Otis Chandler, citado em *Business Week*, 21 fev. 1977, p. 59.

17 *Editor & Publisher*, 10 mar. 1979, p. 16.

18 *Circulation 80/81*, 19ª. ed. Malibu: American Newspaper Markets, 1980.

19 *Value Line Investment Advisory Service*, 22 set. 1979.

20 *Washington Journalism Review*, out. 1980.

21 National Black Media Coalition, "Gannett-Combined Communications Merger: Background and Policy Implications", Washington, 7 jun. 1978.

22 *John Morton Newspaper Research Letter*, 30 jun. 1979, p. 2.

23 Neuharth, discurso na 93ª Convenção Anual da American Newspaper Publishers Association, 23 abr. 1979, reproduzido em *Editor & Publisher*, 18 out. 1980, p. 16.

24 Dos memorandos da Gannett disponibilizados ao autor.

25 Cassandra Tate, *Columbia Journalism Review*, jul./ago. 1981, pp. 51-56.

26 Tate, *Columbia Journalism Review*.

27 *Rochester Patriot*, 23 out.–5 nov. 1974, p. 1.

28 Jon O. Newman, "Memorandum of Decision", *Gannett Co. Inc. v. The Register Publishing Co.*, Civil No. B-74-123, 10 abr. 1980.

29 *Editor & Publisher*, 23 jun. 1979, p. 14.

30 *New York Times*, 6 mar. 1979.

31 *Los Angeles Times*, 7 set. 1978, p. 1.

32 *John Morton Newspaper Research Letter*, 31 jan. 1979, p. 8.

33 *Editor & Publisher Yearbook*, 1974 e 1978, com dados de circulação sobre anos anteriores disponibilizados por Audit Bureau of Circulation.

34 Neuharth, discurso à Sociedade Americana de Editores de Jornais, 2 mai. 1977, publicado pela Gannett Company.

35 Cálculos do autor.

36 *Emporia Gazette*, 2 out. 1979, p. 4.

37 *Emporia Gazette*, 30 set. 1979, p. 4.

38 *Publishers Auxiliary*, 5 nov. 1979, pp. 1, 3.

39 *Parsons Sun*, 1 out. 1979, p. 6.

40 *Emporia Gazette*, 30 set. 1979, p. 4.

41 Pam Eversole, "Consolidation of Newspapers: What Happens to the Consumer?", *Journalism Quarterly*, verão 1971, p. 245.

42 *Straus Editor's Report*, 13 dez. 1969, p. 1.

43 *Help: The Useful Almanac, 1978-1979*. Washington: Consumer News, 1978, p. 398.

44 "Quantity of News in Group-Owned and Independent Papers: Independent Papers Have More", tese de mestrado, Faculdade de Pós-Graduação em Jornalismo, Universidade da Califórnia, Berkeley, 15 jun. 1978.

45 Dados anuais extraídos de *Editor & Publisher* e *John Morton Newspaper Research Letter*. Dados de empregados pelos jornais da Gannett obtidos com John C. Quinn, vice-presidente sênior de jornalismo da Gannett Company. Em 1966, a Gannett tinha 6.500 funcionários em todos os setores de seus jornais. Em 1980, eram 15.755, dos quais 4.122 participavam da produção de notícias (enquanto os demais eram encarregados dos departamentos de produção, comercial etc.). Quinn afirmou que a companhia não dispunha dos números de empregados nas redações para 1966, mas para 1974, sim. Apliquei a porcentagem de 1974 de empregados nas redações ao número total de funcionários da cadeia e cheguei à estimativa de 1.430 empregados nas redações em 1966. Trata-se de um número aproximado, mas provavelmente próximo do real, porque em 1966 a automação ainda não tinha chegado a outros departamentos das empresas jornalísticas, como em 1974. Meu cálculo é que a estimativa de 1966 tem uma margem de erro de 57 empregados nas redações da cadeia de jornais, uma variação que não afeta a conclusão que pode ser tirada a partir dos números. Apesar da adição de novas edições semanais, o tamanho das redações dos jornais da Gannett permaneceu quase o mesmo de 1966 a 1980. Em 1966, os jornais diários da Gannett tinham uma circulação média de 44.539 exemplares; em 1980, a média era de 43.988 exemplares.

46 Scripps-Howard. Daniel B. Wackman; Donald M. Gillmor; Cecile Gaziano; Everett E. Dennis, "Chain Newspaper Autonomy as Reflected in Presidential Campaign Endorsements", *Journalism Quarterly*, outono 1975, pp. 411-20; *Editor & Publisher*, 4 nov. 1972, pp. 9-11; *New York Times*, 29 out. 1972, p. 21; *Wall Street Journal*, 26 set. 1980, p. 1.

47 CBS-TV, "The Business of Newspapers", 14 jul. 1978.

48 *Editor & Publisher*, 20 abr. 1968.

49 Lloyd Gray, "From 'Moderately Liberal' to 'Doctrinaire Libertarian'", *Bulletin of the American Society of Newspaper Editors*, fev. 1981.

50 Ralph R. Thrift Jr., "How Chain Ownership Affects Editorial Vigor of Newspapers", *Journalism Quarterly*, verão 1967, p. 329.

51 Stephen Hess. *The Washington Reporters*. Washington: Brookings Institution, 1981, pp. 136-66.

52 "New Cash System Gives Gannett Extra Funds", *Editor & Publisher*, 1 dez. 1979, p. 13.

53 *Editor & Publisher*, 10 jan. 1981, p. 55.

54 *Editor & Publisher*, 4 dez. 1976, p. 10.

55 *Editor & Publisher*, 25 dez. 1976, p. 8.

56 *Editor & Publisher*, 14 jul. 1979, p. 9.

57 *Los Angeles Times*, 7 set. 1978, p. 1.

58 *Santa Fe New Mexican*, 27 fev. 1976, p. 1.

59 Peter Katel, "When the Takeover Doesn't Take", *Bulletin of the American Society of Newspaper Editors*, fev. 1981, p. 23.

60 Ibid.

61 Juiz Santiago E. Campos, "Memorandum Opinion", *Robert M. McKinney v. Gannett Co., Inc., and* The New Mexican, Civil No. 78- 630 C, 17 mar. 1981, pp. 19-20.

62 Campos, "Memorandum Opinion".

63 Informação fornecida ao autor pela Gannett Company.

10. "CARO SR. PRESIDENTE..."

1 Jonathan Daniels, "An Editor's Diagnosis", S*aturday Review of Literature*, 30 abr. 1955, p. 11.

2 A correspondência de Berlin foi obtida pelo autor de acordo com os termos do Freedom of Information Act.

3 Das edições anuais de *Editor & Publisher Yearbook*; Christopher H. Sterling; Timothy R. Haight. *The Mass Media: Aspen Institute Guide to Industry Trends*. Nova York: Praeger, 1978; Federal Trade Commission, *Proceedings on the Symposium on Media Control*, v. 1 e v. 2, 1978.

4 *Progressive*, jul. 1979, p. 39.

5 Frank Leeming; Katharine Graham; Joseph Costello; National Association of Broadcasters, *Congressional Quarterly*, 2 ago. 1980, p. 2.179.

6 Nick Kotz, *Progressive*, jul. 1979, p. 40.

7 Subcomitê do Senado para Medidas Antitruste e Monopólio, *Hearings*, pt. 6, sobre o Newspaper Preservation Act.

8 *Editor & Publisher*, 18 abr. 1981, p. 222.

9 Subcomitê do Senado para Medidas Antitruste e Monopólio, *Hearings*, 1967-69.

10 Christopher Lydon, "Aide Says Nixon Opposes Easing of Trust Laws for Weak Papers", *New York Times*, 21 jun. 1969, p. 30. Semanas depois, o Departamento de Comércio, assumindo uma posição sobre o Newspaper Preservation Act pela primeira vez nos três anos de história da proposta, emitiu um parecer para o governo Nixon a favor da lei. Eileen Shanahan, "Nixon Supports Newspaper Bill", *New York Times*, 26 set. 1969, p. 94.

11 Dirks Brothers, *Newspaper Newsletter*, 31 out. 1972, p. 1.

[12] Ben H. Bagdikian, "The Fruits of Agnewism", *Columbia Journalism Review*, jan./fev. 1973.

[13] Paul Delaney, "Cox Tells Papers to Endorse Nixon", *New York Times*, 23 out. 1972.

11. APENAS OS RICOS INTERESSAM

[1] Nizen, citado em *Editor & Publisher*, 3 jan. 1981, p. 15.

[2] Números de páginas de anúncios, receitas e dividendos extraídos dos relatórios anuais da F-R Corporation.

[3] Origem da matéria de Schell e suas consequências e declarações de William Shawn obtidas em entrevista do autor com Shaw, editor da *New Yorker*, em 14 maio 1981.

[4] Dados extraídos de estudos periódicos da *New Yorker* e pesquisas da Simmons.

[5] *Wall Street Journal*, 4 jun. 1981, p. 14.

[6] *FOLIO: 400*, set. 1981, p. 32.

[7] Paul Klein, citado em *Broadcasting*, 9 jan. 1978, p. 32.

[8] *Broadcasting*, 9 jan. 1978, p. 32.

[9] *Broadcasting*, 10 nov. 1980.

[10] *Public Relations Journal*, nov. 1978.

[11] Bureau of the Census. *Historical Statistics of the United States*. Washington: 1975; Bureau of the Census. *Statistical Abstract of the United States*, 1981. Washington: 1981.

[12] John C. Ginn, discurso ao Newspaper Forum, reproduzido em *John Morton Newspaper Research Letter*, 9 abr. 1980.

[13] Monografia de William B. Blankenburg, "Newspaper Ownership and Circulation Behavior", Universidade de Wisconsin, Madison, 3 ago. 1981.

[14] Transcição da entrevista de Chandler por KABC-TV, Los Angeles, 18-29 out. 1979.

[15] *Washington Post*, 24 jul. 1977.

[16] *Profiles of The New Yorker Subscribers and Their Households*. Nova York: The New Yorker (s.d.). Embora não seja datado, o livro reproduz uma pesquisa realizada em 1980.

[17] *The New Yorker*, 5 out. 1981.

12. O DR. BRANDRETH FOI ESTUDAR EM HARVARD

[1] *American Journalism*. Nova York: Macmillan, 1972, p. 231.

[2] Alfred McClung Lee. *The Daily Newspaper in America*. Nova York: Macmillan, 1937, p. 317.

[3] *San Francisco Chronicle*, 3 jan. 2003, p. C3.

[4] Frank Presbery. *The History and Development of Advertising*. Nova York: Doubleday, Doran, 1929, p. 396.

[5] Erik Barnouw. *Tube of Plenty*. Nova York: Oxford University Press, 1975, p. 170.

6 Federal Communications Commission. *Second Interim Report by the Office of Network Study, Television Network Program Procurement*. Washington: 1965.

7 Senate Committee on Interstate and Foreign Commerce, *Report*. Washington: 1963, pp. 446-53.

8 Testemunho à FCC extraído de *New York Times*, 27 set. 1961, 28 set. 1961, 29 set. 1961, 30 set. 1961, 3 out. 1961, 4 out. 1961, 5 out. 1961, 7 out. 1961, 8 out. 1961.

9 *Fortune*, 31 dez. 1979, p. 70.

10 *New York Times*, 28 set. 1961, p. 163.

11 Barnouw, *Tube of Plenty*, p. 163.

12 Theodore Peterson, *Magazines in the Twentieth Century*. Urbana: University of Illinois Press, 1975, p. 5.

13 *Time*, 28 set. 1942, pp. 51-52.

14 Peterson, *Magazines in the Twentieth Century*, p. 279.

15 "Look, Reader's Digest", *Advertising Age*, 19 nov. 1962, p. 1.

16 *Advertising Age*, 17 abr. 1972, p. 85.

17 Ben H. Bagdikian, "Newspaper Mergers", *Columbia Journalism Review*, mar./abr. 1977, pp. 19-20.

18 *Publishers Weekly*, 17 jun. 1968, p. 49.

19 Housing Research Group. *For Sale or for Rent*. Washington: Center for Responsive Law, 1978.

20 *Editor & Publisher*, 18 out. 1980, p. 20.

21 "Food Section Survey", Food Editors Conference, Chicago, out. 1977.

22 *Editor & Publisher*, 31 mar. 1979, p. 11.

23 *Editor & Publisher*, 29 mar. 1980, p. 15. Joseph N. Uhl, diretor do projeto, declarou que os jornais suspenderam os relatos depois de reclamações dos supermercados.

24 *Washington Journalism Review*, out. 1980, pp. 46-47.

25 *Editor & Publisher*, 31 jan. 1981, pp. 7, 44.

26 http://www.who.int/mediacentre/factsheets/fs339/en/

27 Moskowitz et al., *Everybody's Business Almanac*.

28 *Frontline*, www.pbs.org/wgbh/pages/frontline/shows/settlement/ timelines/criminal.html

29 *New York Times*, 22 jul. 1963, p. 35.

30 R. C. Smith, "The Magazines' Smoking Habit", *Columbia Journalism Review*, jan./fev. 1978, pp. 29-31.

31 A *Mother Jones* publicou matérias sobre os perigos do cigarro em suas edições de abril de 1979 e janeiro de 1980; depois delas, todos os anúncios dos fabricantes de cigarros foram cancelados. Informações obtidas com a direção da *Mother Jones*.

32 Release de imprensa do Conselho Americano de Ciência e Saúde, São Francisco, 29 jan. 1980.

[33] "The Deadly Balance", *Columbia Journalism Review*, outono 1965, p. 13.

[34] *Editor & Publisher*, 24 jul. 1954.

[35] Meyers; Iscoe; Jennings; Lenox; Minsky; Sacks. S*taff Report of the Cigarette Advertising Investigation*. Washington: Federal Trade Commission, maio 1981, p. 5.

[36] *Frontline*, www.pbs.org/wgbh/pages/frontline/shows/settlement/ timelines/ criminal.html

POSFÁCIO PARAÍSO PERDIDO OU RECONQUISTADO? JUSTIÇA SOCIAL NA DEMOCRACIA

[1] *World Press Encyclopedia*, v. 1, p. 559.

[2] www.parentstv.org/ptc/facts/mediafacts.asp

[3] www.tcf.org/Publications/Tax/History.html

[4] www.creativecommunity.us

AGRADECIMENTOS

Muitos anos atrás, uma bolsa da John Simon Guggenheim Foundation permitiu que eu me afastasse do jornalismo por um ano para estudar a história dos jornais e a evolução da propriedade individual, familiar e corporativa de seus donos. Estive por meses em meio a pilhas de livros na Biblioteca do Congresso, contando com a ajuda de uma prestativa equipe. Que essa instituição seja protegida para sempre contra seus inimigos, tanto os do país como os de fora. Mais tarde, a John and Mary Markle Foundation financiou uma pesquisa extensa sobre os fatores que contribuem para o fracasso ou o sucesso de jornais. Viajei a todas as partes do país para entrevistar editores sobre o motivo da falência de suas empreitadas ou, em outros casos, o motivo de seus jornais serem bem-sucedidos. Esses trabalhos me fizeram acreditar na existência de um processo em andamento que levaria a mudanças profundas em todos os setores da mídia. As bolsas anuais do Comitê de Pesquisa do Senado Acadêmico do campus de Berkeley da Universidade da Califórnia e os períodos sabáticos tirados da Faculdade de Jornalismo também foram indispensáveis.

Muitos pesquisadores assistentes me ajudaram ao longo do caminho: Marian Bryant, Amy Troubh, Suzanne Donovan, Alysson Pytte, Dan Wohlfeiler, Fred Goff, Zoia Horn, Lyn Heffernan e Gail Nichols. Também tive a ajuda do Centro de Dados de Oakland, com seu incomparável arquivo de jornais de todo o mundo.

Agradeço ao meu filho, Chris Bagdikian, a Patti Keller, Roger Rosenblum, Jonathan Coppersthwaite e, principalmente, a Joshua Waggy, um mago que salvou inúmeros documentos meus perdidos no purgatório da Microsoft e forneceu terapia para meus diversos computadores. Para o trabalho de revisão do livro como um todo, Michael Levy, um pesquisador e bibliotecário de formação, demonstrou tamanha maestria na localização de informações arcanas que chego a imaginar que, se ele e seus computadores existissem em 1930, seria possível encontrar o juiz Crater. Bart Harloe, bibliotecário da St. Lawrence University, proporcionou uma orientação crucial a pessoas e organizações que contribuíram para a seção sobre o impacto do monopólio das pesquisas científicas e acadêmicas.

Minha gratidão aos editores da Beacon Press, que continuaram acreditando neste trabalho ao longo dos anos, desde a primeira edição, mais de 20 anos atrás, antes que as críticas da mídia de massa aparecessem em profusão, até este livro praticamente novo, a sétima edição, que trata de uma nova mídia em um mundo novo. Um agradecimento especial a meu editor nesta nova edição, Christopher Vyce.

Meus agradecimentos eternos a minha esposa, Marlene Griffith, que interrompia seu próprio trabalho de edição para me dar apoio (e muitas vezes salvar um marido que arrancava os cabelos com prazos cada vez mais próximos) e aplicar seu olho afiado e sua lógica implacável ao que eu estava fazendo.

Recito o clichê dos agradecimentos para preservar a reputação de pessoas inocentes: muitos me ajudaram, mas o responsável pelo resultado final sou apenas eu.

ÍNDICE REMISSIVO

AARP (revista da Associação Americana dos Aposentados), 164

ABC, 39, 50, 71, 73-4, 79, 285, 315; *ver também* Disney Company

Abraham Lincoln (porta-aviões), 114

Accuracy in the Media, 222

Advance Publications (Newhouse), 162

Advertising Age (revista), 236, 304

Advertising Council, 204-5, 211

Agência Internacional de Energia Atômica, 109

ajuda externa, 128, 131

Al-Qaeda, 109, 113, 118, 127

Albany, Nova York, 228

Alemanha, 36, 72, 80, 86, 88, 113, 131, 324. *Ver também* Bertelsmann

Allen, Robert, 262

Allende, Salvador, 134, 137, 138, 139

Aluminum Company of America, 203

América Latina, 80, 138, 140

America Online, 37, 66. *Ver também* AOL Time Warner

American Can Company, 212

American Cancer Society, 186, 312, 316

American Enterprise Institute, 22

American Petroleum Institute, 222

American Tobacco Company, 315

Amersham (empresa médica), 59

amnésia, 111, 112, 120, 139, 140, 145

anúncios, 21, 38, 52, 65, 66, 97, 82, 85, 120, 162, 164, 206, 208, 227, 239, 236, 240-2, 244, 247-9, 255, 278-9, 281-2, 284, 286-90, 292-6, 300, 302-3, 305, 309-10, 312-7; comerciais, 75; concorrência, 284; corporativos, 213-7; ideologia corporativa, 298-9; audiências da FCC sobre, 297, 299; em revistas, 273-5, 303-5; em jornais, 292, 305-10; políticos, 52; público-alvo de,

287-90; de cigarros, 299, 310-2. *Ver também* tabagismo e câncer

AOL Time Warner, 37-9, 67, 69, 168; *ver também* Big Five; conglomerados

Apple, 169

aquisições hostis, 83-4

Arábia Saudita, 118, 214n, 216, 220

Aramco (companhia de petróleo), 220

Arkansas Gazette (jornal), 236

armas de destruição em massa, 109-10, 112, 116-7; nucleares, 55; vendidas pelos EUA, 131; Segunda Guerra Mundial, 98-9

armas nucleares, 55, 113

Associação Americana de Agências de Publicidade, 210

Associação Americana de Proprietários de Jornais, 209

Associação de Bibliotecas Americanas, Gabinete de Liberdade Intelectual da, 189

Associação Médica Americana, 312

Associated Press, 262

assuntos internos, 55-6; questão dos sem-teto como, 108-9

ativismo, 191, 194-5

Atlantic, 46

Atlantic Richfield (companhia de petróleo), 222

Atmospheric Environment (jornal), 187

AT&T, 36n, 69n, 204, 259

audiência da mídia, 40, 42, 49, 75, 150, 160, 174-5, 179, 282 ,285-8, 296, 301-2, 321-2; *ver também* circulação; mercado

auditoria, 141, 151, 171, 202, 203

Austrália, 36, 73, 76, 78, 80, 91

autonomia, 255

autonomia local, 227, 251-2, 255

autoridades de saúde dos EUA, 311, 316

Ball, Lucille, 155

bancos na fraude corporativa, 171

Barnes & Noble, 170

Barnouw, Erik, 301

Batten, Barton, Durstine and Osborn, 315

Bell & Howell Company, 300

Bender, Matthew, 186

Bennett, James Gordon, 291-3, 304

Berlin, Richard E., 257-8, 264-8, 270

Bertelsmann, Carl, 87

Bertelsmann (conglomerado de mídia), 36, 45, 64, 68, 72, 86-8, 89n, 92; como parceira da AOL Time Warner, 38; venda da Random House, 167; *ver também* Big Five; conglomerados

Bethlehem Steel, 209

Biblioteca de Alexandria, 168

bibliotecas, 185-9

Big Five, 12-3, 15, 37-43, 50, 58, 63, 66, 69n, 87, 89, 90, 103, 167, 172, 177, 326; medidas antitruste contra, 177-8; conselhos diretores, 90-3; concorrência restrita entre as, 37-9; executivos das, 89; promoção de interesses mútuos das, 41; conteúdo político das, 50; poder das, 45. *Ver também* ABC; Bertelsmann; CBS; Disney; News Corporation; Time Warner; Viacom

Big Six, 58. *Ver também* Big Five; conglomerados; NBC

bin Laden, Osama, 117, 118

Birmingham News, 307

Blackwell, Alice Stone, 28

Blankenburg, William B., 288

Boise, Idaho, 235

Books in Print, 186

bolsa de valores de Nova York, 92, 233

Boston Globe, 245

Brain (jornal), 187

Brandeis, Louis, 46

Brandreth, dr., 291-294

British Broadcasting Company (BBC), 77, 321

Broadcasting Magazine, 285

Broadway Books, 72

Bronfman, família, 60

Brookings Institution, 247

Brooks, John, 308

Brown & Williamson Tobacco Corporation, 299, 311, 317

Bush, George H. W., 47, 114, 118

Bush, George W., 22, 47-9, 55, 80, 102n, 108-16, 118, 125, 152;; conservadorismo de, 48-9; sobre o Iraque, 53, 109-14; sobre o Oriente Médio, 130-1; sobre armas nucleares, 55; e a realidade no Iraque, 114-8; sobre o Patriot Act, 101

Business Roundtable, 204

Business Week (revista), 146-7

Byrd, Robert, 116, 118

cadeias de jornais, 226-55, 268-71; medidas antitruste, 45-6, 236; autonomia nas, 227, 228, 250-5; Cox, 248, 268-9; cobertura local nas, 246-50; mitos e verdades das, 225-6; Scripps-Howard, 248, 264, 266, 268, 269, 270, 271; Times Mirror, 235, 289; William Allen White sobre, 230-2, 245. *Ver também* Gannett Company Inc.; Knight--Ridder; Neuharth; News Corporation

caderno de imóveis de jornais, 307

cadernos de gastronomia em jornais, 308

Camel News Caravan (programa de TV), 296

campanhas políticas. *Ver também* eleições

Campos, Santiago E., 254

Canadá, 60, 80, 188, 192, 262, 310, 324

canais esportivos, 73-5, 164

câncer. Ver tabagismo e câncer

Cancer (jornal), 186

capitalismo, 39, 93, 94, 141, 202, 205, 267

Card, Andrew H., Jr., 117

"Cartas de Sacco e Vanzetti", 27

cartéis, 35, 38, 41-2, 73, 177-8. *Ver também* monopólios

Carter, Jimmy, 78

Casa Branca, 22, 48-9, 78, 80, 108-10, 117, 122, 138, 172, 269, 270

Case, Steve, 64, 66-8, 89

CBS, 39, 50, 64, 70, 79, 82-85, 86n, 119, 316. *Ver também* Columbia Broadcasting System; Viacom

CDs, 103, 166

Centro de Políticas Públicas da Universidade da Pensilvânia, 175

Century (revista), 46, 48

Chandler, Otis, 143, 235, 289,

Charlestown, penitenciária de (Boston), 28

Charlotte Observer (jornal), 316

Chayefsky, Paddy, 301

Cheney, Richard, 49, 108

Chester, Jeff, 145, 192

Chicago Sun-Times, 245

Chicago Tribune, 245

Chicago Tribune Company, 143

Chile, 134, 136-9

China, 69, 77, 214n, 221

Chomsky, Noam, 10, 132

cruzadas cristãs, 130

CIA, 102, 113, 134

cinema, 9, 15, 32, 36, 39, 41, 44, 64-7, 69, 80, 84, 106, 166, 226-7

cigarros, 70, 83, 296, 299, 310-7. *Ver também* tabagismo e câncer

circulação, 31, 46, 65, 77, 81, 128, 160, 162-4, 215-6, 236, 243-6, 248, 250, 258, 263, 268-9, 284, 286, 288-9, 302, 304, 313; jornais, 154-6; da revista *New Yorker*, 275. *Ver também* audiência da mídia; mercado

Citibank, 141, 211

Clear Channel (cadeia de rádios), 33, 34, 49, 175

Clinton, William, 20, 44n

CNN, 68, 83

Coffeyville, Kansas, 245-6

Colômbia, 133

Columbia Broadcasting System, 82. *Ver também* CBS

Columbia Encyclopedia, 139

Columbia Journalism Review, 42, 314

Combined Communications Corporation, 237

combinação de preços, 202

comerciais, 70, 75, 82, 192, 288, 293, 296-8, 301-2, 307, 311, 314-5. *Ver também* anúncios

Comissão de Monopólio da Comunidade Europeia, 186

Comissão de Monopólio da Inglaterra, 77

Comissão de Títulos e Câmbio (sec), 20, 47, 141, 218; sobre a AOL Time Warner, 37, 38, 69; sobre a concessão de licenças de transmissão, 172

comitês de ação política, 207, 263

Commons, 189, 190

Community Publications Inc., 241

complexo militar-industrial, 201

CompuServe, 67

Computadores, 35, 67, 95-7, 101-3, 106, 165, 169-70; jornais e, 154, 157. *Ver também* internet

concorrência, 38-42, 87, 203, 228, 235-6, 242-3, 247, 267, 271, 326

Condé Nast, 281n, 303, 304

conglomerados, 12-4, 17, 23, 36, 38, 39, 41-5, 51, 59, 65, 86, 89, 90, 102, 104, 142-3, 154, 167-8, 172, 176-8, 181, 184, 188, 190-4, 235, 237 306, 322, 324-7; influência no sistema público, 320; revistas dos, 163-5; reformas dos, 45-7, 49, 173-4, 192-4. *Ver também* Big Five; monopólios; truste

Congresso dos EUA, 53, 78, 97, 101, 103, 108-9, 116, 128, 132, 147, 150-1, 161, 172, 190, 192, 194, 204, 221, 259, 260, 321-3, 325, 327

ÍNDICE REMISSIVO

Conselho Americano de Ciência e Saúde, 315

Conselho de Pesquisa em Ciências Sociais e Humanidades do Canadá, 192

conselhos diretores, 90, 93, 204, 289; membros em comum em, 37, 42

Constituição dos EUA, 104, 326-7; Quarta Emenda da, 101; 26a Emenda da, 191. *Ver também* Primeira Emenda

Consumers, 76. *Ver também* audiência da mídia

conteúdo de noticiário e anúncios, 287-9

Contras (Nicarágua), 134

controle comunitário, 35, 159, 228

Copley Newspapers (cadeia de jornais), 249

copyright, 102-6, 189, 190

corporações: anúncios das, 213-7; cultura das, 202-6; fraudes das, 146, 171; ideologia das, 298-300; interligadas, 39, 41-3; contribuição política das, 193-4; poder das, 48; como vacas sagradas, 198. *Ver também* Big Five; conglomerados

corporações digitais, 64

correio dos EUA, 100, 159, 248, 260

correspondentes, 82, 111, 114, 118, 131, 210, 250, 276

corrupção, 108, 171, 193, 199, 201, 231, 242, 269, 292, 294, 306

Cosmopolitan (revista), 46, 315

Costello, Joseph, 260

Council for a Livable World, Fundo para a Educação do, 131

Council of Economic Priorities, 216

Cox (cadeia de jornais), 248, 264, 268-71

crianças, efeito do déficit habitacional sobre, 149

crises energéticas, 213

crise do petróleo, 214; *ver também* indústria do petróleo

Cuba, 123-4

cultura das corporações, 203-6

Cumulus (cadeia de rádios), 49

curdos no Iraque, 116

Dallas Morning News (jornal), 308

Dana, Douglas, 27-8

Dana, Mary, 27

Davis, Richard Harding, 124

democracia: nova mídia na, 107, 121, 134-5, 139-40, 152; papel do governo na, 48

Democrat (jornal), 236

Democratic Media Reform, 192

demografia, 280, 285-6. *Ver também* audiência da mídia; circulação; mercado

DeNiro, Robert, 108

Departamento de Defesa dos EUA, 205

Departamento de Energia dos EUA, 218

Departamento de Habitação e Desenvolvimento Urbano, 148

Departamento de Justiça, 29, 177-8, 184, 202; Divisão Antitruste do, 172, 178

Departamento de Saúde e Serviços Humanos dos EUA, 313

Departamento de Tesouro dos EUA, 220

Der Spiegel (revista), 89

Detroit Free Press (jornal), 236

Detroit News, 236

DiBona, Charles, 222

Diller, Barry, 42, 58, 71

Dinigro, Tony, 222

direção das Big Five, 40, 42-3, 89-93. *Ver também* conselhos diretores

DirecTV (Sistema de satélite), 36*n*, 64, 69*n*, 74-5, 80

Disney, Roy, 72, 74, 92

Disney, Walt, 69, 70, 74

Disney Company, 36, 64, 69-74, 91-2, 104. *Ver também* ABC; Big Five; conglomerados

dívida nacional, 48

divórcio, revelação em pedido de, 56

doença da mídia, 312

doentes mentais, 149-50

Dorgan, Byron, 33

Douglas, Mike, 286

Doutrina da Imparcialidade, 180-1, 324

Dunifer, Stephen, 183

DVDs, 66, 166

---

e-books, 166n

globalização da economia, 177

Economist (revista), 77

Editor & Publisher (revista), 235, 316

editores e anunciantes, 281

editoriais, 73, 176, 180-1, 206, 214, 216, 228 249, 250, 252, 269-70, 277, 282, 294, 303, 310

educação, 55

Egito, biblioteca no, 168, 169

Ehrmann, Herbert, 30

Eisenhower, Dwight D., 201

Eisner, Michael, 64, 70-2, 74, 89, 91

Electronic Commons, 189

eleições: campanhas eleitorais, 44, 51-3; escolhas nas, 161; poder da mídia nas, 43; votos e eleitores, 51, 60, 65, 191, 326-7

e-mail, 100. *Ver também* internet

emissoras de rádio e TV: na Grã-Bretanha, 321; licença das, 179; audiência das, 42; direitos das, 75; sem licença, 183; vs. jornais, 160

emissoras públicas, 184, 321-2

Emporia Gazette (jornal), 230-1, 245-6

enciclopédia, 189-91

Eniac (Electronic Numerical Integrator and Computer), 98-9

Enron, 57, 93, 141, 151, 189, 295

esquerda, 19

Esquire (revista), 303-4

Estados Unidos, 34; na Guerra Fria,

129; noticiário hostil ao, 135; visão islâmica dos, 128; tratamento da mídia dos, 125; espectro político dos, 19-20, 50, 162, 322; como fonte de armas, 131. *Ver também* Constituição dos Estados Unidos

Eumenes II de Pérgamo, 168-9

Evolutionary Ecology Research (jornal acadêmico), 187

Exército dos EUA e a história de Lynch, 111-2

Export-Import Bank of the United States, 78

Extra! (revista), 132, 192

Exxon, 214n, 218, 220-3

Faculdade de Administração de Harvard, 202, 209

Fantasia (filme), 69

FBI, 102, 189

FCC, 70, 178, 192, 237, 238, 315, 325; sobre anúncios publicitários, 297, 299, 300; mudança na, 178-88; sobre propriedades, 50, 145, 172

fibra ótica, 74, 319

Finn, David, 212

Firestone Tire & Rubber Company, 203

Fischler, Hersch, 88

Ford, Gerald, 20, 137, 139

Ford Motor Company, 41, 207

Fortune (revista), 67, 223, 263

Fouraker, Lawrence K., 209

Fourtou, Jean-Renee, 58

Fox, 49-50, 74-5, 77, 79-80

França, 16, 39, 98, 113, 131

Frank E. Gannett Newspaper Foundation, 228. *Ver também* Gannett Company Inc.

Franken, Al, 79, 80

Frankfurter, Marion Denman, 28

fraude corporativa, 145, 171

Free Press, 236

Freedom Newspapers (cadeia de jornais), 249

Friedman, Milton, 203, 218

Friendly, Fred, 83

Funk & Wagnalls, 305

fusões, 12-3, 66-7, 71, 238. Ver também conglomerados

Galbraith, John Kenneth, 47

Galilei, Galileu, 185

Gannett, Frank E., 226-9, 231-2, 243

Gannett Company Inc., 39, 162, 226-55, 288; dogma da, 226-8; Miller à frente da, 229-30; o truste da energia e a, 229; em Rochester, N.Y., 228, 232, 237-8, 240-50. Ver também Neuharth, Allen Harold

Gates, Bill, 169

General Electric (GE), 50, 56-9, 74, 80, 81, 84, 201, 204, 263

General Mills, 143

General Motors, 41

Genius of Arab Civilization, The, 215

Gingrich, Newt, 78-9, 178

Glance, Stan, 317

Godey's Lady's Book (revista), 302

Goldsmith, Rick, 132

Goldwater, Barry, 270

governo, 48, 195, 261-2

Grã-Bretanha, 77, 83, 98, 122, 131, 159, 184, 321

Grace, J. Peter, 212

Graham, Katharine, 259

Grande Depressão, 46, 98, 259

Graustein, A. R., 229

grupos jornalísticos, 162

Guatemala, 134, 136-8

Guerra de Independência dos EUA, 43, 121

Guerra de 1812, 122

Guerra do Vietnã, 120, 191, 201, 218, 278, 282

Guerra e Paz, 121

Guerra Fria, 129, 133, 135-7

Guerra Hispano-Americana (1898), 123-4

Gutenberg, Johannes, 24, 62

Gütersloh, Alemanha, 86-7

Guzmán, Jacobo Arbenz, 136

Hadden, Briton, 37

Halverstadt, Albert N., 297-8

Hamrick, Daniel, 246

Harcourt Brace General, 186

Harcourt Brace Jovanovich, 305

HarperCollins, 79

Harper's (revista), 46, 48, 303, 315

Harris, Jay, 144

Hart, Philip A., 267-8

Harte-Hanks Century Newspaper Group, 288

Hartford Times, 227, 243,

Harvard Business Review, 202

Hearst, William Randolph, 46, 74, 76, 123-4, 228

Hearst Corporation, 74, 75, 163, 258, 264, 268-71

Heritage Foundation, 22

Hersh, Seymour, 118, 278n

Hess, Stephen, 210, 250

Hightower, Jim, 50

Hitler, Adolph, 37, 87, 88, 98. Ver também nazismo.

Hollings, Fritz, 324

Holmgren, Alma, 81

Holmgren, Rod, 81

Holocausto, 60, 87

Hoover Institution, 22

Houghton Mifflin Company, 58, 168

Houston Chronicle (jornal), 309

Hudson Institute, 215

Hudson Vitamin Products, 313

Hughes Electronics, 64, 74

Hussein, Saddam, 53, 109, 111, 113, 116-7. *Ver também* Iraque; armas de destruição em massa

I Love Lucy, 155

IBM, 93, 169

ideologia corporativa, 299

Igreja Católica, 129

Immelt, Jeffrey, 58-9

impostos, 21, 23, 60, 91, 150-1, 188, 203, 223, 229, 260, 321, 324-5; de Murdoch, 77; sobre jornais, 157-9; sobre a indústria do petróleo, 218-21

imprensa, mídia, mídia impressa 107, 119, 122, 135, 139, 152, 208; internet e a, 97

Imus, Don, 85

In Fact, 132

independência. *Ver* autonomia

Indianapolis Star (jornal), 307

indústria do petróleo, 211-24; anúncios da, 214-6, 223; na crise de energia, 213; manchetes sobre, 209; preços da, 211; impostos sobre, 218-21

indústria editorial, 165-70, 274; sobrevivência da, 165-6

indústria fonográfica, o copyright e a, 102

Infinity Broadcasting, 85

informações, controle das, 140

infotenimento, 293

Inglaterra, 76, 77, 91n, 311. *Ver também* Grã-Bretanha,

inteligência, 32

internet, 10, 14, 22, 35, 37, 44, 50, 62, 66-7, 73, 95-7, 99, 105, 153, 165, 174, 193-4, 327; e os livros, 165; e o copyright, 188-91; linguagem da, 100-3; organização de protestos via, 321-2. *Ver também* computadores

Instituto de Pesquisas de Stanford, 96

Instituto Nacional de Saúde Mental, 323

Investigação sobre a Natureza e as Causas da Riqueza das Nações, Uma, 94, Irã, 116

Iraque, 120, 125, 145, 322; George W. Bush sobre, 53, 109-15; realidade da guerra no, 115-8;

patriotismo americano no, 119-21; armas de destruição em massa no, 109, 110, 112, 116, 117. *Ver também* Hussein, Saddam

irmãs beneditinas, 216

IRS: mudança no imposto de renda, 151; sobre a Gannett, 219-20; sobre sonegação fiscal, 203

ITT (empresa de telecomunicações), 204

ITV (emissora britânica de TV), 321

Jackson, Andrew, 122-3

Jackson, Gardner, 28

Japão, sistema de comunicações do, 321

John Wiley and Sons, 185-7

Johnson, Lyndon, 265

joint ventures, 39, 42, 67, 73, 75, 87, 177

jornais: anúncios nos, 292, 306; medidas antitruste, 236, 326; circulação dos, 154-6, 162; resistência dos, 158-62; caderno de gastronomia dos, 308; controle de mercado da Gannett, 39; na Grã-Bretanha, 158-9; propriedade de, 245; sobre tabagismo e câncer, 310-2; papel social dos, 29-32. *Ver também* cadeias de jornais

jornalistas, 11, 12, 32, 111, 124, 131, 142, 146, 157, 174, 214-5, 222-3, 236, 242, 248, 250, 260, 283, 295, 320; críticas a, 207-11

Jossey-Bass, 186

Journal of Comparative Neurology, 187

Journalism Quarterly, 247-50

jovens, a política e os, 191, 194-5

J. P. Morgan (banco), 46, 141

judeus, resgate de Bronfman de, 60

Junta Nacional de Relações Trabalhistas (NLRB), 326

justiça social, 20, 134, 327

Kansas, 217, 230, 245, 253

Karmazin, Mel, 84, 85, 86n, 89

Katzenberg, Jeffrey, 72

Keller, Kristine, 247

Ken (revista), 303-4

Key, Francis Scott, 123

Keys to the Kingdom, 72

Kimmelman, Gene, 76

King, Bruce, 254

Kingsport Times-News, 259

Kissinger, Henry, 139, 263

Klein, Paul, 285

Kleinrock, Leonard, 96-7

Klinkenborg, Verlyn, 168

Kluge, John, 85

K-Mart, 242

Knight-Ridder, 92, 144, 162, 236, 264

Kozlowski, Dennis, 57

Kovach, Bill, 137

Krug, Judith F., 189

Kurzweil, Ray, 153

Laemmle, Carl, 59

Leeming, Frank, 259

Lei Sherman de 1890, 267

leis antitruste, 265, 267; entre as Big Five, 177-8; na Comunidade Europeia, 184; na mídia impressa, 236, 326

Leis sobre Estrangeiros e Sedição de 1798, 271

Leow's Investment Company, 84

Levin, Carl, 64

Levin, Gerald, 66, 68

Levinson, Barry, 108

liberdade de imprensa, 233, 239, 243, 271

liberdades civis, 101, 132

Library Journal, 186

licenças de transmissão, 182, 261; propriedade das, 179

licenciamento, 102-3, 105, 179, 181-2

Lies, and the Lying Liars Who Tell Them, 79

Life (revista), 37, 67, 163-4, 263

Limbaugh, Rush, 49, 174-5, 179, 181

Lincoln, Abraham, 127, 130

Lindstrom, Carl, 227

livre iniciativa, 210, 228, 264; postura acrítica à, 295

livre mercado, 15, 39, 93, 94, 204, 226

lobbies, 61

Londres, jornais diários de, 161

Look (revista), 164, 304

Los Angeles Herald Examiner, 308

Los Angeles Times, 142, 143, 216, 235, 244; público alvo do, 289

Lott, Trent, 108

Low, David, 69

Luce, Henry, 37, 67

Lynch, Jessica, 111-2, 115

Lynch, Merrill, 141

Madison, James, 195

Magazine Publishers Association, 290

manutenção da ordem social, 32

Marathon, 222

Markey, Edward, 324

Marx, Karl, 93

Massachusetts, 28-30, 182, 192, 324

Masters, Kim, 72

matérias sobre negócios, 141-3, 145, 207-10

Mattel, 106

Matthews, Leonard, 210

Mauldin, Bill, 253

May, William F., 212

McCarthy, Joseph, 31, 119

McClure's (revista), 46

McKinney, Robert, 252-5

McLaren, Richard W., 266-7

Media Decisions, 213

MGM, 310

Memphis Commercial Appeal (jornal), 307

Mera Coincidência (filme), 108, 110

Messier, Jean-Marie, 58-9, 89

meio ambiente, 204, 223

mercado: controle do, 39; editando para o, 281-3; fatia do, 94; pesquisa de, 309. *Ver também* audiência da mídia; circulação

mercado de ações, 47, 67-8, 89, 203, 101, 147, 206

Mickey Mouse, copyright do, 104

Microsoft, 118, 169, 185, 346

mídia comercial, 321

mídia de massa, 21, 30, 32, 35, 43-5, 48, 66, 76, 89, 96-7, 99, 110, 172, 177, 179, 193, 200, 271, 279, 323, 325, 346; surgimento da, 11, 23-4

mídia eletrônica como força social, 61-2

mídia eletrônica, 62. *Ver também* internet; rádio; televisão

mídia não comercial, 320-2

Miles, Michael, 92

Millennial Housing Commission, 150

Miller, Colin, 262

Miller, Jonathan, 260

Miller, Paul, 229-30, 232, 237, 253

minorias, contratação de, 237

Minot, Dakota do Norte, 33, 34, 36

MIT Press, 215

Mitchell, George, 91

mito vs. verdade, 225-6

Mobil Oil, 214-21, 223

moda nos jornais, 308

Modern Medicine (jornal), 305

Mohn, Elisabeth, 88-9

Mohn, Reinhard, 64, 86, 88, 92

monopólios, 15, 38, 94, 169, 188-9, 194, 233, 247, 322, 326; acadêmico, 184-5; leis antitruste contra, 177-8, 184, 235-7, 267-8, 326; de livros, 168-9; de computadores, 169; copyright, 103; de jornais diários, 161-2; isenção da lei, 258; fracassos, 245; da Gannett e Hearst, 228; e empresas interligadas, 42; em periódicos, 185; em jornais, 233-7; na economia mundial, 177. *Ver também* Big Five; conglomerados

Moore, Aaron, 42

Morgan, J. P., 46

Morrow Books, 72

Morse, Samuel, 95n, 97

movimento pelos direitos civis, 31

muçulmanos, 113, 130, 249

mulheres, contratação pela Gannett de, 237

mundo digital, 24, 68, 169

mundo islâmico, 128, 130

Munsey, Frank, 231

Murdoch, James, 91

Murdoch, Lachlan, 91

Murdoch News Corporation, 49, 74; propriedades da, 80

Murdoch, Rupert, 22, 39n, 49, 64, 74-81, 88, 90-1; cidadania de, 78

Murrow, Edward R., 83, 119

Nader, Ralph, 141n, 205, 209, 306n

Nashville, 252

National Association of Broadcasters, 43, 260

National Journal, 114

National Low-Income Housing Coalition, 148

Nation, The (revista), 22, 88, 132

nazismo, 87, 88

NBC, 39, 50, 58, 74, 79-82, 84-5, 263-4, 285, 296

Needham, Harper & Steers/Issues and Images, 209

Netscape, 67

Neuharth, Allen Harold, 234-47; sobre liberdade de imprensa, 243-5; com a Gannett em Wall Street, 232-7; mitos modernos sobre, 237-43; no caso *New Mexican*, 252-5

New Deal, 46, 259

New Line Pictures, 108

New Mexican (jornal), 252, 253

New Orleans Times-Picayune, 307

New York Herald, 291, 292, 304

New York Post, 77-8, 307

New York Times, 33, 161, 162, 168, 176, 282, 305, 312; anúncios no, 215, 243; sobre o Chile, 138; sobre o Timor Leste, 137, 139; sobre a FCC, 145; sobre a Guatemala, 136-9; sobre I. F. Stone, 132; sobre a guerra no Iraque, 115; Prêmios Pulitzer, 245; sobre a Guerra do Vietnã, 277

New York Times Company, 145, 162, 305

New York Times Index, 312

New York University Press, 215

New York World (jornal), 198, 335n

News Corporation, 36, 38, 42, 49, 79-80, 90; conselho diretor da, 91. *Ver também* Big Five; Murdoch, Rupert

New Yorker (revista), 12, 15, 45, 74, 118, 120, 273-84, 290, 314; anúncios na, 274-5, 289; circulação da, 274-5, 279, 284

News of the World (cadeia de jornais), 81, 91n

Newspaper Preservation Act, 259, 266, 268, 270, 271

Newsweek sobre câncer, 164, 313

NHK (emissora de rádio e TV japonesa), 321, 322

Nicarágua, 134,

Nixon, Richard, 199, 201, 265-72, 337; e a lei antitruste, 257-8, 264-8; a mídia sobre, 269-72

Norris, George W., 229

Noticiário, 19, 21-2, 44, 51, 53-5, 61, 66, 79, 80, 83, 96-7, 108, 110, 116, 118, 120, 125, 132-3, 136, 139-45, 147, 150, 156, 161, 174-6, 182, 198-9, 206-7, 209, 211, 231, 239, 243-6,248, 250, 252-3, 261-2, 269-70, 272, 292-6, 299, 306, 309-11, 323; e os negócios, 142-4; conteúdo do, 287-8; erros no, 133; local, 235; sério, 245-50. *Ver também* jornalistas

Nova Orleans, Batalha de, 122

Novo México, 252-5

Oakland, 238

OCDE, 324

O'Dwyer, Jack, 216

Official Airline Guides, The, 185

oligopólio, 13, 38, 99

ONU, 64, 109, 113

OPEP, 38, 41, 42

Oprah (programa de TV), 175

Orange County Register, 152

Organização Mundial de Saúde, 310

Oriente Médio, 113, 116, 130-1. *Ver também* Iraque

Outrageous Fortune, 81,

Ovitz, Michael, 64, 71

Padover, Ted, 153

Paley, Sam, 81-2

Paley, William, 82

Palmer, A. Mitchell, 29, 31

Panamá, 133

Panax (rede de jornais), 249

papel: livros de, 165-70; *vs.* Computadores, 153. *Ver também* revistas; jornais

Papéis do Pentágono, 269, 278

Parabéns a você, copyright, 105

Parade (revista), 164

Paramount Pictures, 39, 71, 80-1

Paris, jornais diários de, 161

Parsons, Richard, 64

Parsons Sun (jornal), 246

Partido Comunista, 129, 137

Partido Democrata, 20, 22, 33, 43, 52-3, 78, 108-9, 116, 230, 254, 265, 270, 324-6

Partido Republicano, 20, 43, 45, 52-3, 108, 110, 230, 236, 265, 267, 270

Pastore, John O., 324

Patriot Act, 101-2

patriotismo americano no Iraque, 121

PBS, 215

Pearson, Drew, 262

periódicos acadêmicos, 185

Permissible Lie, The (publicação cancelada), 305

pesquisa e desenvolvimento, 184

Pinochet, Augusto, 134, 138

Pitney Bowes, 202

pobreza, 31,152, 213, 233. *Ver também* sem-teto

poder, 43, 45, 60-2; das empresas de mídia, 48-9, 64-5, 259-60, 324; hierarquias oficiais de, 53; político, 65, 320-1, 325

política: financiamento de campanhas, 51-2, 193-4; poder da mídia na, 60-2, 65-6; espectro político dos EUA, 19-20, 50, 162, 322

política externa, 130-1, 136, 140, 263

ponto.com, 83, 101

Powell, Michael, 50, 145

Prentice Hall, 190

preços de publicações acadêmicas, 186-7

Prêmio Pulitzer, 244-5

Primeira Emenda da Constituição dos EUA: sobre a lei do copyright,

104, 233; sobre a democracia, 44; isenção da, 243; proteção da mídia impressa sob, 326; responsabilidade da imprensa sob, 107, 135, 215

Primeira Guerra Mundial, 10, 46, 98, 199

Printer's Ink (revista comercial), 316

privacidade, 62, 101

Procter, Harley, 295

Procter & Gamble, 295, 297- 300

produtos químicos, 200

programas sociais, 55-6, 149

Progressive (revista), 22 ,132

propaganda, 134, 206, 249

propriedade, 78, 177; das licenças de transmissão, 172, 181, 321; consolidação da, 50; de jornais, 245, 248; de televisões, 58, 80. *Ver também* conglomerados; copyright; monopólios

proprietários de jornais, 157-8, 162, 228, 230, 233-5, 238, 240, 288

Providence, 27, 83

Prudential Insurance Company, 300

Ptolomeu V, 168

Public Relations Journal, 286

Publishers Weekly, 186

Pulitzer, Joseph, 46, 123-4, 197-8, 335n

Quinn, John C., 254

---

rádio: cadeias de, 34, 49, 175; de baixa potência, 182-4; redes de TV e, 39

Radio Free Berkeley, 182

Radio & Records (revista), 50

Random House, 87, 92, 167, 217

Raízes, 302

RCA (empresa de telecomunicações), 84, 87, 204

Reader's Digest Association, 305

Reader's Digest (revista), 164, 283, 304-5, 314

Reagan, Ronald, 9-10, 47-8, 148, 151

redes de TV, 37, 39, 52, 79-85, 260-1, 283, 302, 311. *Ver também* ABC; CBS; CNN; FOX; NBC

Redstone, Sumner, 64, 84, 85, 86n, 89, 92

Reed Elsevier, 163, 185

reforma da mídia, 46-7, 49, 173-4, 192-3

Reino Unido, 80-1, 324

Remington, Frederic, 124

Reno, 242, 252

revistas: aquisições de, 163-5; anúncios em, 273-5, 302-5, 313-5; Time, Inc., controle do mercado das, 39

Revolução Industrial, 184, 186, 200

revolução sexual nas revistas, 164-5

Ribicoff, Abraham, 212

riqueza: distribuição de, 23, 152; influência sobre a política americana da, 20

Riverside Press-Enterprise (jornal), 244

Roby, Edward R., 218-23

Rochester, N.Y.: Gannett em, 228, 232, 237-8, 240, 243, 250, 253; *Patriot* (jornal), 243

Rockefeller, John D., 46

Rodrigues, Ron, 50

Rolling Stone, 280

Roosevelt, Franklin D., 20, 46-7, 98, 326

Roosevelt, Theodore, 20, 45-6, 49, 123, 194, 326

Rosenthal, Benjamin, 220

Rosenzweig, Carol, 187-8

Rosenzweig, Michael, 187-8

Ruder and Finn (empresa de relações públicas), 212

Rumsfeld, Donald, 114

Sacramento Union (jornal), 307

Salem, 239-41, 246

San Francisco Examiner (jornal), 264

San Jose Mercury News, 144

Santa Fé, 252-4

Saturday Evening Post (revista), 164, 304

Schell, Jonathan, 276-7

Schell, Orville, 276

Schonberger, Eli, 313

Scripps, E. W., 46

Scripps-Howard, 248-9, 264, 266, 268-71

Seagram, 59-60

Seaton, Richard, 246

Segunda Guerra Mundial, 82, 87, 129, 150, 157, 185, 270, 296, 321

Seldes, George, 132

sem-teto, 54, 147-9, 150, 152

separação entre Igreja e Estado, 142-3, 304

Severeid, Eric, 70

Shawn, William, 277, 280-4

Shell, 209

Shortway, Richard, 304

S. I. Newhouse, 304

Simon & Schuster, 17, 39

Sinclair, Upton, 46

sindicatos, 53, 199, 206, 233, 248, 327

sistema de saúde universal, 149

Slate (revista na internet), 118

Smith, Adam, 40, 94

Smith, Howard K., 83, 315

Smith, R. C., 314

Smokurb, 313

Socal (companhia de petróleo), 214n, 220

socialização, 323

Sociedade Americana de Editores de Jornais, 245

seguridade social, 20, 47

Sohio (companhia de petróleo), 222

Sony, 68, 84

South Braintree, 29

Sparc, 188

St. Petersburg Independent-Times, 244, 307

Stanley, Morgan K., 92, 198

Steffens, Lincoln, 46

Stern, Howard, 85

Stone, I. F., 132

Stone, Lucy, 28

Suber, Peter, 187

subúrbios, impacto sobre os jornais diários, 156

Suécia, 324

Suharto, 134, 139

Suíça, 88

supermercados, revistas em, 165

Suprema Corte dos EUA, 46, 106, 181, 198, 265

tabagismo e câncer, 310-2, 314, 316-7. *Ver também* anúncios de cigarro

talk shows, 49, 50, 61, 175, 181, 286, 293. Ver também Limbaugh, Rush

Tarbell, Ida, 46

Tate, Cassandra, 242

tecnologia, 35, 43; comunicações, 319

Telecommunications Act, 43, 178, 181

telégrafo, 95n, 97

Temple, Arthur, 223, 224

Temple-Eastex, 223

Ten Second Film Festival, 192

tensões raciais, 201

Texaco, 214n, 220

Thatcher, Margaret, 77

Thomson (cadeia de jornais), 262

Time, 36, 67, 71, 164, 263, 313, 314

Time Inc., 37, 39, 67, 163n, 223, 263

Time-Life, 283

Times (Londres), 77, 197, 263

Times Mirror Company, 143, 235, 289. *Ver também* Los Angeles Times

Time Warner (conglomerado de mídia), 12, 15, 36-8, 42, 45, 64, 66-8, 69n, 74, 89, 92, 105, 106n, 163, 168. *Ver também* Big Five; conglomerados

Timor Leste, 134, 136-7, 139

Tisch, Lawrence, 84

Tobacco Institute, 311

Tolstói, Liev, 121

Toronto Star (jornal), 96, 308

trustes, 45, 194, 229, 231, 233-4. *Ver também* leis antitruste; conglomerados; monopólios

Tucson, 187, 252

Turner, Ted, 83

TV, 12, 21, 32, 36-8, 41-2, 48-50, 63-6, 69-71, 73-5, 77-80, 86-7, 91, 112, 140, 145, 156, 160-1, 166, 175, 179, 180-2, 184, 192, 194, 206, 215, 222, 226, 233, 237-9, 241, 258-61, 264, 267-8, 271, 275, 280, 282-5, 287-8, 290, 293, 305, 311, 319, 321, 325-6; anúncios na, 295-302, 313-6; efeito sobre revistas da, 164; no Iraque, 114; não escapista, 300; propriedade, 57-8; violência, 323-4

TV Guide, 164, 260

Tyco, 57, 141, 295

Unesco, 193

União Soviética, 129, 133, 135-6

Union Oil, 222

Union Pacific, 209

Uniroyal, 202

United Features, 262, 268

United Fruit Company, 133-4, 136-7

United Press International (UPI), 261-2, 268; sobre a indústria do petróleo, 218-9, 221-3

Universal Pictures, 58

Universidade da Califórnia, 188, 317; campus de Los Angeles (UCLA), 95, 96

Universidade Columbia, 216

Universidade George Washington, 247

Universidade Purdue, 309

universidades, necessidade de material educacional das, 204-5

USA Today, 176

vacas sagradas da mídia de massa, 198-9

Van Deerlin, Lionel, 259, 261

Van Nostrand Reinhold, 186

Van Nuys Valley News, 308

Vanity Fair, 71-2, 117, 281n, 303

verdade vs. mito, 225-6

Viacom, 12, 15, 36, 39, 42, 45, 50, 64, 81, 84-6, 89, 92. Ver também Big Five; CBS; conglomerados

violência na televisão, 79, 323-4

Vivendi (conglomerado de mídia), 39, 58-9, 89, 168

Vogue, 281n, 303-4, 315

Vondervan (editora de bíblias), 81

votos, 51, 53, 88, 108, 191, 268, 327; de jovens, 191

Waldheim, Kurt, 60

Wall Street: colapso de, 46, 66, 67, 142, 143, 144, 159, 234-6, 306; sobre jornais diários, 154; sobre lucros esperados com livros, 167; foco nos preços das ações, 142; a Gannett em, 232-4, 240, 251; sobre monopólios, 235

Wall Street Journal, 146, 161, 176, 178, 223, 235, 278, 282; crítica a grandes empresas, 207; anúncios da Mobil no, 215; Roby no, 221

Walt Disney Company, 69, 71, 73, 104. *Ver* Disney Company

Warner Brothers, 67-8

Warner Communications, 37. *Ver também* Time Warner

Washington, D.C., leitores de jornais em, 161

Washington, George, 121-2

Washington Post, 161, 215, 223, 245, 259-60, 277

Washington Star (jornal), 307, 309

Watergate, revelação do caso, 269-70

Watkins, Stephen E., 252-4

Watt, James, 221-2

Waxman, Henry, 317

Weekly Standard (revista), 22, 49

Welch, Jack, 57

West, Frederic, Jr., 209

Westinghouse Corporation, 84-5, 201

Whelan, Elizabeth, 315

White, William Allen, 230-2, 245

Whitehall Laboratories, 299

Wikipédia, 190

Willes, Mark, 143

Willis, Paul, 304

Wilson, George, 114

Windows (programa de computador), 169

Wister, Owen, 46

Wolfowitz, Paul, 117

Wolters Kluwer (editora acadêmica), 184-6

WorldCom, 141

World-Information Organization, 193

W. R. Grace Company, 212

Wriston, Walter B., 211

Yeaman, Addison, 317

Young & Rubicam, 238

Youth Vote Coalition, 191

11 de setembro, 14, 101-2, 117, 127-8, 135, 171, 189